高等法律职业教育系列教材
审定委员会

高等法律职业教育系列教材

公安学基础理论

GONGANXUE JICHU LILUN

主　编 ○ 贾甲麟　钟　岩

主　审 ○ 周载添　杨泽慧　李期望

副主编 ○ 段喆斐　王新文　侯敏娜　陈眷会

撰稿人 ○ （以编写内容先后为序）

　　　　周静茹　李梦茹　陈春会　钟　岩

　　　　侯敏娜　王新文　段喆斐　贾甲麟

　　　　许戈垠　胡德葳　车　颖

中国政法大学出版社

2019 · 北京

图书在版编目（ＣＩＰ）数据

公安学基础理论/贾甲麟，钟岩主编. —北京：中国政法大学出版社,2019.8（2022.1重印）
ISBN 978-7-5620-9188-2

Ⅰ. ①公⋯ Ⅱ. ①贾⋯ ②钟⋯ Ⅲ. ①公安学 Ⅳ.①D035.30

中国版本图书馆CIP数据核字(2019)第182334号

出　版　者	中国政法大学出版社
地　　　址	北京市海淀区西土城路 25 号
邮　　　箱	fadapress@163.com
网　　　址	http://www.cuplpress.com（网络实名：中国政法大学出版社）
电　　　话	010-58908435(第一编辑部) 58908334(邮购部)
承　　　印	固安华明印业有限公司
开　　　本	787mm×1092mm　1/16
印　　　张	15
字　　　数	310 千字
版　　　次	2019 年 8 月第 1 版
印　　　次	2022 年 1 月第 2 次印刷
印　　　数	5001~10000 册
定　　　价	43.00 元

总序
Preface

  高等法律职业化教育已成为社会的广泛共识。2008 年，由中央政法委等 15 部委联合启动的全国政法干警招录体制改革试点工作，更成为中国法律职业化教育发展的里程碑。这也必将带来高等法律职业教育人才培养机制的深层次变革。顺应时代法治发展需要，培养高素质、技能型的法律职业人才，是高等法律职业教育亟待破解的重大实践课题。

  目前，受高等职业教育大趋势的牵引、拉动，我国高等法律职业教育开始了教育观念和人才培养模式的重塑。改革传统的理论灌输型学科教学模式，吸收、内化"校企合作、工学结合"的高等职业教育办学理念，从办学"基因"——专业建设、课程设置上"颠覆"教学模式："校警合作"办专业，以"工作过程导向"为基点，设计开发课程，探索出了富有成效的法律职业化教学之路。为积累教学经验、深化教学改革、凝塑教育成果，我们着手推出"基于工作过程导向系统化"的法律职业系列教材。

  《国家中长期教育改革和发展规划纲要（2010～2020 年）》明确指出，高等教育要注重知行统一，坚持教育教学与生产劳动、社会实践相结合。该系列教材的一个重要出发点就是尝试为高等法律职业教育在"知"与"行"之间搭建平台，努力对法律教育如何职业化这一教育课题进行研究、破解。在编排形式上，打破了传统篇、章、节的体例，以司法行政工作的法律应用过程为学习单元设计体例，以职业岗位的真实任务为基础，突出职业核心技能的培养；在内容设计上，改变传统历史、原则、概念的理论型解读，采取"教、学、练、训"一体化的编写模式。以案例等导出问题，根据内容设计相应的情境训练，将相关原理与实操训练有机地结合，围绕关键知识点引入相关实例，归纳总结理论，分析判断解决问题的途径，充分展现法律职业活动的演进过程和应用法律的流程。

法律的生命不在于逻辑，而在于实践。法律职业化教育之舟只有驶入法律实践的海洋当中，才能激发出勃勃生机。在以高等职业教育实践性教学改革为平台进行法律职业化教育改革的路径探索过程中，有一个不容忽视的现实问题：高等职业教育人才培养模式主要适用于机械工程制造等以"物"作为工作对象的职业领域，而法律职业教育主要针对的是司法机关、行政机关等以"人"作为工作对象的职业领域，这就要求在法律职业教育中对高等职业教育人才培养模式进行"辩证"地吸纳与深化，而不是简单、盲目地照搬照抄。我们所培养的人才不应是"无生命"的执法机器，而应是有法律智慧、正义良知、训练有素的有生命的法律职业人员。但愿这套系列教材能为我国高等法律职业化教育改革作出有益的探索，为法律职业人才的培养提供宝贵的经验、借鉴。

2016 年 6 月

前言 Foreword

　　2011 年 3 月，国务院学位委员会和教育部批准在《学位授予和人才培养学科目录》的法学门类下，增设公安学一级学科，这结束了我国公安科学教育领域没有自己独立学科的历史。如果从 1984 年我国出版的第一部以"公安学"命名的教材《公安学概论》算起的话，我国公安学基础理论的研究和发展已有 35 年历史，但是，就目前而言，公安学作为一级学科，其基础理论研究还相对薄弱。因此，笔者萌生了再次组织编写《公安学基础理论》的想法。

　　一门学科是否成熟，主要看其有没有自己独立的基础理论框架体系。笔者和公安学的第一次邂逅可以回溯到 13 年前初次步入警校时捧起的第一本教材《公安基础知识》。《公安基础知识》由公安部政治部组织编写，最早于 2001 年 1 月正式出版。恩格斯曾指出："一个民族想要站在科学的最高峰，就一刻也不能没有理论思维。"现在看来，《公安基础知识》在公安学一级学科的背景之下，其基础理论框架体系尚属单薄，但确是帮助笔者形成公安科学理论思维的"授业恩师"。《公安基础知识》是当时地方公安机关录用人民警察专业科目考试的唯一指定用书，也经过了多次再版和修订，但是对于深谙公务员考试的警校学生来说，却不难发现大家的公安学启蒙读物正在与招警考试渐行渐远，这是为什么呢？八十年前，胡适先生曾发表题为《多研究些问题，少谈些主义》的论文。招警考试随着时代的发展亦在不断改进，其中纯理论题目越来越少，取而代之的是知识型、能力型、实践型题目。警校的莘莘学子日夜诵读的纯理论读本考到的概率越来越小，而热门的知识和能力考点却因和传统理论契合度不高而无法收录在后续出版的公安学理论教材中，反之却被一些公务员考试辅导机构出版的教材研究得更为深入，这不能不说是公安学和公安教育工作者的遗憾。故本书以公安基础理论为基石，以公安基础知识为支撑，以公安基本能力为出发点和落脚点，既重构和完善公安学的基础理论框架体系，又服从、服务于公安需求和招警考试。

基于上述原因，笔者于2018年3月向广东司法警官职业学院教材编写委员会提出编写申请。在一年多的编写过程中，从书稿体例讨论、写作大纲确定、分工合作研究、组稿修改完善，到最后审稿定稿付梓，各位编者克服重重困难，实属不易。

本教材由贾甲麟（广东司法警官职业学院）、钟岩（吉林警察学院）担任主编；周载添（深圳铁路公安处）、杨泽慧（广州市番禺区政府）、李期望（深圳铁路公安处）担任主审；段喆斐（西北政法大学）、王新文（山西警察学院）、侯敏娜（吉林警察学院）、陈春会（吉林警察学院）担任副主编；另有李梦茹（广东司法警官职业学院）、许戈垠（中国政法大学）、周静茹（广东司法警官职业学院）、胡德葳（西北政法大学）、车颖（山东省淄博人民警察训练基地）等教师学者和行业专家参与编写。

各学习单元具体撰写分工如下：

第一章：周静茹、李梦茹；

第二章：陈春会；

第三章：钟岩、侯敏娜、李梦茹；

第四章：钟岩、侯敏娜、李梦茹；

第五章：侯敏娜；

第六章：侯敏娜；

第七章：王新文；

第八章：段喆斐；

第九章：侯敏娜；

第十章：侯敏娜；

第十一章：贾甲麟；

第十二章：陈春会；

第十三章：许戈垠、贾甲麟；

第十四章：胡德葳；

第十五章：车颖、贾甲麟；

第十六章：李梦茹、周静茹。

一年多的时间，了却一桩心愿。组织编撰《公安学基础理论》是我们的一次初步尝试，也衷心期望本书能为完善公安学基础理论及框架体系进献绵薄之力。由于水平有限，难免出现疏漏和错误，欢迎大家批评斧正！

贾甲麟

2019 年 5 月 12 日于广州长岭居

目 录
Contents

绪 论

上篇 基本理论

绪　论

第 一 章

警察制度的历史沿革

知识结构图

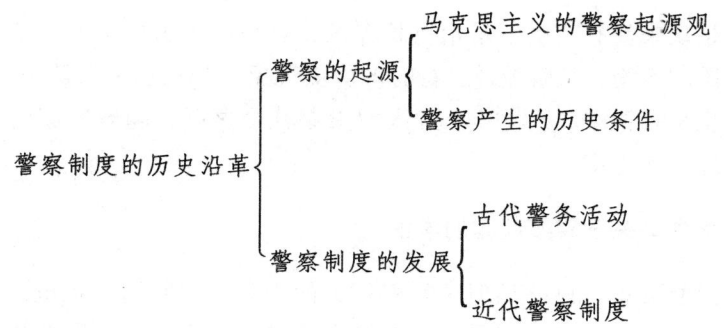

$$警察制度的历史沿革 \begin{cases} 警察的起源 \begin{cases} 马克思主义的警察起源观 \\ 警察产生的历史条件 \end{cases} \\ 警察制度的发展 \begin{cases} 古代警务活动 \\ 近代警察制度 \end{cases} \end{cases}$$

案例导入

　　唐朝灭亡后，中国进入了五代十国的分裂时期，各地出现了大大小小的割据政权。在今天江南一带的是吴国，曾经出现过一个后来很著名的案件。

　　在吴国的句章县（治所位于今浙江余姚市东南），有个妻子谋杀了自己的丈夫，然后又放火烧毁了房屋，说其丈夫是被火烧死的。由于夫妻两人的关系一直非常紧张，丈夫的亲属很怀疑是妻子杀了丈夫烧尸灭迹，并到当地衙门去告发。句章县令张举受理案件，审问妻子，妻子坚决不承认。张举就要人买了两头活猪，先杀一头，然后把这一死一活的两头猪关在一个堆满柴火的棚屋里，放火烧屋。等到另一头猪也死了，一起拖出来检验。那头先杀死的猪，嘴里没有烟灰；而那头活活烧死的猪，嘴里可以查到烟灰。于是张举再对丈夫的尸体进行检验，发现他的嘴里确实没有烟灰，说明其是死了以后才遭到火烧的。妻子这才认罪。

　　这个案例故事在当时非常的有名。不久后五代后晋的和凝编《疑狱集》，就把这个案例以"张举烧猪"为名编了进去。宋朝人郑克编《折狱龟鉴》，专门搜集历史上各种著名案例，以供司法官员参考，当时其也收入了这个案例。稍后的桂万荣将这两本书改编为《棠荫比事》，把这个案例命名为"张举猪灰"。

第一节　警察的起源

📖 **知识目标**

1. 警察产生的历史条件。
2. 原始社会没有警察的原因。

📝 **能力目标**

能够运用马克思主义理论分析再现警察从无到有的过程。

✏️ **基本理论**

警察，不是从来就有，也不是永世长存的，它是一个历史范畴，是人类社会发展到一定历史阶段的产物，是阶级社会特有的历史现象。马克思主义认为，在原始社会，既没有国家，也没有警察。人类社会进入奴隶制社会之际，随着国家的产生，警察才成为必要，因此也随之产生。

一、马克思主义关于警察起源的学说

原始社会没有警察，只有类似于警察行为的现象。在原始社会里，生产力极其低下，人们共同劳动，平均分配产品，没有剩余产品和私有财产，因此也没有盗窃、抢劫等犯罪行为。在这种情形下，人与人之间处于一种原始的平等关系中，不存在统治与被统治的关系，社会活动依靠传统和习惯来约束，氏族首领用自己的威信协调社会关系，故也没有国家，更不需要军队、警察和法庭。正如恩格斯所说："这种十分单纯质朴的氏族制度是一种多么美妙的制度啊！没有军队、宪兵和警察，没有贵族、国王、总督、地方官和法官，没有监狱，没有诉讼，而一切都是有条有理的。"

到了原始社会后期，由于生产力的发展，有了剩余产品，氏族首领开始把剩余产品占为己有，于是出现了私有制和商品交换。随着社会分工的进一步发展，利益差别逐步扩大并对立，出现了贫富分化。许多氏族成员破产沦为奴隶或贫民，同时氏族首领把部落战争中捉到的俘虏当作奴隶，于是社会就分裂成奴隶和奴隶主两个阶级。当阶级矛盾发展到不可调和的时候，便产生了作为统治工具的国家。氏族在不脱产的全民武装逐渐向职业的、只听命于贵族首领的、脱产的武装过渡过程中，从纯粹保卫本部落的对外功能，发展到有干预本部落内部关系的强制功能，即意味着警察行为的诞生。

二、警察产生的历史条件

（一）私有制的出现是警察诞生的经济条件

生产力的发展，私有制的出现，是警察产生的最基本条件。当原始社会的生产力发展到劳动产品能够在解决个人生活需要之外还有剩余时，便出现了私人占有、商品交换。私有制是犯罪的根源，恩格斯描述了私有制产生以后的情景："最卑下的利益——庸俗的贪欲、粗暴的情欲、卑下的物欲、对公共财产的自私自利的掠夺——揭开了新的、文明的阶级社会；最卑鄙的手段——偷窃、暴力、欺诈、背信——毁坏了古老的没有阶级的氏族制度，把它引向崩溃。"私有制天然地需要强制性保护力量，所以，警察产生的终极原因是一定经济关系的发展，为了保护私有制，就有必要设置卫士和警察。与此同时，生产力的发展，大量剩余产品的出现，社会分工的细化，也为警察的生存提供了经济保障。

（二）阶级矛盾的不可调和性是警察诞生的阶级条件

恩格斯指出："国家不能没有警察。"国家这一公共权力的建立，最初就是被当作警察来使用的，以压制占人口绝大多数的被压迫、被奴役者以维护统治秩序。进入奴隶社会以后，残酷的剥削与强烈的反抗，形成了激烈的阶级斗争。奴隶主阶级如果没有一支镇压奴隶起义、追捕逃奴、强制奴隶劳动、惩罚奴隶反抗的武装力量，就会丧失自己的一切特权。于是，警察便成为奴隶主阶级维护政治统治和经济特权的一支特殊的武装力量。

（三）维护统治秩序与惩罚犯罪的客观需要是警察产生的社会条件

马克思指出："犯罪——孤立的个人反对统治关系的斗争，和法一样，也不是随心所欲地产生的。相反地，犯罪和现行统治都产生于相同的条件。"进入阶级社会以后，无论是统治阶级，还是被统治阶级，都需要有一个正常的生产、生活秩序，对危害人们正常生产、生活秩序的违法犯罪行为，都需要惩治。所以，统治阶级开始任命一些官吏维持社会秩序，进行某些社会管理职能的活动。在这些社会管理活动中，萌生了警察职能，出现了具有警察职能的官吏。因此，依靠警察行为来对付犯罪行为，惩罚犯罪，已成为历史的需要。警察的产生是以维护统治秩序和惩罚犯罪的客观需要为前提的。

（四）国家机器的整体形成是警察产生的政治条件

恩格斯说："警察是和国家一样古老的。"没有国家，也就没有警察；有了国家，也就有了警察。历史发展到奴隶社会，以"公共权力"的行使与人民大众相分离为基础，统治阶级建立了国家。统治阶级在建立国家时，必须按照"公共权力"的不同成分，造就大批行使权力的职能机关，作为国家的结构支撑。作为国家机器的"链条"，除了军队、司法、宗教祭祀机构之外，警察职能机构同样不可缺少，它们相互影响、相互制约、相互补充，缺一不可。警察和国家同时诞生，警察的历史和国家的历史紧密联系在一起。

📝 **真题链接**

1. 国家要求警察必须与国体相一致，与政体和国家意志相一致，成为国家忠诚的（   ）工具。（单选题）

A. 管理　　　　　B. 统治与管理　　　C. 管理与服务　　　D. 保卫

2. 警察的政治镇压职能是社会管理职能的基础。（　　）（判断题）

第二节　警察制度的发展

📝 **知识目标**

1. 古代具有代表性的警务活动。
2. 西方近代两种专职警察制度。

📝 **能力目标**

能够分析近代专职警察制度没有首先在中国出现的原因。

✏ **基本理论**

警察制度是指要求警察共同遵守的规程或行动准则，以及规范管理警察的工作机制。警察是伴随国家的产生而产生的，警察制度的形成和发展也同期而至。警察制度的确立是建立在警察如何发挥作用的基础之上的，因此，研究和探讨警察制度，必须从警察的职能和警务活动入手。

一、古代警务活动

在警察行为产生以后，直至资产阶级近代警察产生以前的这段时期，被称为古代警察时期，它历经了奴隶制社会和封建社会。

（一）西方国家早期的警务活动

当各种文明进入早期国家阶段之时，警务活动随之展开。最早步入国家阶段的埃及，在公元前 3000 年的第一个王朝时期，便存在由法老任命的主要负责收税的警察首领。两河流域的古巴比伦王国在汉谟拉比统治时期，于公元前 1792 年制定了现存最早的成文法典《汉谟拉比法典》，并以此开展处死逃避兵役的士兵、处死逃跑的奴隶和庇护他们的人等警务活动。公元前 8 世纪，希腊文明进入兴盛时期，警务活动伴随着城邦国家大量出现。恩格斯提到："雅典人在创立他们国家的同时，也创立了警察，即由步行和骑马的弓箭手组成的真正的宪兵队。"宪兵队主要从事逮捕和看守罪犯，维持与维护街道秩序等警务活动。这些都是早期警务活动的具体体现。

1. 古罗马的警务活动。罗马共和国的警务活动主要由罗马共和国的权贵负责。权贵组织并领导由国有奴隶或自由民组成的，负责维护社会秩序、镇压暴乱的队伍。由营造官和三人行刑官领导开展具体的警务活动，营造官负责监管市场、公共场所、剧院的秩序和安全；三人行刑官主要负责夜间巡逻、追击逃犯、打击偷盗行为等。

罗马帝国时期，传统的警务活动方式已经不适应形势的发展。公元前23年，已成为元首、"奥古斯都"的屋大维，开始改革罗马城的警务活动，以军队来取代权贵负责的警务活动。屋大维创建了共有3个大队、每个大队1000名士兵的城市军团，主要驻扎在罗马城内，专门负责维护罗马公共安全，保障罗马日间治安，制止各种突发事件，处理违法行为以及监管奴隶。

2. 古代英国的警务活动。英国在12、13世纪出现了由国王指定的义务执法官，从事专职、义务的警务活动，如：验尸官、"和平维护者"以及"和平战士"。他们承担了大量的执法工作，但并没有专门薪俸，其所从事的工作大部分也是义务性的。但重要的是，他们是由国王任命的专职执法者，为后来职业警察的诞生提供了思路。

1361年爱德华三世颁布的《治安法官法》确立了治安法官制度，其主要内容包括：英格兰的每一个乡村和城镇都应当配备治安法官，由国王亲自任命；治安法官的神圣职责是保护人民免受犯罪行为、骚乱和暴动的侵扰，保护所有的人都能够正常、安全地生活。每位治安法官应当配备2~4名助手，助手要有一定的法律知识，还要有与犯罪作斗争的能力。当犯罪行为发生时，他们的任务是制止犯罪，抓获并看押罪犯，并将他们带到治安法官面前接受法律的审判。治安法官制度在建立后，一直延续到1829年新警察制度建立，才基本被废除。

（二）古代中国的警务活动

据《尚书·舜典》记载，舜时期有九种官职，其中有司徒和士两种官职行使了警察职能。司徒，负责用五品伦常教化百姓，调解纠纷，消除争端和仇恨，维护社会秩序。士，负责对外防御和对内惩治犯罪两大职责。

公元前21世纪，夏王朝建立，中国进入国家阶段。国家是在暴力中诞生的，夏朝刑法的制定以及监狱的创建，使军队从单纯对外的职能作用中又分化出对内的职能作用，表明我国古代警察制度已基本形成。夏朝警察的职能由"六卿"官制中的司徒、司马和士来行使，司徒兼有处理民事的职能，司马兼负武装警察和边防警察的职能，士兼掌刑侦和狱警职能。

进入商周奴隶制阶段，行使警察职能的人数不断增加，分工越来越细密。据《周礼》等文献记载，司徒管公田及耕种公田的徒役；司民管人口；司马管军队所在地的治安；司稽负责拘捕盗贼；司暴禁止暴乱；司寇处理刑事案件；司烜掌火禁、火防；司灌扑灭火灾；司圜管监狱，看守已决犯和未决犯；掌戮负责执行刑罚。

秦汉时期，从中央到地方形成了行使警察职能的机构体系：在中央，廷尉是秦朝最高的司法官，通过断疑治狱来处理部分警察事务。在地方，中尉是执掌京师治安的官员，汉武帝将中尉更名为执金吾。郡尉和县尉分别在郡、县掌管治安。在基层，乡设游徼，掌巡逻缉捕之职，维持一乡治安。百家为一里，设里正；十家为什，设什长；五家为伍，设伍老，他们均掌教化、治安等事务，是最基层的治安组织。亭遍设于驿道、关津、街道和市场，亭长为专门维持社会治安的地方警察。

唐至宋、辽、金、元的金吾卫、巡检司、警巡院都是专职执行警察职能的机构。巡检司是地方的专职警察机构，与巡检司平行的还有县尉司，属地方的治安机构。金吾卫和警巡院是不同时期维护京师治安的机构。

明代宫廷警卫由十二卫担任，其中锦衣卫的地位最显赫，是皇帝的耳目。京城分中、东、西、南、北五城兵马司。永乐年间设东、西厂和锦衣卫，合称"厂卫"，由宦官提督，直属皇帝，成为凌驾于治安、司法机构之上的秘密警察组织。

清代负责京师治安的机构主要有步军统领衙门和五城兵马司。地方治安，另设道员、巡检，各省还以绿营执行地方保安任务。

古代警察制度的特点主要有：①军警不分，警政合一。警察的职能尚未集中于一个统一的专门机关，而是由军队、行政机关、审判机关分别掌管的。②古代警察行使职权，在法律上是极不严格的，由神权、皇帝或长官的意志起决定作用。③私刑、私狱普遍存在。奴隶主对奴隶、庄园主对农奴、族长对同宗族的人有权使用私刑。

二、近代警察制度

近代的警察制度，是指世界进入近代资本主义社会以来，在空前激烈的社会矛盾和剧增的犯罪活动背景下，各国为确保资产阶级专政，维护安全和秩序，从而建立专职警察制度。

(一) 西方近代专职警察制度

受英国、法国警察制度的影响，近代形成了两种警政管理体制：一是以英国为代表的地方自治制，如美国、加拿大、澳大利亚、新西兰；二是以法国为代表的中央集权制，如德国、意大利、日本、土耳其。

1829 年，英国内政大臣罗伯特·皮尔向议会提出议案："鉴于伦敦及附近地区侵犯财产的案件有所上升，地方当局建立的夜间守卫和值夜警察组织已不能充分发挥预防和侦破犯罪的作用。造成此种现象的原因是雇用人员素质低劣、人数不足和权力有限，以及他们之间缺乏联系和合作。"所以，建立一种新型、更有效的警察制度，以取代夜间守卫和值夜警察已成为当务之急。

1829 年，罗伯特·皮尔的议案在议会顺利通过，形成了具有划时代意义的《伦敦大都市警察法》。根据该法，新创建的大伦敦警察厅由两位并列的治安法官指挥和管理，他们将不再履行其传统的刑事审判职能而专事"维持治安、预防犯罪、犯罪侦查和关押罪犯的活动"。不久，他们改称"警察厅长"，该称呼沿用至今。

为了与军人区别开来，新警察身着专门设计的制服并佩戴特有的标识和警号，因此他们被称作"制服警察"。新警察实行特有的警衔、晋升、纪律和奖惩制度。新警察中督察级以上警官配发短剑和手枪。

大伦敦警察厅的辖区分为17个分区，每个分区设一个警察署，每个分区又被划分为若干个巡区，其位置和大小是按照警察能够在15分钟内巡视完区内的每个角落来设计的。除少数管理和后勤人员外，绝大多数警察都被安排上街值勤。巡逻是当时警察唯一的勤务方式，预防犯罪、维护公共秩序是警察的主要工作。

为了规范队伍管理，保证这个全新的警察组织中的每个成员都能为完成他的目标而努力和有效地工作，罗伯特·比尔审定、颁布了"警察训令"。作为英国警察史上第一部有关警察行为准则和警务活动原则的经典文件，"警察训令"所确定的礼貌、克制、最小武力、公平执法、公众满意以及预防犯罪为本等警察行为准则和警务原则，至今仍为英国乃至西方警界所谨守并奉为座右铭。

鉴于大伦敦警察厅的上述特点和贡献，西方警界认为，大伦敦警察厅的建立，是世界近代警察制度建立的标志。

近代警察制度之所以在西欧国家最早产生，其原因在于：一是在这些国家，资本使社会形成无产阶级和资产阶级两大对立的阶级，资产阶级为了维护自己政治上的统治和经济上的残酷剥削，必然要强化警察职能。二是资本主义商业的发展，使城市经济生活和社会生活复杂化，城市需要专业警察的有效管理。三是资本主义的生活方式，毒化了社会风气，社会犯罪空前增长，城市贫富差距持续拉大，拮据的生活和仇富心理使越来越多的人走上了犯罪的道路。为了维护社会秩序，惩治犯罪，需要建立专职的警察队伍。

 拓展阅读

法国的集权型警察制度

1789年法国资产阶级大革命爆发后，法国废止了封建王朝的旧警察制度，开始创建新的资产阶级的警察制度。1795年，国民公会制定了法国近代资本主义社会的第一部警察法律，即《警察法典》，首次提出"行政警察"与"司法警察"的概念。行政警察负责维护日常的公共秩序，它的主要任务是预防违法犯罪活动并执行有关公共秩序的法律、规章和规则。司法警察负责调查行政警察未能防止的各种程度的违法犯罪活动，收集犯罪证据并将罪犯送交法庭起诉、惩罚。《警察法典》对警察的分类，为法国乃至其他大陆型国家后来将警察分为行政警察和司法警察两大警种奠定了基础。

1796年10月拿破仑督政府颁布法律，赋予警察警告、预防、取缔、驱散、镇压、罚款、行政拘留、提起公诉的权力。拿破仑创建了巴黎警察厅，赋予其首脑一个在警察系统中独一无二的称呼——"警察长官"（The Prefect Police），并沿用至今。警察长官受警务部部长监督指挥并向其汇报工作。在其他地方，人口在 10 万人以上的大城市设一个警察局和一个由警务部部长亲自任命的警察总特派员，人口在 5000 人以上的市镇设一个警察分局和一个同样由警务部部长亲自任命的警察特派员。拿破仑建立的高度集权的警察体制，构筑起了近代法国警察体制的基本框架。

1829 年，巴黎警察厅组建了法国警察史上第一支由 100 人组成的小规模的制服警察队伍——都市巡警队。他们身着蓝色制服、头戴三角帽，并先于罗伯特·皮尔的大伦敦警察厅的制服警察数月上街巡逻，监视城市公共安全，履行行政警察的职责。这个都市巡警制度很快在全国各地推广，从此，身着制服与身着便衣成了法国行政警察与司法警察的外在区别。

（二）中国近代警察制度

19 世纪末，帝国主义列强掀起了瓜分中国的狂潮，而半殖民地半封建程度的加深也大大激化了国内的社会矛盾，依靠捕快、保甲等维护治安的传统体制对此无能为力。在内外交困的情形下，晚清政府开始了引进西方警察制度的进程。清末是西方警察制度的引进时期，北洋军阀政府时期是警察制度的形成时期，南京国民政府时期是警察制度的发展时期。

1. 清末西方警察制度的引进。黄遵宪创办湖南保卫局是中国人引进西方警察制度的最早实践。湖南保卫局有总局、分局和小分局三级机构，职责是"去民害，卫民生，检非违，索犯罪"，初步具备了近代专职警察机构的性质。同时，湖南保卫局按一定的资质条件录取巡查，并规定巡查的执勤纪律、薪酬和升迁条件。

1901 年，清廷发布上谕，要求各省将军、督抚裁汰绿营，组建"巡警军"，第一次明确表示创办警政。1902 年袁世凯创办保定警务总局，又开办保定巡警学堂。在此过程中，由于《辛丑条约》规定清政府不得在距离天津租界 20 公里内驻扎军队，袁世凯为顺利接收天津，又从新军中选拔 3000 名士兵，换上警察制服，进行短期警察训练，称为"中国警察"。接收天津后，天津巡警总局成立，以警察驻守天津，一方面维持社会治安，另一方面进行军事戒备，令八国联军哑口无言。由于有专职警察维持社会秩序，天津的社会治安当时为全国各省之冠，"有六个月不见窃盗者，西人亦叹服"。慈禧太后便要求各地效仿袁世凯建立警察制度。

1905 年 9 月，清廷采纳袁世凯的建议，下令将工巡总局改为巡警部，京师及各省巡警都归其管理，成为全国警察事务的最高指挥和监督机关。巡警部的建立，标志着中国近代专职警察制度的正式建立。

2. 北洋军阀时期警察制度。北洋政府整顿警察机构，颁布警察法规，兴办警察教育，使得近代中国警察制度逐步形成，在清末警政建设与南京国民政府警察制度之间起着承上启下的作用。

内务部是北洋政府时期总揽全国警务的中枢机构，警政司是内务部主管全国警政的专设机构。各省于省会设立省警务处，在省长的直接领导下管理全省警察事务。省会和重要商埠分别设立警察厅，前者称省会地方警察厅，直隶于省长公署，管理省城警察、卫生、消防事务；后者称商埠地方警察厅，设置在通商口岸或工商业发达的商埠，商埠地方警察厅隶属于道尹公署，负责商埠的治安和警察事务。

"统一教育，集中警权，注重实用，以期整饬地方警政"是历届北洋政府推行警察教育的基本方针。1913年，袁世凯先后发布《警察学校教务令》和《警察学校组织令》，表明了北洋政府当局对警察教育的关注。北洋政府时期的警察教育体系包括：高等警察教育——高等警官学校、初等警察教育——巡警教练所和特种警察教育——警察传习所三个基本环节。

3. 南京国民政府时期警察制度。1927～1949年是南京国民政府统治时期。在这期间，南京国民政府清理原有警察组织，扩张警察机构，扩大警察职权，使得近代中国的专职警察制度得到迅速发展。

南京国民政府时期进一步完善了从中央到地方的警察网，建立起覆盖全国的集权型警察体制：①在中央，行政院下的内政部是全国警察的最高主管机关，内政部下的警政司是全国警察行政的最高管理机构。警政司既有指挥监督各地行政官员执行警察事务的权限，又能直接指挥各地方警察。②省一级，各省设立省级民政厅或警务处，执掌全省的警务。③市一级，各省会所在的市设立省会警察局，一般隶属省警务处或民政厅，省会以外的市均设警察局。④县一级，设立县警察局。⑤乡镇一级，重要的镇，一般设警察所；乡、镇以下的保，一般设有警士，使警察的触角遍及社会各个角落。

南京国民政府以清末、北洋警政为基础，先后设置了专职的司法警察，新式的刑事警察、外事警察以及税务、盐业、渔业、森林、卫生、交通、航空、铁路、公路等行业警察。女子警察也是在这个时期正式诞生的。这种细密分工充分表明了警察对社会的管理职能有了明显的提高，并初步开展了国家间的警察合作与交流。

近代警察制度与古代警察制度相比，有以下几点区别：①近代警察的职能是独立的，警察职能主要集中于警察机关。古代警察的职能尚未集中于一个统一的专门机关，而是由行政官吏、军队、审判机关分别行使的。②近代警察制度从中央到地方形成了多层次的专门工作系统，成为国家庞大的专政工具之一，行使专门职权。古代警察制度则军警不分，警政合一，没有专门的组织。③近代警察制度强调法制。警察机关的建立及其体制和职权，均以宪法或法律为依据。古代警察制度的执法极不严格，私刑普遍存在。④近代警察穿着统一的警察制式服装。古代警察则没有专门的服装。

📝 真题链接

1. 黄遵宪创办湖南保卫局是中国人引进西方警察制度的最早实践。（　　）（判

断题)

2. 巡警部的建立，标志着中国近代专职警察制度的正式建立。（　　）（判断题）

综合练习

1. 分组讨论近代专职警察制度为什么没有首先在中国建立。（简答题）

2. 试从本书之外的视角分析警察诞生的原因，并完成一篇有关警察起源的小论文。（论述题）

第 二 章
人民公安机关的建立与发展

知识结构图

人民公安机关
的建立与发展
- 新中国成立前的
人民公安机关
  - 第二次国内战争时期的人民公安机关
  - 抗日战争时期的人民公安机关
  - 解放战争时期的人民公安机关
- 新中国成立后公安
机关的建立与发展
  - 新中国成立初期的人民公安机关
  - "文化大革命"对人民公安机关的冲击
  - 新时期人民公安机关的建立与发展

　　人民公安工作是紧跟中国共产党的领导，根据不同时期的工作背景、特点及任务等方面因素，与新民主主义革命和社会主义建设紧密相连的。它的发展经历了一个从艰难创建到不断壮大发展、完善、突破、创新的过程。新民主主义时期的人民公安工作，随着党组织、人民军队以及革命政权的建立，公安保卫机关应运而生。在中国共产党的正确领导下，公安保卫工作在建立过程中得到了群众拥护，在保卫人民民主政权的斗争中发挥了不可替代的作用。新中国成立后，公安保卫工作不断发展更新，积累了大量成功可靠的经验，结合我国国情制定了指导公安工作的方针政策，形成优良的工作传统，在公安队伍的建设过程中，得到传承，彰显出我国公安工作特有的优势和特色。

第一节　新中国成立前的人民公安机关

知识目标

1. 公安机关在各个时期的主要公安保卫组织。
2. 各个时期公安工作的成就。

基本理论

　　新中国成立前，公安机关历经了第二次国内战争时期、抗日战争时期、解放战争时期等阶段，在各个时期，公安机关的建立发展整理如下（表2-1）。

表2-1 新中国成立前的人民公安机关一览表

所处时期	序号	名称	时间	成立地点	发起人/部门	建立背景	简介	任务/内容
第二次国内战争时期	1	中央特科	1927年12月	上海	周恩来	1927年4月，蒋介石在南京发动"四一二"反革命政变，大批杀害共产党员和革命群众，党的组织被迫转入地下。由于蒋介石使用大量的特务、警察对共产党人进行暗杀和镇压，个别党员成了叛徒。党中央被迫南下迁到上海。	中国共产党在中央机关设立的最早的保卫组织。	中央特科建立的时间不长，但为保卫党、保卫革命立下了不朽的功绩。一是开创了中国共产党的保卫工作，积累了保卫工作的丰富经验。党从一开始就将保卫工作置于党中央的直接领导之下，注重培养隐蔽斗争干部。二是保卫了中共中央机关和中央领导同志的安全。1931年4月，中央特科负责人之一的顾顺章在武汉被捕叛变，出卖了党中央、中央特科及有关领导人。中央特科打入敌人内部的钱壮飞同志据此将顾顺章叛变的有关情况报告了党中央。周恩来同志据此采取紧急措施，保卫了党中央，避免了更大的损失。三是搜集了大量有价值的情报，在对敌斗争中，特别是在"反围剿"斗争中发挥了重要作用。四是镇压了一批叛徒、出卖党的叛徒。
	2	国家政治保卫局	1931年11月	江西瑞金	中共中央	1931年6月，中共中央在给红军党部及各级地方党部的训令中，明确指出"苏区内部肃清反革命的工作，必须变成经常性的系统工作，必须立即在各苏区成立起政治保卫处这个专门组织"。	我国最早的人民政权的公安保卫机关，随后，在各根据地和红军中相继建立了政治保卫机关。	第一次中华苏维埃工农兵代表大会上，成立了中华苏维埃共和国临时中央政府，以原来的苏区中央局保卫局为基础，组建了国家政治保卫局。《中华苏维埃共和国宪法大纲》规定："国家政治保卫局"这个组织是在全政府领导之下进行公开的、秘密的与一切军事的、政治的、经济的反革命作斗争，和保卫苏维埃政权的一个机关。《中华苏维埃共和国组织纲要》规定：国家政治保卫局之下进行侦察、压制和消灭一切反革命组织、活动、侦探及盗匪等任务。"国家政治保卫局及其各分局和特派员，是临时中央政府人民委员会管辖下的组织，在政治上经济上受上级国家政治保卫局及其各分局和特派所作的"。

续表

所处 时期	序号	名称	时间	成立地点	发起人/部门	建立背景	简介	任务/内容
第二次国内战争时期	3	民警厅、刑事侦查局	1931年11月	各地	苏维埃共和国内务人民委员部	《地方苏维埃政府组织条例》。	1932年6月，根据《内务部暂行组织纲要》精神，民警厅的工作范围扩大，兼管刑事侦探工作。	明确民警的具体工作任务：①调查户口，登记生死和婚姻；②禁止烟赌；③维护市面治安；④设置街灯；⑤管理街道卫生。规定刑事侦探任务：侦察、逮捕盗窃，抢劫，杀人等刑事罪犯。
抗日战争时期	4	陕甘宁边区政府保安处	1937年7月	陕甘宁边区	中共中央	抗日战争全面爆发，中国共产党提出了建立抗日民族统一战线，开辟了敌后抗日根据地，建立抗日民主政权。随着根据地和政权建设的同步发展，在建立民主政权的同时，公安机关也随之建立。	保安处机关设三部：一部负责保卫局（曾称科、部、科），二部负责侦查，三部负责审讯（后为审查），还有干部处、办公室。	保安处下辖各县的保安科。县保安科负责组织人民锄奸反特工作，实行双重领导。管理：一是服从县委、县政府的领导，二是服从边区政府保安处的领导。县保安科管理下属有保安队，它是县政府唯一的武装力量；保安科管理的看守所，同时是县级的监狱。陕甘宁边区到处都有保安力量。
	5	延安市警察队	1938年5月	延安市	中共中央	敌特活动十分猖獗。	我党领导下的第一支正着武装的人民警察队伍。	1938年5月成立了延安市宁边区人民警察，全称是"陕甘宁边区人民警察"，简称"边警"。警察队统一着装：黑色警服，帽子同八路军的式样，不戴帽徽，领章是铝制的，正面有"边警"二字，专门负责市区街道的治安、交通秩序，配合清查户口、旅店以及党政机关和集会的警卫等工作。

续表

所处时期	序号	名称	时间	成立地点	发起人/部门	建立背景	简介	任务/内容
	6	社会部	1939年2月18日	党的高级组织内部	中共中央	中共中央发出《关于在党的高级组织内成立社会部的决定》。	为了巩固党组织，设立侦查、治安、情报，干部保卫和中央警卫团等工作。	中共中央社会部的任务是：系统地与敌伪特务、奸细作斗争，保障党的政治、军事任务的执行，完成组织的巩固；有计划地派遣同志和调遣同情，利用一切可以打入敌人内部的机会，利用对敌情报工作和利用掌握敌人动向，开展对敌情报工作和掌握尚未建立民主政权的新辟根据地的锄奸保卫工作，培养锄奸骨干；负责军队和尚未建立民主政权的新辟根据地的锄奸保卫工作。
抗日战争时期	7	公安双重领导体制	1939年8~10月	各地	中共中央	《中央政治局关于巩固党的决定》《中央关于反奸细的决定》。	反对公安垂直领导，形成双重领导。为后来"条块结合，以块为主"的公安工作根本原则打下基础。	从中央局到地委成立保卫委员会，从此确立了党对公安工作的领导关系。明确公安机关与党的关系，公安机关在向同级党委和上级公安机关报告工作的同时，也要向同级政府报告工作，确立了党委和政府对公安机关的双重领导关系，公安机关是同级政府的组成部分。
	8	群众锄奸运动"九条方针"	1943年8月15日	陕甘宁地区	中共中央	1941~1944年，陕甘宁边区外围和内部都密布了众多汉奸和特务。目的是为了进行渗透、策反、情报、暗杀等破坏活动。	"九条方针"为我党公安保卫工作确定了一条正确路线，成为日后长期指导我国公安工作的重要方针之一。	毛泽东为党中央起草的《中共中央关于审查干部的决定》提出了："首长负责，自己动手，一般号召与个别指导相结合，领导骨干与广大群众相结合，调查研究，分清是非轻重，争取失足者，培养干部，教育群众"的"九条方针"。

续表

所处时期	序号	名称	时间	成立地点	发起人/部门	建立背景	简介	任务/内容
解放战争时期	9	各解放区的公安保卫机关	1946～1949年	各地	中共中央	全党的工作重心从农村转向城市,人民公安的工作重心也随之改变。	人民公安工作的实践为新中国成立后全国统一公安及及背干的创建做好了铺垫和经验借鉴。	1935年广东省设立政治保卫局;1946年4月,东北民主联军进驻哈尔滨,建立了哈尔滨市公安局;1948年7月琼崖民主政府设置重安厅;1948年9月27日,华北人民政府成立,建立中共中央华北局社会部;1949年1月15日,天津市人民政府公安局正式成立;1949年1月,东北公安部成立;1949年2月,中原临时人民政府公安部成立;1949年4月,南京市军官会公安部成立;1949年5月上海市军官会公安部成立。
	10	铁路公安处	1947年	各地	中共中央东北局社会部	《铁路锄奸保卫工作指示》《关于设立铁路公安机构以防奸护路的意见》。	为了保证铁路之军运、粮运之安全,民运之安全,必须加强铁路方面的保卫锄奸工作,建立保卫机关与各级的锄奸组织。	1947年,哈尔滨成立公安部队,在重要的车站、大的铁路工厂、重要的桥梁、山洞等重点保卫地方派遣铁路公安驻在所。1948年,华北人民政府公安部下发《关于各铁路局公安机构设立铁路公安的意见》,要求各系统的公安机构设立铁路公安。1949年3月成立了中央军委铁道部公安部。
	11	内部保卫机构	1948年	各地	中共中央社会部	《关于加强保卫工作的指示》《对目前保卫工作的指示》。	为新中国成立后的内部保卫机构的发展提供了参考借鉴。	明确提出公安机关要有计划地建立内部保卫组织,担负起保卫军工企业、工厂、仓库、保卫生产、工商贸易等任务。经济建设要重点保护的对象是铁路、动力、矿山、军工企业。在重要的矿山、发电站、军工企业设公安分局或分驻所,并配备公安武装力量。

📖 **真题链接**

我国的公安保卫工作经历了长期的发展历程，为保卫我党领导革命斗争不断取得胜利建立了不朽的历史功绩。在各个历史时期，先后组建了①国家政治保卫局、②中央特科、③社会部、④中华人民共和国公安部等公安保卫机构。

按照组建的时间先后，下列排序正确的是（　　　）。（单选题）

A. ③②④①　　　　B. ②①④③　　　　C. ②①③④　　　　D. ③①②④

第二节　新中国成立后公安机关的建立与发展

📝 **知识目标**

1. 新中国成立初期，我国公安工作的成就。
2. 公安部的组织机构。
3. 改革开放以来公安工作取得的主要成就。

📝 **能力目标**

能够运用枫桥经验解决日常警务问题。

🖊 **基本理论**

1949 年 10 月 1 日，在中华人民共和国首都北京的天安门城楼上，毛泽东同志庄严地宣布中华人民共和国成立。自此，公安工作的建立与发展虽充满挑战，但因为有了明确的目标和群众的支持而更加自信。

一、新中国成立初期的人民公安机关

1949 年 10 月 19 日，经中央人民政府委员会第三次会议决定，任命罗瑞卿为中华人民共和国中央人民政府公安部部长、杨奇清为副部长。1949 年 11 月 1 日，中央人民政府公安部正式成立。新中国成立初期，由于历史遗留问题等原因，导致土匪、恶霸、特务、反动党团骨干分子以及反动会道门头子五个方面的反革命活动十分猖獗，数量多、范围广、隐蔽性强是其特点。为肃清余孽，中共中央在全国范围初试锋芒，开展了剿匪、反霸、取缔反动会道门组织、强制关闭鸦片烟馆、废除娼妓活动，这一系列工作使新中国的犯罪率骤降，截至 1956 年，发案率降到 2.9‰。

从 1949 年建国到 1966 年，全国共召开了 14 次全国公安工作会议，及时有效地传达了党中央、毛主席对公安工作的指示，认真研究贯彻党中央为公安工作制定的路线、方针、政策，布置各个时期公安工作的重要任务，及时总结交流公安工作的经验。此

年间，公安机关取得了卓越的成就：

（一）在全国范围内建立健全了公安组织机构

1. 公安部组织机构的设立。1949 年 11 月，经中央军委批准，公安部机构设置为：一局（政治保卫）、二局（经济保卫）、三局（治安行政）、四局（边防保卫）、五局（武装保卫）、六局（人事）和办公厅、中国人民公安部队中央纵队（中央公安干部学校、监狱和直属的武装部队）。1959 年 3 月 19 日，经国务院批准，确定公安部组织机构为办公厅、政治部、一局（政治保卫局）、二局（经济保卫局）、三局（治安管理局）、四局（武装民警局）、五局（武装保卫局）、六局（文化保卫局）、七局（消防局）、八局（警卫局）、九局（中南海警卫局建制在中共中央办公厅）、十局（交通保卫局）、十一局（劳改工作局）、十二局（技术侦查局）、十三局（原子能保卫局）、十四局（预审局），公安部的保卫力量逐渐壮大。

2. 公安机关的组织机构的设立（表 2 - 2）。

表 2 - 2　公安机关的组织机构的设立

序号	行政级别	机构名称
1	中央和各大行政区	公安部（后改公安局，1954 年 6 月撤销）
2	省、自治区、直辖市	公安厅（局）
3	省辖市	公安局
4	县市	公安局
5	省、自治区公安厅在各地行政公署	公安处
6	直辖市、省辖市在各区	公安分局
7	县市公安局和分局	公安派出所
8	乡村	公安特派员
9	工矿、企业、文化、教育等部门	保卫局、处、科或特派员

人民公安部队与人民公安机关同时建立。1949 年 12 月第一届全国公安工作会议召开，会议制定了《整顿各级人民公安武装力量的方案》。为了加强各地的社会治安工作，建立了人民公安部队。

（二）肃清反动势力的余孽残渣和旧社会遗留的浊水污泥

新中国成立之初，反动势力对政治抱有幻想，娼妓仍然大量存在。公安部门针对上述情况开展了禁烟、禁毒、封闭妓院、改造妓女、收容改造乞丐、取缔反动会道门和打击封建把头等活动，让历史留下的腐朽状态焕然一新，把一个腐败不堪的旧社会翻新成为一个新社会。

（三）施行镇压反革命运动

镇压反革命运动从 1950 年 10 月开始，至 1953 年 6 月结束，严厉打击了土匪、恶霸、特务、反动党团骨干分子和反动会道门头子五个方面的反革命分子。为土地改革、抗美援朝、社会主义改造的顺利进行提供保障，确保国民经济的恢复与发展，维护政权稳固。

（四）改造战争罪犯

在党的正确领导下，公安机关把日本战犯、伪满战犯、国民党战犯、伪蒙疆战犯成功改造。1956 年 6 ~ 8 月，日本所有战犯都被释放回国。返国后，战犯在日本发表了《告日本人民书》，表达了对侵略行为的终生忏悔、反战和平的立场。1959 ~ 1975 年，党对国民党战犯、伪满战犯从开始的分批特赦，到最后全部释放。新中国对战犯的改造被世界舆论称为"旷古奇事，人间奇迹"。

（五）保障社会主义建设的顺利进行

1963 年 7 月，浙江诸暨县枫桥区广泛开展社会主义教育运动，确保了党的路线、方针、政策的贯彻执行，创造并推广出了著名的"枫桥经验"。通过依靠和发动群众开展对敌斗争，7 个公社的群众在没送交给公安司法部门的情况下，对"地富反坏四类分子"坚持摆事实、讲道理、不打骂、让争辩的原则，最后，没有逮捕任何一个人，就将四类分子成功地制服改造了。这给公安机关坚持群众路线提供了足够的信心。"枫桥经验"，就是"发动和依靠群众，坚持矛盾不上交，就地解决，实现捕人少，治安好"。1964 年 2 月"枫桥经验"在公安部召开的第十三次全国公安工作会议上被推广，其为社会治安管理创造了新模式，为日后公安机关正确处理改革、发展、稳定的关系提供了可贵的经验。

二、"文化大革命"对人民公安机关的冲击

1966 年开始的为期十年的"文化大革命"，给国家和中华民族带来了深重的灾难。它让刚刚起步的公安工作受到了前所未有的破坏。

林彪、江青反革命集团为了达到篡党夺权的目的，全盘否定公安工作的内容，否定公安队伍的价值，煽动社会各界彻底砸烂公安机关。此后，全国范围内的公安机关和人民警察以及治保积极分子都被以"砸烂"为口号的行动破坏。一时间，公安机关不仅无法进行正常维护社会秩序工作，反而成了全中国打击的对象。公安工作在十年之内没有发展进步，公安机关的权力却不断被削减，人民警察毫无地位可言，保命成了第一要务。在一段时间内，公、检、法完全被"造反派"夺权。

三、新时期人民公安机关的建立与发展

（一）新时期公安工作的指导思想和工作重心

1976 年"四人帮"被粉碎后，经过近 3 年的努力，"文革"期间被"砸烂"的公、

检、法、机关得到基本恢复。1978年党的十一届三中全会以来，全党的工作重心是社会主义经济建设。随后，公安工作的重心迅速转移到服从和服务于经济建设这个中心上来，实现了公安工作指导思想的战略性转变。随着我国改革开放不断完善，经济不断突破，科技不断进步，人民不断富强，公安工作也随着国家的指导方针和政策、思想而不断改进和变化，表2-3是在各个时期，公安机关根据国家指导思想而调整的公安工作的重心。

表2-3　公安机关的指导思想和工作重心

序号	指导思想	工作重心
1	1992年邓小平"南方谈话"	建立与社会主义市场经济相适应的公安工作运行机制、队伍管理体制和警务保障机制。
2	党的十六大确立了"三个代表"重要思想，全面建设小康社的重大战略决策	进一步明确了新世纪、新阶段担负的巩固共产党执政地位，维护国家长治久安、保障人民安居乐业的重大政治和社会责任。
3	党的十七大提出了科学发展观，构建社会主义和谐社会的战略思想	集中开展社会主义法治理念教育活动，有力地推动了新时期公安工作和队伍建设的步伐。
4	党的十八大提出了中国特色社会主义建设、全面建成小康社会和全面深化改革的战略目标	坚持以依法治国、执法为民、构建和谐警民关系、提高履行执法能力为目标，开展一系列有利于公安工作和队伍建设的活动。
5	党的十九大提出决胜全面建成小康社会，夺取新时代中国特色社会主义伟大胜利	坚持打造对党忠诚、服务人民，执法公正、纪律严明的公安队伍，全面深化公安改革。

（二）改革开放以来公安工作取得的主要成就

改革开放不仅打开了我国经济发展的大门，同时也打开了公安工作完善与发展的大门。在改革开放的过程中，随着人民的经济、政治、文化、教育、环境等各方面的改变，公安机关及人民警察面临的挑战也不断增多，难度不断加大。这四十年来，公安工作改革取得的主要成就包括：

1. 公安工作运行机制改革。公安工作运行机制是根据时代的发展，结合警务工作而进行改革的，内容包括：一是人民警察巡逻制度；二是110快速反应机制；三是实施派出所刑侦工作改革；四是社会治安综合治理；五是社区警务战略；六是信息主导警务战略；七是文化育警战略等。

2. 改革行政服务。随着我国经济不断发展、人口数量不断增多，行政管理内容从简到繁、由少到多，公安机关的行政管理模式也有针对性地进行了改革。在改革的过程中，公安机关以便民为民为出发点，让群众少跑腿的改革措施包括：一是户籍管理制度改革。先后实施了居民身份证制度、城镇暂住人口管理制度、第二代身份证换发、指纹录入身份证信息，颁布了《外国人在中国永久居留审批办法》等。二是道路交通管理工作改革。制定法律法规、组建公路巡警队统一上路执法、流动执勤。三是消防管理工作改革。确定"预防为主，防消结合"的消防管理方针，构建"政府统一领导、部门依法监督、单位全面负责、群众积极参与"的工作格局。四是出入境边防管理改革，简化中国公民、外国人出入境签证手续以及边防出入境验证手续，促进对外交流和经济发展。2003 年 8 月，公安部在户籍管理、交通管理、出入境管理、消防管理等方面推出了 30 项便民利民措施。2005 年，公安局长大接访活动在全国范围开展，建立了以"一把手"接访制度为核心的信访工作长效机制，这有效地维护了群众的合法权益。公安行政管理工作从重管理、轻服务转变为管理与服务并重。

3. 强化公安队伍管理，完善公安队伍建设。公安队伍在党的正确带领下，秉承政治建警、依法治警、从严治警的方针，紧随时代，不断发展与创新，科学管理队伍，完善建设制度，取得了出色的效果。

第一，设立了新型的警种。公安机关根据打击违法犯罪的需要，在有特定的情形下，设置了新的警种。1982 年 5 月，由于云南滇西南国境线已被境外的罂粟花和毒品加工厂包围、云南警察在"文革"后极缺、民警文化程度偏低，导致云南警察不足以应对缉毒工作，因此，云南省公安厅副厅长在全国公安厅局长会上申请建立一支 1000人的公安专业缉毒队伍。新中国第一支缉毒队就这样在同年给编制、招干、建队、上阵的情形下成立了。1998 年 2 月，湖北省武汉市计算机国际互联网安全监察专业队伍组建完毕，其主要目标为打击在数秒钟之内就能犯下的、几乎不留下任何作案痕迹的网上犯罪。网络警察的主要工作包括：预防和打击技术性破坏；预防和处理网络诈骗、贪污、挪用公款、窃取国家秘密或商业秘密；打击淫秽色情网站等。2003 年底，空中人民警察建立。"9·11"事件后，根据新的空防安全形势和民航体制改革的实际情况，我国决定成立中国民航空中警察队伍，把空中安全保卫队伍纳入人民警察序列。空中人民警察队伍依法行使防止和制止劫机、炸机、非法干扰安全飞行的行为，维护机上秩序，保护乘客生命财产安全的重要职能。2004 年 1 月，草原骑警建立。进入 21 世纪后，四川、甘肃、青海三省交界、地广人稀的地区开始出现一些盗抢牧民的不法分子。为了有效地保护草原牧民的生命财产安全，适应新的治安形势需要，甘肃省、四川省等地的公安机关成立了草原骑警队伍。

第二，进行了公安体制改革。1982 年 6 月 19 日，中国人民解放军担负地方内卫任务及内卫执勤的部门移交公安部门，同公安部门原来实行义务兵役制的边防、消防等警种整合起来，重新组建中国人民武装警察部队。1983 年 4 月，中国人民武装警察部队总部在北京成立。1986 年 10 月，交通部门掌管的公路工作移交公安机关，城乡道路交通管理工作统一由公安机关部署。1999 年 1 月，国家海关总署走私犯罪侦查局成立，受海关总署与公安部双重领导，以海关总署为主，列入公安部序列，各地海关设走私犯罪侦查分局。2003年1月1日，海关总署走私犯罪侦查局更名为海关总署缉私局。2013年，国家海洋局及其中国海监、公安部边防海警、农业部中国渔政、海关总署海上缉私警察的队伍和职责被整合，重新组建国家海洋局，以中国海警局名义开展海上维权执法，接受公安部的业务指导。

第三，推进公安队伍正规化建设。加强公安队伍正规化建设的要求在1983年的全国公安改革会议中被首次提出。2003年11月召开的第二十次全国公安会议，进一步提出"四统一五规范"的正规化建设要求，即统一考录制度、统一训练标准、统一纪律要求、统一外观标识，规范机构设置、规范职务序列、规范编制管理、规范执法执勤、规范行为举止。在公安机关执法正规化建设进程中，《人民警察法》《人民警察警衔条例》《公安机关组织管理条例》《公安机关人民警察内务条令》等法律、法规和规章陆续被施行。自此，对人民警察的录用、辞退、培训、考核、任用、晋升、奖惩、抚恤以及特种岗位工作规范等具体工作便有法可依，有据可循。

第四，完善了人民警察培训的制度建设。《公安机关人民警察培训暂行规定》，对民警上岗、授衔、晋升警衔和晋升职务必须要经过培训作出了规定。《公安机关人民警察训练条令》，将民警的教育训练制度化，让民警的录用与晋升与教育训练紧密联系起来。2003年起，全国公安机关实行"三个必训"制度，即民警上岗和首任必训、职务和警衔晋升必训、基层和一线民警每年实战必训。通过"三个必训"组织全警大练兵，以及抓基层、打基础、苦练基本功活动。2008年8月，公安部按照中央关于司法体制改革的总体部署，启动了公安院校招录培养体制改革试点工作。

第五，完善公安法制化建设。公安机关及人民警察执法要有法可依。《人民警察法》规定了人民警察的职责和任务。根据人民警察的职责与任务，公安立法工作得以有序推进：《治安管理处罚法》《居民身份证法》《反恐怖主义法》等指导公安工作的法律依次出台。《人民警察使用警械和武器条例》《公安机关组织管理条例》等条例也相继施行。随后，《公安机关办理刑事案件程序规定》《公安派出所执法执勤工作规范》等规范内容的发布，逐步覆盖了公安机关各个执法环节，形成了执法规范体系。

第六，构建和谐警民关系。公安工作一直与公安群众工作一同进行。社区警务战略、便民利民措施、"我最喜爱的人民警察"评选等活动都拉近了人民警察与群众的距离。为构建和谐警民关系，民警的工作方式和工作方法也随着群众生活方式、工作方法等特点的更新而改变。从纸质宣传到网络宣传、电话报警到微博报警，警察的宣传工作与服务工作的开展方式和方法都在根据群众的生活习惯进行调整。

第七，加强了公安思政建设和廉政建设。公安队伍要坚持党对公安工作的领导，根据从严治警的要求，公安机关陆续推出了"五条禁令""三项纪律"等整顿警风举措，从思想上约束人民警察的工作意识。1997年，《公安机关督察条例》的颁布，对人民警察的执法行为起到了有效的监督，从行为上约束人民警察的执法行为。随后，警务督查、警务公开、派驻督察专员和督导组等监督制约机制的建立，有效地提高了公安队伍的执行力。

第八，完善公安机关人民警察的抚恤工作。1996年11月19日，公安部和民政部联合下发《公安机关人民警察抚恤办法》，进一步明确了公安机关人民警察抚恤工作的具体职责分工、办理程序和伤亡人民警察的抚恤待遇。习近平总书记在会见全国公安系统英雄模范立功集体表彰大会代表时指出："各级党委和政府要关心和支持公安工作，关心关爱公安民警，加大综合保障力度，落实从优待警各项措施。对那些因公牺牲的同志的家属特别是其中的老年人和未成年子女，要切实安排好、照顾好，让他们感受到党和人民的关怀和全社会的温暖。"公安机关的英雄模范和烈士，用生命来维护国家主权不受侵犯，保护人民的生命财产安全不受侵害。多年来，公安机关传承慰问民警家属和英雄模范的优良传统，让真正为公安事业奉献过的民警及其家属感觉到组织的温暖和悼念。

🖐 **真题链接**

1. 新中国成立后，公安机关在党中央的领导下，形成完整的公安保卫工作体系，完成了巩固新生人民政权和保卫社会主义建设的历史任务，成为党和人民值得信赖的优秀队伍。新中国成立后我国第一任公安部长是（　　）。（单选题）

A. 罗瑞卿　　　　B. 杨奇清　　　　C. 王芳　　　　D. 贾春旺

2. 新中国成立之初，中国共产党与其他民主党派就公安机关的领导权问题进行协商，确立了中国共产党对公安工作实行绝对领导的地位，并作为公安工作的基本原则，下列说法不正确的是（　　）。（单选题）

A. 党领导公安工作是由我国政体决定的

B. 公安工作置于党的绝对领导之下，才能保证公安队伍的纯洁性

C. 党对公安工作的绝对领导是巩固党的执政地位的要求

D. 党对公安工作的绝对领导是公安工作顺利开展的最高政治原则

✏️ **拓展阅读**

全面深化公安改革的总体目标是：完善与推进国家治理体系和治理能力现代化、建设与中国特色社会主义法治体系相适应的现代警务运行机制和执法权力运行机制，建立符合公安机关性质任务的公安机关管理体制，建立体现人民警察职业特点、有别于其他公务员的人民警察管理制度。到2020年，基本形成系统完备、科学规范、运行有效的公安工作和公安队伍管理制度体系，实现基础信息化、警务实战化、执法规范化、队伍正规化，进一步提升人民群众的安全感、满意度和公安机关的执法公信力。全面深化公安改革共有七个方面的主要任务、一百多项改革措施。一是健全维护国家安全工作机制，二是创新社会治安治理机制，三是深化公安行政管理改

革，四是完善执法权力运行机制，五是完善公安机关管理体制，六是健全人民警察管理制度，七是规范警务辅助人员管理。全面深化公安改革坚持以问题为导向，将改革的指向聚焦在三个方面：一是着力完善现代警务运行机制，提高社会治安防控水平和治安治理能力，提高人民群众的安全感。二是着力推进公安行政管理改革，提高管理效能和服务水平，从政策上、制度上推出更多惠民利民便民新举措，提高人民群众的满意度。三是着力建设法治公安，确保严格规范公正文明执法，提高公安机关执法水平和执法公信力，努力让人民群众在每一项执法活动、每一起案件办理中都能感受到社会公平正义。

　　……全面深化公安改革还明确提出，根据人民警察的性质特点，建立有别于其他公务员的人民警察管理制度和保障机制。按照职位类别和职务序列，对人民警察实行分类管理。适应正规化、专业化、职业化建设要求，建立健全人民警察招录培养机制。贯彻落实人民警察生活待遇"高于地方、略低于军队"的原则，建立符合人民警察职业特点的工资待遇保障体系。完善人民警察抚恤优待制度，建立健全人身意外伤害保险等职业风险保障制度。依法维护人民警察执法权威。规范警务辅助人员管理。等等。

综合练习

1. 习近平总书记曾就坚持和发展"枫桥经验"做出重要指示，强调各级党委和政府要充分认识"枫桥经验"的重大意义，发扬优良作风，适应时代要求，创新群众工作防范，善于运用法治思维和法治方式解决涉及群众切身利益的矛盾和问题。下列选项中与"枫桥经验"的基本精神相符的是（　　　）。（单选题）

A. 公安工作的根本原则　　　　　B. 公安工作的根本路线

C. 公安工作的基本方针　　　　　D. 公安工作的基本政策

2. 1931 年 11 月，在江西瑞金召开的第一次中华苏维埃工农兵代表大会上，成立了中华苏维埃临时中央政府，组建了我国最早的人民政权公安保卫机关。这一机关是（　　　）。（单选题）

A. 社会部　　　　　　　　　　　B. 中央特科

C. 国家政治保卫局　　　　　　　D. 中央军委公安部

3. 回顾公安发展历史，我国公安保卫工作曾发生过肃反扩大化的错误。下列哪个机构或文件对加强保卫工作正确领导、纠正肃反扩大化问题具有重要意义？（　　　）（多选题）

A. 国家政治保卫局　　　　　　　B.《反奸细斗争的决议》

C. 1943 年提出的"九条方针"　　D.《关于镇压反革命活动的指示》

4. "历史是人民创造的"。保持与人民群众的血肉联系一直都是我党的优良传统。因此，处理好与人民群众的鱼水关系就要求我们必须走群众路线。这也是公安机关的

必修课，这是因为（　　）。（多选题）

　　A. 公安工作具有广泛的社会性和群众性，尤其不能离开人民群众的支持

　　B. 人民群众是解决警力不足的人力资源

　　C. 处理好公安机关与人民群众的关系是调整各种社会关系的基础

　　D. 公安工作离不开人民群众的监督

上篇　基本理论

第 三 章
公安机关的性质和宗旨

知识结构图

公安机关的性质和宗旨
- 公安机关的性质
  - 公安机关的阶级属性
  - 公安机关的组织属性
  - 正确认识我国公安机关性质的意义
- 公安机关的宗旨
  - 公安机关宗旨的含义
  - 新时期公安机关践行宗旨的要求

案例导入

为提升户政窗口服务效能，切实提升群众满意度，近期，桦甸市公安局完善服务机制、强化服务意识，着力打造新型户政窗口，取得了良好的社会效果。

打造"阳光服务型"窗口。该局始终坚持公开透明的业务办理原则，在各派出所户籍室、户政大厅和公安门户网站公开办理各项业务所需证明材料、办理流程及时限、收费项目及标准、监督电话等信息，自觉接受群众监督。

打造"科学服务型"窗口。该局积极强化户政窗口建设，强化硬件设施、规范功能布局、增设告示标识，确保群众快速高效办理业务。同时，在户政大厅购置自动排号机和自助照相机，有效缓解了办证窗口排队拥挤的压力。

打造"便民服务型"窗口。该局以深入开展亲民、爱民实践活动为主线，不断改进工作作风和服务态度，落实惠民举措，将户政窗口搬进社区、搬进村庄，为留守老人、病残人员上门办证、送证上门，进一步构建了和谐警民关系。

打造"廉洁服务型"窗口。该局组织纪检、督察部门不定期对窗口民警服务态度、服务质量、服务效率进行明察暗访，对发现的问题及时督促整改，坚决杜绝"庸懒散浮拖"和"微腐败"现象发生。

第一节　公安机关的性质

知识目标

1. 公安机关的阶级属性。
2. 公安机关的组织属性。

能力目标

能正确认识公安机关性质的意义。

基本理论

我国《宪法》第 1 条明确规定："中华人民共和国是工人阶级领导的、以工农联盟为基础的人民民主专政的社会主义国家。"《公安机关组织管理条例》第 2 条规定："公安机关是人民民主专政的重要工具，人民警察是武装性质的国家治安行政力量和刑事司法力量"，而人民警察是公安机关的重要组成部分，代表公安机关行使权力。因此，公安机关的性质可以表述为：它是人民民主专政的重要工具，是具有武装性质的国家治安行政力量和刑事司法力量。一方面，公安机关是人民民主专政的重要工具，体现了公安机关的阶级属性；另一方面，公安机关是具有武装性质的国家治安行政和刑事司法的专门机关，体现了公安机关的组织属性。这一表述反映了公安机关的阶级属性和组织属性，与我国其他国家行政机关有明显差别。

一、公安机关的阶级属性

公安机关是人民民主专政的重要工具，这是公安机关的阶级属性。它具体表现在：

（一）公安机关必须与我国国体一致

人民民主专政国体决定公安机关只能是人民民主专政的工具，我国《宪法》明确规定："中华人民共和国是工人阶级领导的、以工农联盟为基础的人民民主专政的社会主义国家。"它要求公安机关必须坚持对人民实行民主，保护人民的利益。对极少数危害国家，危害社会的敌对势力和敌对分子实行专政，进行震慑、打击。

（二）公安机关在国家政权中占有重要地位

公安机关是我国政府的重要行政部门，担负着保卫国家安全和人民生命财产安全的重大责任。毛泽东同志在 1949 年就指出："我们现在的任务是要强化人民的国家机器，这是指人民的军队、人民的警察和人民的法庭，借以巩固国防和保护人民的利益。"周恩来同志曾指出，国家安危，公安系于一半。这些论断都充分说明了公安机关担负着保卫国家安全和人民利益的重大责任，是国家政权的重要组成部分。

（三）公安机关是国家意志的忠实执行者

我国是人民民主专政国家，工人阶级和广大人民群众的意志上升为国家意志所形成的国家政策和法律，是一切国家机关和国家公务人员活动的行为准则，也是公安机关全部工作的出发点，公安机关要忠实地执行人民的意志、国家的意志，代表国家行使人民警察权，完成国家赋予的任务。

公安机关的阶级属性要求人民警察必须坚持站在工人阶级与广大人民群众的立场上，防止搞"警察非政治化"；坚持对敌对势力、敌对分子实行专政，防止打击惩治不力；坚持对人民实行民主，防止脱离群众、伤害群众；坚持廉政勤政，防止腐化变质。

二、公安机关的组织属性

公安机关是具有武装性质的国家治安行政和刑事司法力量，这是公安机关的组织属性，它体现在：

（一）公安机关是国家的治安行政机关

公安机关是国家行政机关的重要组成部分，但它又不同于一般的行政机关。公安机关是我国的治安行政管理机关，行使国家的治安行政管理权。治安行政管理涉及国家和社会生活的方方面面，直接关系着社会治安秩序和社会稳定。公安机关与国家其他行政机关分工明确、各司其职、互相支持、协同配合。公安机关的治安行政管理活动需要其他行政机关的支持与配合，同时为其他行政机关的行政管理提供坚强后盾和保障。

（二）公安机关是刑事司法机关

公安机关作为特殊的国家行政机关，兼具行政和刑事司法属性，它在刑事诉讼活动中发挥着重要作用，是国家主要的侦查机关。

首先，公安机关具有刑事司法职能。根据我国《刑事诉讼法》，刑事诉讼程序分为立案、侦查、起诉、审判和执行五个阶段，这些都属于刑事司法范畴。在整个刑事司法活动中，公安机关主要承担立案、侦查和部分执行的任务。其次，公安机关在刑事司法活动中地位重要。《刑事诉讼法》第 19 条第 1 款规定："刑事案件的侦查由公安机关进行，法律另有规定的除外。"在刑事诉讼中，除人民检察院、国家安全部门、军队保卫部门、监狱、走私犯罪侦查机关侦查的案件以外，绝大部分刑事案件都由公安机关负责侦查。公安机关处在同犯罪作斗争的第一线，在刑事诉讼活动中也处于第一道工序，其关系到整个刑事诉讼任务的顺利完成。

（三）公安机关具有武装性

公安机关具有武装性，是公安机关作为国家暴力机器的显著标志，公安机关的武装性主要体现为：

1. 军事性。公安机关是国家力量的重要组成部分，公安机关拥有国家按统一标准配备的武器、警械和装备、设施，拥有国家法律赋予依法使用武器、警械权，组织机构实行军事化管理。

2. 暴力性。公安机关担负着武装性质的战斗任务，是国家政权中的暴力工具。警察用武装手段维护国家安全和社会秩序，运用国家赋予的暴力手段对付犯罪暴力，由法律授权并受法律的制约。

3. 强制性。公安机关为了维护社会治安秩序，预防和打击犯罪行为，依法执行行政强制措施和刑事强制措施。其职责的履行和警察权力的行使是以国家政治与法制的强制力为后盾和保证的。

三、正确认识我国公安机关性质的意义

（一）公安机关的性质是公安机关诸规定性因素中的决定性因素

公安机关的性质是确定公安机关任务、职责、权力的依据；是制定公安工作的路线、方针、政策的依据；是制定公安队伍建设基本方针的依据。正确认识公安机关的性质是正确理解公安机关宗旨、职能、任务、职权、体制、机构、工作、政策、法制、业务等规定性因素的前提。

（二）明确公安机关的性质，有利于维护公安机关的形象

一切公安工作都应以符合公安机关的性质为出发点，所有人民警察的言行都应以符合公安机关的性质为标准。各项公安工作均要坚持党和政府的领导，获得各部门及广大人民群众的配合支持，接受人民的监督，保持公安队伍的纯洁性，维护公安机关的形象。

（三）明确公安机关的性质，有利于公安机关正确行使职权

地方各级党委和政府只有明确公安机关的性质，才能避免出现要求公安机关从事超越职权范围活动的情况，才有利于公安机关正确行使职权。公安机关及其人民警察只有正确认识公安机关的性质，才能自觉遵守职业纪律和职业道德，更好地行使职权。

📖 **真题链接**

公安机关担负着平息暴乱、骚扰，打击恐怖活动，追捕、围歼暴力犯罪，执行武装内卫等任务，这体现出我国公安机关的（　　　　）属性。（单选题）

A. 阶级性　　　　　B. 军事性　　　　　C. 暴力性　　　　　D. 武装性

第二节　公安机关的宗旨

📖 **知识目标**

公安机关宗旨的含义。

能力目标

能够践行新时期公安机关宗旨的要求。

基本理论

一、公安机关宗旨的含义

公安机关的性质决定了我国公安机关的宗旨是全心全意为人民服务，这也是以毛泽东为主要代表的中国共产党人在创建和领导人民警察的过程中，把马克思主义国家学说与警察起源理论同中国国情结合，逐步提出所形成的中国共产党治警的核心理念。

宗旨，即意图和目的。公安机关的宗旨是全心全意为人民服务，它是公安工作的出发点和落脚点，是衡量公安机关及其工作的最高标准，也是党和政府联系人民群众的桥梁与纽带。《人民警察法》第3条规定："人民警察必须依靠人民的支持，保持同人民的密切联系，倾听人民的意见和建议，接受人民的监督，维护人民的利益，全心全意为人民服务。"它以立法的形式明确了为人民服务宗旨的重要地位。

公安机关作为巩固执政党地位的重要力量，坚持全心全意为人民服务的宗旨主要是通过完成法律赋予的光荣任务和履行法律赋予的神圣职责来体现的。因而维护国家安全，维护社会治安秩序，保护公民的人身安全、人身自由和合法财产，保护公共财产，预防、制止和惩治违法犯罪活动，管理社会和服务人民就是公安机关坚持全心全意为人民服务的主要内容。

二、新时期公安机关践行宗旨的要求

（一）牢固树立宗旨意识

牢固树立宗旨意识，是全心全意为人民服务的思想基础。公安机关要摆正自己的位置，明确公安机关的权力是人民赋予的，公安民警与人民群众的关系是公仆与主人的关系，是服务与被服务的关系。要从思想上认识到人民群众的巨大作用，从内心深处拉近与人民群众的距离，不断增进与人民群众的感情，赢得人民群众的拥护和支持。

（二）坚持群众利益至上

全心全意为人民服务，一个最基本的要求就是坚持一切从人民群众的根本利益出发。广大民警要结合工作实际，深入基层，贴近群众，了解群众，帮助群众解决实际困难。社区民警要经常深入群众家中进行座谈，及时掌握群众的思想动态，主动为群众解疑释难，并帮助群众解决日常生活中遇到的实际问题，真心实意地为人民群众谋利益。只有想人民之所想，急人民之所急，时刻把人民群众的利益放在首位，才能赢得人民群众的信赖、拥护和支持，才能引导人民群众为了自身的利益而奋斗。

（三）认真履行岗位职责

公安机关人民警察坚持全心全意为人民服务的宗旨，就是要在本职工作中恪尽职守、爱岗敬业，高质量地做好本职工作。依法严厉打击刑事犯罪，依法严格治安管理，保护国家、集体的财产安全和人民群众的切身利益，维护良好的社会治安秩序，努力完成法律赋予的各项任务。

（四）提高执法服务质量

公安机关和人民警察面对新形势和新任务，要高度重视和加强公安队伍建设，努力适应社会形势发展的要求，积极进取，与时俱进，努力开展多方面、高质量的便民、利民活动，改善服务态度，扩大服务领域，为人民群众提供更多更好的服务，让人民群众满意。既要坚持严格、公正、规范执法，又要坚持理性、平和、文明执法，真正融法、理、情于一体，使人民群众既感受到法律的权威、尊严，又感受到公安机关的关爱、温暖。

（五）接受人民群众监督

群众满意是公安工作的最高追求。人民群众满意是做好公安工作的标准。公安机关工作做得好不好，广大群众最有发言权，公安机关应当依法办事、廉洁勤政，坦诚接受群众监督。把公安工作的评判权交给群众，让群众评判公安工作，以此激发公安民警密切联系群众、主动服务群众的内在动力。

 拓展阅读

"以人民为中心，着力提升群众获得感、幸福感、安全感"

全国公安机关坚持人民利益至上，积极适应人民群众对民主、法治、公平、正义、安全等方面的新期待，着力满足人民对美好生活的向往，推动人民获得感、幸福感、安全感进一步提升。各地公安机关也积极创新，推出各项新举措用以便民利民：

——在北京，社区警务室 7×24 小时值班制度的新型警务工作模式有序运转，组织辖区各种力量开展社区防控，并及时处理群众求助、调解纠纷、化解矛盾、了解社情民意，提高了群众见警率，提升了平安指数。

——在上海，智慧公安建设依托"互联网＋公安政务服务"，将公安 74 项公共服务事项和全部 68 项行政审批事项接入网上政务大厅，在线办理群众预约、申报、查询等事宜。

——在重庆，公安机关先后推出服务民营经济发展 30 条、服务学校 29 条，从创新服务方式、优化行政管理、严打违法犯罪等多个方面，着力打造"民生警务"，推动当地高质量发展、高品质生活。

——在河北，公安机关深入落实服务发展、便民利民、改进作风的三个"二十条"

和简化优化服务流程、方便群众办事创业的 28 项措施，特别是针对雄安新区建设，派驻省市联合工作组，探索研究 "1+N" 政策体系，持续开展 "三打击五整治"，营造良好发展环境。

📝 **真题链接**

下列关于我国公安机关宗旨的理解，正确的是（　　　）。（多选题）

A. 公安民警来自人民，属于人民

B. 为人民服务是公安工作的出发点和落脚点

C. 人民的评价是衡量公安工作的最高标准

D. 公安机关是党和政府联系人民群众的桥梁与纽带

📝 **综合练习**

1. 国庆安保期间，为了防范恐怖分子和打击暴力犯罪，公安机关提前制定预案，组织人民警察配备武器装备，采取武装警戒、武装巡逻等方式顺利地完成了维稳任务。据此，这体现了公安机关（　　　）属性。（单选题）

A. 暴力性　　　　B. 武装性　　　　C. 强制性　　　　D. 阶级性

2. 近日，公安部联合其他部门出台的《防范和打击电信网络诈骗罪的通告》中指出，"凡是实施电信网络诈骗犯罪的人员必须停止一切违法犯罪活动，自通告公布之日起，主动投案、如实供述自己罪行的，依法从轻或者减轻处罚，在此规定期限内拒不投案自首的，将依法从严惩处"。据此，下列说法正确的是（　　　）。（多选题）

A. 打击网络电信诈骗犯罪有效地体现了公安机关专政职能

B. 打击网络电信诈骗犯罪需要专门机关与广大人民群众相结合

C. 打击网络电信诈骗犯罪的行为说明公安机关是国家刑事司法力量

D. 打击网络电信诈骗犯罪的行为说明公安机关是国家治安行政力量

第 四 章

公安机关的职能和任务

公安机关的职能和任务
- 公安机关的职能
  - 公安机关的职能的概念
  - 公安机关的民主职能
  - 公安机关的专政职能
  - 民主职能与专政职能的关系
- 公安机关的任务
  - 公安机关的基本任务
  - 新时期公安机关的主要任务

案例导入

2015 年 12 月，河北省保定市朝阳区和平里街道某社区发生一起暴力劫持人质事件，接警后，朝阳区派出所迅速组织警力展开救援工作。在现场，犯罪嫌疑人王某一手拿着尖刀抵住人质的颈部，并扬言要按下手中拿着操控炸弹的遥控器。面对凶狠的歹徒，民警小李主动请求替换人质。遭拒后，为获取犯罪嫌疑人信任，民警小李当面卸下枪支，赢得面对面劝说犯罪嫌疑人的机会，最终在劫持事件发生 1 小时内安全解救人质。

第一节　公安机关的职能

知识目标

1. 公安机关的民主职能。
2. 公安机关的专政职能。

能力目标

明确公安机关民主职能和专政职能的关系。

 基本理论

一、公安机关的职能的概念

公安机关作为国家机器的重要组成部分，在实施国家的政治统治职能和社会管理职能中发挥着至关重要的作用。它既是国家打击犯罪的重要手段之一，也是国家管理和维护社会公共安全事业的专门职能系统，其对社会治安秩序的管理和对刑事犯罪的侦查控制，能够为经济社会发展和人民安居乐业创造稳定的治安环境。

公安机关的职能，是公安机关在维护公共安全过程中对国家和社会所发挥的社会效能或作用。公安机关的职能与国家职能有着密不可分的关系，体现了国家对公安机关的使命和要求，也决定了公安机关职能的性质、基本内容和实施方式。我国公安机关是人民民主专政的重要工具之一，这一性质决定了公安机关的职能，从不同角度来看，公安机关的职能有多种表述：

从处理国家的内外关系来看，公安机关的职能可分为对内职能和对外职能；从公安机关业务工作手段来看，公安机关有侦查职能、保卫职能、武装职能、治安行政管理职能等；从公安机关担负任务的作用来看，公安机关有打击犯罪、维护治安、行政管理、服务人民的职能；从社会控制的角度来看，公安机关具有执行法律、维持秩序和公共服务三个方面的职能；从调整国家根本政治关系的作用来看，公安机关具有专政职能和民主职能。

综上所述，尽管依据不同的标准可以对公安机关的职能有不同分类，这些职能在内容和意思表述上也存在相似或交叉的地方，但基于政治关系的角度把公安机关的职能分为民主职能和专政职能的表述，更能从根本上体现公安机关的性质，它是对公安机关职能的高度概括，集中反映了公安机关作为人民民主专政工具这一根本属性的要求，既体现出公安机关的阶级性和政治性，又体现其社会性和管理性。

二、公安机关的民主职能

公安机关的民主职能，是指公安机关依照国家政策和法律，对人民的民主、安全和合法权益进行保护的社会效能。公安机关的民主职能是由国家的社会管理职能所决定的，反映了公安机关与人民的密切关系。因此，公安机关必须服从人民的意志，全心全意为人民服务，做人民的公仆和卫士，依靠人民当家作主的主人翁精神，调动人民的治安积极性，处理好有关社会安全方面的人民内部矛盾。公安机关民主职能的实质即人民参与社会治安管理，公安机关与人民群众共同用民主的方法解决人民内部矛盾。

公安机关民主职能的主要内容有：

1. 依靠人民。人民群众是保卫国家安全和维护社会治安的基本力量，是公安工作

的基础。公安机关要发动和组织人民群众参与治安管理、与违法犯罪作斗争，要建立健全维护社会治安的民主机制，包括参与机制、监督机制、群防群治机制等。

2. 保护人民。公安机关要依法充分运用各种公安专业手段，打击敌人，惩治犯罪，处罚违法行为，防治群体性事件及治安事故，保护人民的人身权利、民主权利和财产权利，做人民的忠诚卫士。

3. 教育人民。公安机关要采取多种形式，对人民群众进行公安政策和公安法制的宣传教育，普及法律知识，增强责任意识。通过调解纠纷、对一般违法犯罪分子进行教育挽救等，教育人民遵纪守法。用民主的方法、说服教育的方法调整人民内部关系，解决人民内部矛盾。

4. 管理社会公共安全事务。在社会治安管理方面，公安机关通过执法、宣传、预防、监督、控制、协调和服务等多种行政管理活动，为人民群众的生产、工作、学习、科研、娱乐等社会生活创造正常的秩序和良好的环境。

5. 服务人民。公安机关要真正把人民群众的呼声作为第一信号，把人民群众的需要作为第一选择，把人民群众的利益作为第一考虑，把人民群众的满意作为第一标准，要满腔热情地为人民群众提供优质高效的为民、便民服务，全心全意地服务于人民，当好人民的公仆。

三、公安机关的专政职能

公安机关的专政职能，是指公安机关依法对危害国家安全和妨害社会管理的敌对势力、敌对分子进行镇压、制裁、改造和监督，以巩固人民民主专政，保障人民权利的社会效能。公安机关的专政职能是由国家政治统治职能所决定的，其任务是解决有关国家安全和社会治安中的敌我矛盾，其实质是代表国家和人民对敌人实行政治统治。

公安机关的专政职能的手段不是简单的暴力镇压，而是多种多样的，是依据国家法律和政策，对专政对象实行镇压、制裁、控制和改造的各种手段。在构建社会主义和谐社会的现阶段，公安机关的专政职能不可能消亡，也不应该被削弱。现阶段敌对势力、敌对分子的破坏，使得国内安全和稳定仍然面临严峻的形势，严重暴力犯罪案件和重特大案件数量居高不下，刑事犯罪活动一直处于高发态势。因此，公安机关不能有丝毫懈怠，必须居安思危，增强维护国家安全和社会稳定的紧迫感，增强忧患意识，在意识和行为上自觉强化公安机关的专政职能，维护国家安全和社会治安秩序，维护公民的合法权益。

四、民主职能与专政职能的关系

公安机关的民主职能和专政职能，二者既对立又统一，既有区别，又有联系。

（一）民主职能与专政职能的联系

从两种职能的联系上看，民主职能与专政职能不仅是相互依存、缺一不可的，而且是相互渗透、互相促进的。对敌人专政和对人民民主两个职能，贯穿于公安全部专业工作之中。公安机关的专政职能是民主职能的基本保障，民主职能是专政职能的社会基础。公安机关对敌专政越有力，人民的民主、安全与合法权益就越有保障；公安机关对人民的民主实现得越充分，对敌人专政的社会基础就越牢固深厚，对敌人的专政就越有效。

（二）民主职能与专政职能的区别

公安机关民主职能与专政职能的区别主要表现在两个方面：一是对象不同。公安机关专政的对象是敌人，民主的对象是人民，二者之间有着原则性区别，绝对不能混淆。二是方法不同。由于公安机关专政和民主的对象不同，处理的方法也有所区别。民主职能解决的是人民内部矛盾。处理人民内部矛盾，主要是用说服、民主的方法，以及批评与自我批评等方法。专政职能针对的是敌我矛盾，处理敌我矛盾，主要采用镇压、制裁、控制和改造等手段。

真题链接

由于国内外敌对势力、敌对分子的破坏，国内安全和稳定仍然面临严峻形势，公安机关的专政职能不可能消亡，也不应该被削弱。但是，专政的手段不是简单的暴力镇压。据此，下列不属于公安机关行使专政职能手段的是（　　　　）。（多选题）

A. 监督　　　　　B. 制裁　　　　　C. 改造　　　　　D. 消灭

第二节　公安机关的任务

知识目标

1. 公安机关的基本任务。
2. 新时期公安机关的任务。

基本理论

公安机关的基本任务，由公安机关的性质和职能所决定，它反映了公安机关所担负的历史使命。根据《人民警察法》的规定，公安机关的基本任务是维护国家安全，维护社会治安秩序，保护公民安全、人身自由和合法财产，保护公共财产，以及预防、制止和惩治违法犯罪活动。

一、公安机关的基本任务

（一）维护国家安全

维护国家安全，就是保卫我国人民民主专政政权和社会主义制度不受侵犯，保卫我国的国家主权和领土完整不受侵犯。维护国家安全主要包括以下三个方面的内容：

1. 积极防范危害国家安全的违法犯罪行为的发生。公安机关要对公民和组织进行教育，增强他们的国家安全意识，以自觉维护国家安全，同危害国家安全的违法犯罪行为作斗争。还要防范境内外敌对势力、敌对分子的渗透颠覆等破坏活动，使他们无隙可钻。

2. 及时发现和制止危害国家安全的违法犯罪行为，将其扼杀在萌芽状态，以避免造成危害国家安全的严重后果。

3. 坚决打击和惩治危害国家安全的违法犯罪分子，使他们得到应有的惩罚，同时也警戒其他不法分子，震慑和减少危害国家安全的犯罪行为。

（二）维护社会稳定

公安机关维护社会稳定主要就是维护治安秩序的稳定。公安机关维护社会治安秩序的工作主要有以下四个方面的内容：

1. 积极防范和制止危害社会治安秩序的违法犯罪行为。公安机关要对公民进行法制宣传，增强公民的法律意识，使他们自觉地同危害社会治安秩序的违法犯罪行为作斗争。充分发挥公安机关的职能作用，调动社会各方面力量，运用各种手段，进行社会治安综合治理，建立社会防范机制。

2. 坚决惩治危害社会治安秩序的违法犯罪分子。公安机关要依法坚决打击、制止那些扰乱、破坏社会秩序、生产秩序、工作秩序、教学科研秩序和人民群众生活秩序的违法犯罪分子。

3. 全力维护社会稳定，积极预防、妥善处置群体性事件，依法化解社会矛盾和群众纠纷，巩固和发展安定团结的政治局面。

4. 依法进行维护社会治安秩序的行政管理，努力创造安全、文明、和谐的良好社会治安环境。

（三）保护公民的人身安全、人身自由和合法财产

1. 保护公民的人身安全，就是保护公民的生命权、健康权不受侵犯，依法惩治杀人、伤害、抢劫、绑架、强奸、强迫妇女卖淫和拐卖人口等侵犯公民人身权利的违法犯罪活动。

2. 保护公民的人身自由，就是保护公民的人身、人格尊严、住宅、通信自由和通信秘密等不受他人侵犯。

3. 公安机关保护公民合法财产，就是要按照法律的规定，为公民的合法财产安全提供管理和服务，对侵害公民合法财产的治安案件、治安事故以及违法犯罪活动进行预防、打击和处理。

（四）保护公共财产

公共财产，是指国有财产、劳动群众集体所有的财产、用于扶贫和其他事业的社

会捐助或者专项基金的财产。在国家机关、国有公司、企业、集体企业和人民团体管理、使用或者运输中的私人财产，也属于公共财产。公安机关要严厉打击各种经济犯罪活动，以减少经济犯罪对国家集体财产造成的损失，因自然灾害、治安事故和生产事故致使公共财产面临破坏损失时，公安机关要积极抢险救助。

（五）预防、制止和惩治违法犯罪活动

预防违法犯罪，是指公安机关为防止和减少违法犯罪的发生而采取的综合性的防治措施。制止违法犯罪，是指人民警察在违法犯罪活动已经发生或正在进行时，立即赶赴现场，采取法律规定的强制措施，迅速有效地制止违法犯罪的行为活动。惩治违法犯罪，是指公安机关及其人民警察依据法律规定和程序，对违法犯罪人追究其法律责任的行为活动。预防、制止和惩治违法犯罪活动，是一个系统工程。预防违法犯罪是治本之策，制止和治理违法犯罪是治标之策，只有标本兼治，才能真正发挥公安机关的职能作用，掌握控制违法犯罪的主动权，维护社会的稳定。

二、新时期公安机关的主要任务

2014年1月7日，在中央政法工作会议上，习近平同志深刻阐述了新时期政法工作的主要任务，即维护社会大局稳定、促进社会公平正义、保障人民安居乐业。这也成为新时期公安机关的主要任务。

（一）维护社会大局稳定

习近平同志指出，维护社会大局稳定是政法工作的基本任务，社会稳定既是社会生活正常进行的必要条件，也是社会进步和发展的重要基础，更是改革开放以来取得重大成就的基本前提。

1. 坚持总体国家安全观的思想。总体国家安全观，是指站在国家全局高度，通过统筹把握国内国际因素、兼顾各领域安全形势来审视国家安全而形成的一系列观点、理念和战略方针。其要求必须以人民安全为宗旨，以政治安全为根本，以经济安全为基础，以军事、文化、社会安全为保障，以促进国际安全为依托，走出一条中国特色国家安全道路。公安机关必须站在总体安全观的高度，坚持党对国家安全工作的领导，不断提升公安工作的整体水平，努力为人民群众安居乐业提供坚实保障。

2. 把维护政治安全、政权安全放在首要位置。习近平强调，要把维护国家政治安全特别是政权安全、制度安全放在第一位。政治安全是传统国家安全的一个重要方面，主要指国家的政治制度和政治形势保持稳定，政治主体在政治意识、政治需要、政治内容、政治活动等方面免于内外各种因素侵害和威胁的客观状态。政治安全的核心是政权安全。政权，是指政治上的统治权力，是阶级专政的工具。我国的政权安全是指人民民主专政政权和社会主义政治制度的稳固、马克思主义主流意识形态占据主导地位以及党的领导的权威性和执政地位的稳定。公安机关必须具有坚定的政治立场、高度的政治清醒、强烈的政治自觉，切实把维护政治安全、政权安全放在首要位置来紧抓，坚定不移地作国家政权的捍卫者。

3. 努力提高维护社会稳定的能力。社会稳定包括政治稳定、经济稳定、思想稳定、生活稳定和治安稳定。当前，影响社会的不稳定因素非常复杂。国内外敌对势力和敌对分子的破坏分裂活动依然猖獗，各类刑事犯罪依然高发，反恐防暴任务日益繁重，各种矛盾纠纷频发。因此，公安机关必须清醒认清治安形势，深化公安改革，不断提高自身维稳能力。

（二）促进社会公平正义

习近平同志指出，促进社会公平正义是政法工作的核心价值追求。公安机关要强调公安法治建设贯穿于公安工作的全过程，真正肩负起社会主义法治国家建设者的重任。要坚持公平执法，防止选择性执法，确保法律面前人人平等，防止和反对特权凌驾于法律之上，严格遵循法律程序，严守案件办理的法律标准，确保公平正义在执法办案中得以实现。

（三）保障人民安居乐业

习近平同志强调，保障人民安居乐业是政法工作的根本目标。公安机关要更加规范地保障和服务民生。坚持依法办事和依法维权相结合，实现维稳与维权的平衡，进一步推进社会公共服务和社会治理的社会化。要始终坚持群众路线，紧紧依靠广大人民群众，尊重人民群众的主体地位，积极推广"小事不出村、大事不出镇、矛盾不上交，就地化解社会矛盾"的治理经验。坚持把人民群众安全感和满意度作为衡量和检验公安工作的根本标准。

 拓展阅读

"专家解读 2018 年全国公安厅局长会议报告"

解读一：全面贯彻总体国家安全观

【报告摘要】

要全面贯彻总体国家安全观，严密防范、严厉打击各种渗透颠覆破坏活动、民族分裂活动、宗教极端活动和邪教组织活动，坚决捍卫以政权安全、制度安全为核心的国家政治安全，坚决捍卫中国共产党领导和我国社会主义制度。

中国人民公安大学治安学院院长、教授、博士生导师宫志刚：总体国家安全观是以习近平同志为核心的党中央从当前中国社会内外安全形势的新特点、新趋势出发提出的重大战略，是我们党关于国家安全理论的重大创新。在总体国家安全中，政治安全是根本，没有政治安全，其他安全无从谈起。在政治安全中，政权安全和制度安全居于核心地位。公安机关是党和人民手中掌握的"刀把子"，要牢牢把握坚持党对公安

工作绝对领导这一根本政治原则，坚持"公安姓党"、强化"四个意识"，毫不动摇地坚持和加强党对公安工作绝对领导、全面领导。公安机关应当旗帜鲜明地维护、捍卫中国共产党的领导、捍卫人民民主专政、捍卫习近平总书记在党中央、在全党的核心地位，这是公安机关要维护的最大的政治安全，也是新时代公安机关维护国家政治安全、政权安全最集中的体现。公安机关应切实增强政治警觉性和鉴别力，强化忠诚核心、拥戴核心、维护核心、捍卫核心的思想自觉、政治自觉和行动自觉。在实际工作中，公安机关要采取有效措施，坚决维护国家政治安全特别是政权安全、制度安全。

解读二：推进更高水平的平安中国建设

【报告摘要】

坚持以人民为中心的发展思想，讲究的就是一个"实"字。我们要牢记人民公安为人民的初心和使命，切实把以人民为中心的发展思想贯彻落实到保稳定、护安全、促和谐的各项工作中，不断增强人民群众获得感、幸福感、安全感。

中国人民公安大学研究生院副院长、副教授靳高风：坚决打击整治盗抢骗等多发性侵财犯罪和黄赌毒等社会丑恶现象，并运用科技手段和大数据战略智能化地预测、预警、预防这些多发性违法犯罪，是不断增强人民群众安全感的主要途径。严厉打击和预防各类违法违规金融活动和涉众型经济犯罪，是防范化解金融风险、保障人民群众财产安全和民生的有力手段。针对涉黑涉恶问题的新动向、新特点，聚焦问题突出的重点地区、重点行业、重点领域，持续组织开展扫黑除恶专项斗争和打击整治枪爆违法犯罪活动，是 2018 年全国公安机关提升群众安全感的重点工作。在未来一段时期内，严厉打击网络违法犯罪和净化网络环境，将是全国公安机关的一项常态工作。党的十九大后首次召开的全国公安厅局长会议传递了构建以大数据战略为抓手、以整治突出违法犯罪问题为目标、以预测预警预防智能化警务模式为载体、以规范和改进司法执法工作和加强公安队伍建设为动力的新的违法犯罪打防机制和治理模式的信号，在切实把以人民为中心的发展思想贯彻落实到保稳定、护安全、促和谐的各项工作中，在推进更高水平的平安中国建设上，将发挥深远影响。

真题链接

1. 2012 年，台湾居民彭宇华、李明哲建立"围观中国"QQ 群，散布一些恶意攻击中国共产党、中国现行政治制度、中国政府的文章。对此案的公开审理，传递出了（　　）不容侵犯的坚决态度。（单选题）

　　A. 国家安全　　　　　B. 国家政权安全　　　C. 国家政治安全　　　D. 国家主权

2. 新时期公安机关的主要任务是（　　　）。（多选题）

　　A. 维护社会大局稳定　　　　　　　　B. 促进社会公平正义

　　C. 保护公共和个人合法财产　　　　　D. 保障人民安居乐业

📝 **综合练习**

1. 公安机关作为人民民主专政的工具，具有民主和专政的基本职能。下列关于二者之间关系的表述正确的是（　　）。（多选题）

A. 专政职能是民主职能的基本保障

B. 民主职能是专政职能的社会基础

C. 民主职能和专政职能互相对立、不可调和

D. 二者相互依存、相互渗透

2. 下列属于公安机关的基本任务的有（　　）。（多选题）

A. 维护国家安全

B. 维护社会治安秩序

C. 保护公共财产

D. 保护公民的人身安全、人身自由和合法财产

E. 预防、制止和惩治违法犯罪活动

第 五 章

公安机关的职责和权力

知识结构图

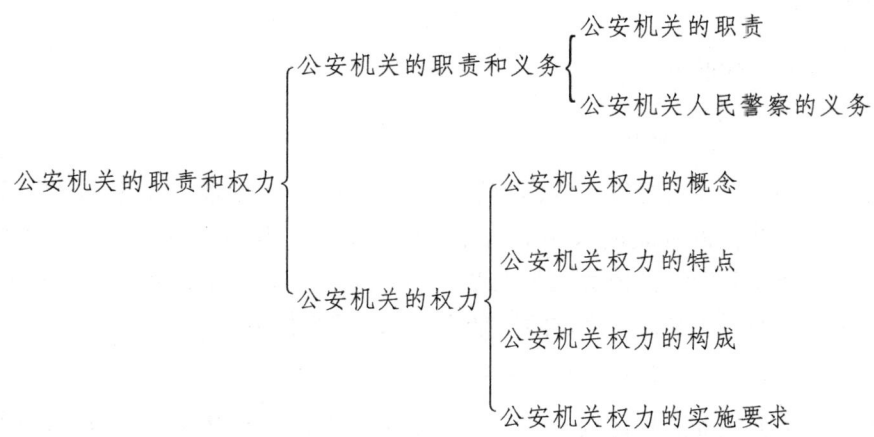

案例导入

自打击"盗抢骗"犯罪专项行动开展以来，上海市公安局建立了以大数据研判平台与刑侦部门一体化运作为核心的一系列实战机制，着力强化挂牌攻坚、信息研判，不断加强与外省市公安机关的密切协作，重点加大对跨犯罪专项行动向纵深开展，全力确保 G20 峰会期间社会治安秩序良好。近日，上海市公安局召开新闻发布会，通报全市打击"盗抢骗"犯罪专项行动开展情况。4 月~8 月 11 日，上海共破获"盗抢骗"案件 7400 余起，打掉"盗抢骗"犯罪团伙 157 个，抓获犯罪嫌疑人 3400 余名，追缴赃款赃物合计 3300 余万元。在行动期间，上海奉贤警方经过半年多的缜密侦查，捣毁了一个冒充银联工作人员，专门针对商铺店家实施 POS 机安装刷卡诈骗的犯罪团伙，抓获犯罪嫌疑人 14 名，侦破涉及上海、北京、天津、广东等地的同类型案件 640 余起，涉案金额 128 万余元。上海徐汇警方在浙江警方大力协助下，打掉一个流窜浙江杭州、宁波以及上海徐汇、嘉定、青浦等地实施入室盗窃的犯罪团伙，3 名犯罪嫌疑人已被移送徐汇区人民检察院审查起诉。

第一节　公安机关的职责和义务

📖 **知识目标**

1. 公安机关的法定职责。
2. 公安机关人民警察的义务。

📖 **能力目标**

能够理清公安机关职责与相关范畴概念的关系。

✍ **基本理论**

一、公安机关的职责

（一）公安机关职责的概念

职责，是指任职者为履行一定的组织职能或完成工作使命，所负责的范围和承担的一系列工作任务，以及完成这些工作任务所需承担的相应责任。公安机关的职责，是指公安机关及其人民警察依法在管辖范围内所应承担的责任和义务。公安机关的职责是由公安机关的性质和任务决定的，是公安机关基本任务的具体化。

（二）公安机关人民警察的法定职责

明确公安机关职责的具体内容，也就确定了公安机关及其人民警察对国家、人民在法律上的责任和义务。这对于公安机关履行自己的职责，在管辖范围内依法行使权力，顺利地完成公安工作具有重要意义。

1. 公安机关人民警察的基本职责。根据 2013 年修订的《人民警察法》第 6 条之规定，公安机关的人民警察按照职责分工，依法履行下列职责：

（1）预防、制止和侦查违法犯罪活动。公安机关及其人民警察应结合社区警务工作的开展，有效地预防、发现、打击、制止和减少各种刑事犯罪活动，遏制和侦查重大刑事案件的发生，这是公安机关所担负的一项经常性的重要任务。各种刑事犯罪活动直接破坏了社会治安秩序，危害了国家、集体和公民个人的生命财产安全，妨碍了社会主义经济建设。因此，公安机关必须适应新形势下的公安工作要求，坚持打、防并举，全面提高同刑事犯罪作斗争的能力，有效地预防、减少各种严重刑事犯罪活动。

（2）维护社会治安秩序，制止危害社会治安秩序的行为。社会治安秩序包括生产秩序、生活秩序、工作和学习秩序等，公安机关加强对公共场所，特种行业，危险物品，户口等各项治安行政的管理工作，消除、减少发生犯罪和危害社会治安的各种不安定因素，扫除丑恶现象，提高控制社会治安的能力，创造和维护一个良好的社会秩序，这也是公安机关的一项经常性的重要任务。

（3）维护交通安全和交通秩序，处理交通事故。道路交通是国民经济建设与发展的重要命脉，依法管理城乡道路交通是公安机关的一项经常性的重要任务。随着社会的发展和进步，出现了车辆增多，人、财、物大量流动的情况。在这种情况下，搞好交通管理、维护好交通秩序，保障安全，对维护社会治安秩序，服务于社会主义现代化建设有着重要的意义。同时，这也是保护公民的生命和财产安全的有效途径。

（4）组织、实施消防工作，实行消防监督。根据法律规定，公安机关依法对建筑工程、森林、易燃易爆、电力与通信设施等进行有效的消防管理和消防监督、审核，实施紧急状态下的扑救工作，是保护国家、集体和公民个人财产和利益的重要保障。特别是要采取各种人防、物防、技防手段和措施，加大消防意识的培养和消防知识的宣传，严防恶性火灾事故的发生，维护国家和社会秩序的持续稳定，为国家经济建设的顺利进行创造稳定的社会环境。

（5）管理枪支弹药、管制刀具和易燃易爆、剧毒、放射性等危险物品。根据法律规定，违法制造、买卖、运输或持有、携带枪支弹药的，由公安机关依法予以责令停业整顿或者吊销枪支制造、配售许可证件，扣留、收回、收缴枪支及持枪证件；构成犯罪的，依法追究刑事责任。非法制造、销售、携带和私自保存管制范围刀具的，公安机关应予以取缔，没收其刀具，并按照《治安管理处罚法》予以治安处罚。对易燃易爆化学物品，有剧毒、放射性的危险物品，在生产、运输、存储、销售、使用等过程中，都必须向公安机关或相关部门申办相关手续，经过严格审批备案后，持证方可从事相关活动。否则，将被视为违法经营，公安机关依法予以收缴、注销或销毁。造成严重后果的，依法追究刑事责任。

（6）对法律、法规规定的特种行业进行管理。根据法律规定，旅馆业、刻字业、废旧金属收购业、典当业、小件物品寄存业、机动车修理业、运输业、刻制印章业、出租车等，都属于特种行业范围。以上行业的开办，必须事先向公安机关提出书面申请及提供相关资料，分别由县、市两级公安机关或省级公安机关审核许可后颁发特种行业经营许可证，方能从事营业活动。

（7）警卫国家规定的特定人员，守卫重要的场所和设施。根据法律规定，公安机关的相关部门应做好警卫工作，确保党和国家领导人及重要会议、重要外宾的安全。为了防止敌人的阴谋暗害和自然、治安事故的危害，公安机关还担负着保卫党和国家领导人、首脑机关、重要集会及来华的外国元首、政府首脑等重要外宾的安全，以及外国驻华使领馆的安全警卫工作。这是公安工作的重要组成部分，是公安机关肩负的一项十分严肃而光荣的政治任务。

（8）管理集会、游行、示威活动。公民的集会、游行、示威权是宪法规定的公民的合法权利。集会、游行、示威的主管机关是集会、游行、示威举行地的县（市）公安局、城市公安分局。游行、示威路线经过属同一市、州的两个以上县（市、区）的，主管机关为市、州公安机关。游行、示威路线经过两个市、州的，主管机关为省公安厅或者省公安厅委托的市、州公安机关。举行集会、游行、示威未依照法律规定或者申请未获许可，或未按照主管机关许可的目的、方式、标语、口号、起止时间、地点、路线进行以及在进行中出现危害公共安全或者严重破坏社会秩序情况的，人民警察应当予以制止；不听制止的，人民警察现场负责人有权命令解散；拒不解散的，人民警察现场负责人有权依照国家有关规定决定采取必要手段强行驱散，并对拒不服从的人员强行带离现场或者立即予以拘留。

（9）管理户政、国籍、入境出境事务和外国人在中国境内居留、旅行的有关事务。我国公安机关依法对我国居民实行户政管理、公民出入境管理、外国人出入境管理及台湾地区居民通行证件签注和延期办证等工作。对于法律规定的不准入境的外国人、不准出境的中国公民依法进行管理和处置，以维护国家安全，维护社会治安秩序，保护公民的人身安全、人身自由和合法财产，预防制止和惩治违法犯罪活动，以确保国家安全和社会稳定。

（10）维护国（边）境地区的治安秩序。国（边）境管理工作是具有武装性质的边境安全保卫工作，是国家安全保卫工作的一个重要方面，是公安保卫工作的重要组成部分，具有执行人民民主专政和处理边境涉外事务的职能。边境管理的基本任务是：在沿边、沿海地区，依照国家法律和政策，通过专门机关和广大人民群众相结合的途径，武装警卫国（边）界，加强治安管理和对敌斗争，防范和打击潜入潜出的敌人和其他犯罪活动，正确处理边境涉外事务，维护边境地区的社会秩序，维护国家主权、领土完整，保卫国家安全，保障国家社会主义现代化建设顺利进行和边疆民族地区的经济发展。

（11）对被判处拘役、剥夺政治权利的罪犯执行刑罚。公安机关除了承担打击、制裁违法犯罪和保护、服务人民的任务之外，还承担着对被判处拘役、剥夺政治权利的罪犯执行刑罚的职责。这在维护社会治安秩序，化消极因素为积极因素，进行公安控制，加强社会主义法制建设等方面具有重要意义。搞好这项工作，是党和人民的重托，是历史赋予公安机关的光荣任务。

（12）监督管理计算机信息系统的安全保护工作。随着科学技术的不断进步，计算机技术手段越来越广泛地被运用于社会生活的各个领域，加强对计算机信息系统的安全保护，进行科学、系统的监督管理是公安机关面临着的一项新的职责。为了防止"黑客"和"病毒"的入侵和破坏，预防违法犯罪分子利用计算机从事诈骗、盗窃、传播反动迷信和黄色信息等活动，公安机关必须积极应对，以全面推动"金盾工程"建设为契机，把公安信息化建设作为重要战略任务，构建公安计算机信息网络安全系统，进一步推动现代警务机制的建设。

（13）指导和监督国家机关、社会团体、企业事业组织和重点建设工程的治安保卫工作，指导治安保卫委员会等群众性组织的治安防范工作。随着社会治安形势的不断发展，国家机关、社会团体、企事业组织和重点建设工程等经济文化保卫工作也处在一个十分重要的地位。根据相关法律规定，内部单位和国家重点建设项目的保卫工作必须进一步加强。与此同时，还要结合社区警务建设的展开，大力加强对治安保卫委员会等群众性组织的指导工作，为全面实现社会治安综合治理而共同努力。

（14）法律、法规规定的其他职责。随着社会发展步伐的不断加快，公安机关承担的历史任务也日益繁重，党和国家将依法根据需要赋予公安机关新的、更加神圣的职责。因此，这在立法技术上属于兜底条款，以便应对公安工作中遇到的新问题、新情况。

2. 公安机关人民警察非工作时间履行职责的规定。根据《人民警察法》第19条规定："人民警察在非工作时间，遇有其职责范围内的紧急情况，应当履行职责。"此规定，一方面表明人民警察在遇到其职责范围内的紧急情形，即使在非工作时间也必须履行职责，不得因非工作时间而消极不作为；另一方面也确认了人民警察在非工作时间遇有紧急情形履行职责的合法性。

二、公安机关人民警察的义务

（一）人民警察义务的概念

人民警察义务，是指人民警察在行使权力、履行职责过程中必须作出或者不得作出一定行为的约束。人民警察的义务是基于人民警察的职务关系而产生的，无论其职务高低、资历深浅、警种是否相同，都要依法履行人民警察的义务。人民警察的义务可从以下两方面来理解：一是人民警察在行使权力、履行职责过程中必须做出一定行为；二是不得做出一定行为。漏掉任何一个方面，都是不完备的人民警察义务。

它的特点表现在：①人民警察义务主体的特定性。人民警察的义务是基于人民警察的职务关系而产生的，因而承担和履行义务的主体具有特定性。只有人民警察才是这些义务的承受主体。②人民警察的义务具有平等性。人民警察作为国家公务员，受国家委任而执行公务，其在法律上的义务是平等的。这种平等性表现在两个方面：一是无论其职务高低、资历深浅、警种是否相同，都要履行法律所设定的人民警察义务。二是国家公安机关、监察机关、司法机关及其他机关对人民警察的公务行为实行监督，对任何警务人员的违法行为都要追究法律责任。③人民警察的义务直接取决于国家的任用行为。人民警察担任职务，执行公务，反映了国家对人民警察的任用关系。因此，人民警察的权力、义务来源于国家的任用行为，只有国家选任他为人民警察时，他才必须遵守人民警察义务，如果其脱离了与国家的任用关系，则其作为人民警察而担负的义务也就终止了。

（二）人民警察义务的内容

《人民警察法》第20条规定："人民警察必须做到：①秉公执法，办事公道；②模范遵守社会公德；③礼貌待人，文明执勤；④尊重人民群众的风俗习惯。"这是对人民警察在履行职务过程中的行为要求，是人民警察职业道德方面的义务。

1. 秉公执法，办事公道。秉公执法，办事公道，二者的关键在于如何把握好"公"字，即公安机关人民警察在履行职责的过程中，应做到出以公心，不为权势、金钱、私情和其他私利所动，刚正不阿，公正无私，不偏不倚，不枉不纵，在执法办案中坚持"法律面前人人平等""以事实为根据，以法律为准绳"等法律基本原则，维护社会主义法制的尊严。

2. 模范遵守社会公德。人民警察是社会公共利益和社会秩序的捍卫者，是公平、正义的象征，这就决定了模范遵守社会公德是人民警察义不容辞的义务。人民警察模范遵守社会公德具有重要意义：有利于人民警察履行其维护社会秩序的职能，增强其执法的权威性；有利于推动和促进良好的社会风气与社会秩序的形成；有利于提高人民警察自身的素质，在人民群众心中树立起人民警察的良好形象，赢得人民群众的尊敬、信任和支持。

3. 礼貌待人，文明执勤。人民警察在履行职责的过程中必须做到文明办事、礼貌待人，接待群众要热情耐心、态度和蔼，杜绝"冷、硬、横"。执勤中要依法办事，不卡压，不刁难，不恶语伤人，不冷嘲热讽，不讲粗话、脏话，对违法犯罪嫌疑人实行文明管理，不打骂、不体罚虐待。

4. 尊重人民群众的风俗习惯。我国幅员辽阔、民族众多，各地区、各民族都有自己的风俗习惯，人民警察必须执行党和国家的民族政策，尊重各地区、各民族的习俗，做维护民族团结的典范。

此外，需要补充的是《人民警察法》第21条还规定："人民警察遇到公民人身、财产安全受到侵犯或者处于其他危难情形，应当立即救助；对公民提出解决纠纷的要求，应当给予帮助；对公民的报警案件，应当及时查处。人民警察应当积极参加各种抢险救灾和社会公益工作。"该条法律规定明确了公安机关在救护、扶助、调解等公益方面的责任、义务和要求。

（三）公安机关职责与相关范畴的关系

公安机关是人民民主专政的重要工具之一，是具有武装性和刑事司法性的国家治安行政和刑事司法机关。作为维护国家安全和社会稳定的重要国家机器，它是依照法定程序设立的，具有特殊职权、功能和高度权威性的社会系统，其性质、职能、任务、职责、权力关系密切，彼此相互依赖，互为依据，各自的实现方式和条件，既有联系，又有区别。

公安机关的性质是公安机关诸因素中的根本性决定因素，并由此决定公安机关的任务和职能。而公安机关的性质与职能，则是通过公安机关的任务体现出来的。公安机关的职责是公安机关基本任务的具体化，是由公安机关的性质和任务确定的。也就是说，公安机关的性质、职能，决定了公安机关的任务，而公安机关的性质、任务则决定了公安机关的职责。性质、职能、任务和工作是通过履行职责和行使权力来体现与完成的。

职责，是指任职者为实现一定的组织职能或完成工作使命在管辖范围内应承担的责任和义务。职能，是指人、事、物、机构所应有的作用。职责强调应该做什么，职能强调能够做什么。公安机关的任务和职能是通过公安机关及其人民警察履行职责和行使权力来实现的。职责确定权力的目的与范围，权力是实现职责的措施、手段。职责，作为法定的责任义务，在文件中常表述为："应该"做什么，"必须"做什么。权力，作为国家赋予的可用手段，在文件中常表述为"可以"采取什么措施、"有权"采取什么手段。

公安机关的性质是确定公安机关任务、职责、权力的依据，是制定公安工作路线、方针、政策的依据，是制定公安队伍建设基本方针的依据。正确认识公安机关的性质是正确理解公安机关的宗旨、职能、任务、职权、工作、政策、业务等规定性范畴的前提。只有明确公安机关的性质，才能避免出现要求公安机关从事超越职权范围活动的情况，才有利于公安机关正确行使职权。

真题链接

下列说法不正确的是（　　　）。（单选题）

A. 人民警察在非工作时间，遇有其职责范围内的紧急情况，可以履行职责

B. 人民警察遇到公民人身、财产安全受到侵犯或者处于其他危难情形，应当立即救助

C. 对公民提出解决纠纷的要求，应当给予帮助；对公民的报警案件，应当及时查处

D. 人民警察应当积极参加抢险救灾和社会公益工作

第二节　公安机关的权力

知识目标

1. 公安机关权力的概念、特点。

2. 公安机关权力的构成。

🖝 基本理论

一、公安机关权力的概念

公安机关的权力，是指公安机关人民警察依法在其职责范围内，可以采取的权威性措施和手段。它是国家行政权力的重要组成部分，体现和贯彻了国家意志，在维护国家安全和社会稳定中发挥着不可或缺的作用。

二、公安机关权力的特点

公安机关的权力从性质上看，属于国家公权力，公安权力的行使就是国家行政职权的行使。纵观整个权力体系和我国现行法律规定，主要特点表现为：

（一）法定性

公安机关的权力是国家依法确定的，体现的是国家意志。公安机关人民警察在行使职权时，必须严格按照法定的权限和程序行使职权，否则就应当承担相应的法律后果。

（二）强制性

公安机关是国家机器的重要组成部分，其在行使职权时是由国家强制力作为后盾的。公安机关人民警察在执法过程中，可以依法采取治安行政强制措施和刑事强制措施。这种强制性是公安机关权力区别于其他行政机关权力重要特征，有学者将其称为特殊强制性。

（三）特许性

公安机关权力行使的依据是《人民警察法》及相关法律法规，这些权力只有具备人民警察身份的国家公务人员可以行使，或者依法接受委托的主体可以行使，属于国家的特别许可，其他任何机关和成员都不得擅自行使。

（四）单向性

公安机关人民警察依法行使职权的行为，是代表国家对行政相对人实施的权威性行为，是不以行政相对人是否同意为条件的，因此具有单向性。

（五）限定性

公安机关权力是国家依法明确的，公安权力行使的主体、内容、程序等都必须严格按照法律的规定，任何超越和不当行使职权的行为都为国家法律所不容，因此具有限定性。

三、公安机关权力的构成

公安机关的权力由若干基本权力构成，而各项基本权力由若干层次的具体权力组成，由此形成公安机关权力的多层次体统。具体而言，可以把公安机关的基本权力分为四大类：治安行政管理方面的权力；刑事诉讼方面的权力；武装方面的权力；紧急状态处置方面的权力。

（一）治安行政管理方面的权力

治安行政管理权，指的是国家通过立法赋予公安机关进行治安行政管理的权力，包括治安行政处置权、治安行政处罚权、治安监督检查权、治安行政强制权。

1. 治安行政处置权。治安行政处置权，是指公安机关在道路、交通消防、危险物品、特种行业和出入境等治安行政管理活动中，为维护社会秩序和公共安全，依法对特定的人、物、事、场所采取的一种权力行为。治安行政处置权，包括命令、取缔和许可等具体权力。

（1）命令。命令又称警察命令，是公安机关为维护社会秩序和公共安全，依法对负有特定义务的特定人（公民个人或法人）发出的"作为"或"不作为"的命令。这种警察命令是公安机关为实现治安法规而直接采取的命令行为，故与普通行政命令不同。警察命令的行使，一种是通过发布告、通告，规定什么事允许做，什么事不准做；另一种是通过对违反治安法规的公民个人或法人发出口头或书面的警告，限期改正，否则就要依法处理。

（2）取缔。取缔，即禁止和制裁，是指公安机关对某些违反治安管理法规、危害社会治安秩序的行为宣布并执行禁止和制裁的行为。国家为维护社会秩序和公共安全的需要，制定有关法律和法规，规定人们对某些行为负不作为的义务，称之为禁止。对于违禁者，依法给予法律制裁。

（3）许可。许可是禁止的相对权力。在特定的条件下，对某种行为解除其禁止，使其成为合法的特定行为，称为许可。例如，在民用爆炸物品、危险物品、特种行业、枪支等行业的治安管理活动中，公安机关可以对符合法定条件的当事人，准予或许可其从事某种经营性行为。

2. 治安行政处罚权。治安行政处罚，是指公安机关对于不履行治安管理法规所确定的义务或者危及社会治安秩序，情节轻微尚不构成刑事处罚的行为，依照治安管理法规实施的行政处罚。根据《治安管理处罚法》第10条规定，治安行政处罚的种类有警告、罚款、行政拘留和吊销公安机关发放的许可证。对违反治安管理的外国人，可以附加适用限期出境或者驱逐出境。

（1）警告。警告是公安机关对违反治安管理法规的行为人进行强制性谴责的一种处罚。警告的适用对象，一般是偶尔违反治安管理法规，情节轻微的人。

（2）罚款。罚款是公安机关对违反治安管理的行为人进行的一种经济制裁性质的处罚，相对于警告，这种处罚方式给当事人附加了一定的经济成本，从而达到警戒、教育的目的。

（3）行政拘留。行政拘留是公安机关对于违反治安管理的行为人，剥夺其在一定时间内人身自由的行政处罚。例如，根据《治安管理处罚法》的相关规定，对于违法治安管理的行为人，可以视违法情节给以 1～15 日拘留。

（4）吊销公安机关发放的许可证件。适用于违反出入境管理、道路交通管理、枪支管理、管制刀具管理、危险物品管理等法规的行为人，根据其情节，公安机关可以依法扣留或没收其出入境证件、驾驶执照和许可证件等。

（5）限期出境和驱逐出境。限期出境和驱逐出境，是公安机关对外国人违反出入境管理法而实施的处罚。外国人非法入境、出境的，在中国境内非法居留或停留的，未持有效旅行证件前往不对外国人开放的地区旅行的，伪造、涂改、冒用、转让入境或出境证件的，公安部门可以处以限期出境或者驱逐出境。

3. 治安监督检查权。治安监督检查权，是公安机关依法对应负一定责任的社会团体组织及个人实施治安行政管理的权力之一。公安机关人民警察实施监督检查的目的在于发现违章违法行为，依法予以处置或制裁；发现治安隐患，要求被监督对象限期整顿改进，预防治安问题的发生，增强其自治、自防、自卫的能力，创造安全稳定的社会环境。

4. 治安行政强制权。治安行政强制权，是公安机关在依法进行治安行政管理和实施治安行政处罚时，对不履行法律义务或不服从治安行政处罚的人所采取的人身和物品的警察强制手段，以达到行为人履行法定义务或接受处罚的目的。治安行政强制权主要有强制传唤、强行带离现场和强制拘留、强制隔离、约束特定的人、盘问检查等。

（二）刑事诉讼方面的权力

1. 侦查权。侦查权，是指公安机关在办理刑事案件的过程中，依照法律进行的专门调查工作和采取的有关强制性措施。公安机关的侦查权主要包括依法收集、调取犯罪嫌疑人有罪或者无罪犯罪情节轻重的各种证据的权力，具体而言：①讯问犯罪嫌疑人；②询问证人、被害人；③勘验、检查；④搜查；⑤查封、扣押、查询、冻结；⑥鉴定；⑦辨认；⑧技术侦查；⑨通缉。

2. 刑事强制权。刑事强制权，是为了保证刑事诉讼的顺利进行，由公安机关对犯罪嫌疑人、被告人依法采取限制或者剥夺人身自由等方面的强制权力。它包括：①拘传；②取保候审；③监视居住；④拘留；⑤逮捕。

3. 预审权。预审权是对被逮捕的罪犯，在提交审判前进行预先讯问和调查的权力。根据《刑事诉讼法》第116条规定："公安机关经过侦查，对有证据证明有犯罪事实的案件，应当进行预审，对收集、调取的证据材料予以核实。"

4. 刑罚执行权。刑罚执行权，是指司法行政主体将人民法院已经发生法律效力的判决、裁定付诸实施的权力。依据《刑事诉讼法》及相关法律规定，公安机关有权依据人民法院的生效判决，负责以下刑罚的执行：

（1）对被判处有期徒刑的罪犯，在被交付执行刑罚前，剩余刑期在 3 个月以下的。根据《刑事诉讼法》第 264 条规定："对被判处有期徒刑的罪犯，在被交付执行刑罚前，剩余刑期在 3 个月以下的，由看守所代为执行。对被判处拘役的罪犯，由公安机关执行。"

（2）拘役。根据《刑事诉讼法》第 264 条规定："对被判处拘役的罪犯，由公安机关执行。"

（3）剥夺政治权利。根据《刑事诉讼法》第 270 条规定："对被判处剥夺政治权利的罪犯，由公安机关执行。"

（4）驱逐出境。对于犯罪的外国人，可以独立适用或者附加适用驱逐出境，由公安机关来执行。

（三）武装方面的权力

根据《人民警察法》和《人民警察使用警械和武器条例》的相关规定，公安机关依法享有下列权力：

1. 有权依法对警卫、守卫守护目标采取武装保卫措施，以确保绝对安全。

2. 有权采取武装追捕、押解、看押、巡逻等措施。

3. 有权运用武装力量进行边防检查、边境守卫。

4. 遇有拒捕、暴乱、越狱、抢夺枪支或者其他暴力行为的紧急情况，公安机关的人民警察依照国家有关规定可以使用武器。

（四）紧急状态处置方面的权力

紧急状态处置权，是公安机关为维护国家安全和社会治安秩序，对突发的重大暴力犯罪、重大治安事件和重大治安灾害事故依法采取的非常措施。

1. 紧急优先权和紧急征用权。公安机关的人民警察因履行职责的紧急需要，经出示相应证件，可以优先乘坐公共交通工具，遇交通阻碍时，优先通行。公安机关根据紧急处置暴力犯或重大治安灾害事故、追捕逃犯、抢险救灾的需要，依法可以征用急需的人员、物资和场所。公安机关因侦查犯罪的需要，必要时按照国家有关规定，可以优先使用机关、团体、企事业组织和个人的交通工具、通信工具、场地和建筑物，用后应当及时归还，并支付适当费用，造成损失应当赔偿。

2. 紧急排险权。紧急排险权是公安机关在紧急处置重大灾害事故或平息叛乱时，在不得已的情况下所采取的非常措施。例如，公安机关在处置重大火灾、重大爆炸事故时，为防止火灾事故波及面扩大而拆除同火灾、事故现场毗连的建筑物，甚至封堵矿井等。凡是紧急排险中被拆除的建筑物、封堵的矿井或毁坏的其他设施的所有者，必须无条件地服从公安机关现场指挥员的指挥，履行拆除、封堵的义务。

3. 封闭权。封闭，是指在特大治安灾害事故、恶性疾病传染区或重大暴力犯罪的现场，由公安机关实施封闭，使其与外界隔离，出入口由人民警察控制，除特许的人员外，不准其人员出入封闭地区。

4. 管制权。

（1）交通管制权，是指为了维护社会治安秩序，在特殊情况下所采取的强制性控制交通的措施。县级以上公安机关，为预防和制止严重危害社会治安秩序的行为，可以在一定的区域和时间内，限制一定的人员、车辆的通行或者停留，必要时可以实行交通管制。

（2）现场管制权，是指县级以上人民政府公安机关经上级公安机关和人民政府批准，对严重危害社会治安秩序的突发事件，可以根据情况实行现场管制。

5. 戒严执行权。戒严，一般是指战时或平时面临重大紧急事件，为了维护政治稳定所采取的非常措施。戒严根据涉及地区大小，分别由全国人民代表大会常务委员会或国务院作出决定，由军队和公安机关执行。公安机关对戒严地区实行治安控制。

四、公安机关权力的实施要求

公安机关权力具有特殊强制性，在执法的过程中可以依法对当事人的人身、物品、场所等采取强制措施，如果权力行使不当，则会有损公安机关的公信力和公安队伍的形象，在社会上产生恶劣的影响。因此，要求公安机关行使权力时严格做到合法、准确、及时、适度。

1. 合法。这是对公安机关行使权力在法律上的要求。所谓合法，就是公安机关人民警察的执法行为要符合公安法律法规中实体性和程序性的法律规范。

2. 准确。这是对公安机关行使权力在认定事实和适用法律上的要求。公安机关权力的行使必须要达到认定事实客观、公正，适用法律准确、合理。

3. 及时。这是对公安机关行使权力在时间上的要求。从对震慑违法犯罪嫌疑人的角度来看，公安机关办理案件，实施权力必须做到及时。

4. 适度。这是对公安机关行使权力在力度上的要求。公安机关在行使权力时，要做到合理运用自由裁量权，处罚力度要与违法犯罪行为的情节和危害程度相适应，恰如其分。

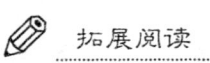 拓展阅读

《中华人民共和国人民警察使用警械和武器条例》法条摘录

第三条 本条例所称警械，是指人民警察按照规定装备的警棍、催泪弹、高压水枪、特种防暴枪、手铐、脚镣、警绳等警用器械；所称武器，是指人民警察按照规定装备的枪支、弹药等致命性警用武器。

第七条　人民警察遇有下列情形之一，经警告无效的，可以使用警棍、催泪弹、高压水枪、特种防暴枪等驱逐性、制服性警械：

（一）结伙斗殴、殴打他人、寻衅滋事、侮辱妇女或者进行其他流氓活动的；

（二）聚众扰乱车站、码头、民用航空站、运动场等公共场所秩序的；

（三）非法举行集会、游行、示威的；

（四）强行冲越人民警察为履行职责设置的警戒线的；

（五）以暴力方法抗拒或者阻碍人民警察依法履行职责的；

（六）袭击人民警察的；

（七）危害公共安全、社会秩序和公民人身安全的其他行为，需要当场制止的；

（八）法律、行政法规规定可以使用警械的其他情形。

第八条　人民警察依法执行下列任务，遇有违法犯罪分子可能脱逃、行凶、自杀、自伤或者有其他危险行为的，可以使用手铐、脚镣、警绳等约束性警械：

（一）抓获违法犯罪分子或者犯罪重大嫌疑人的；

（二）执行逮捕、拘留、看押、押解、审讯、拘传、强制传唤的；

（三）法律、行政法规规定可以使用警械的其他情形。

人民警察依照前款规定使用警械，不得故意造成人身伤害。

第九条　人民警察判明有下列暴力犯罪行为的紧急情形之一，经警告无效的，可以使用武器：

（一）放火、决水、爆炸等严重危害公共安全的；

（二）劫持航空器、船舰、火车、机动车或者驾驶车、船等机动交通工具，故意危害公共安全的；

（三）抢夺、抢劫枪支弹药、爆炸、剧毒等危险物品，严重危害公共安全的；

（四）使用枪支、爆炸、剧毒等危险物品实施犯罪或者以使用枪支、爆炸、剧毒等危险物品相威胁实施犯罪的；

（五）破坏军事、通讯、交通、能源、防险等重要设施，足以对公共安全造成严重、紧迫危险的；

（六）实施凶杀、劫持人质等暴力行为，危及公民生命安全的；

（七）国家规定的警卫、守卫、警戒的对象和目标受到暴力袭击、破坏或者有受到暴力袭击、破坏的紧迫危险的；

（八）结伙抢劫或者持械抢劫公私财物的；

（九）聚众械斗、暴乱等严重破坏社会治安秩序，用其他方法不能制止的；

（十）以暴力方法抗拒或者阻碍人民警察依法履行职责或者暴力袭击人民警察，危及人民警察生命安全的；

（十一）在押人犯、罪犯聚众骚乱、暴乱、行凶或者脱逃的；

（十二）劫夺在押人犯、罪犯的；

（十三）实施放火、决水、爆炸、凶杀、抢劫或者其他严重暴力犯罪行为后拒捕、逃跑的；

（十四）犯罪分子携带枪支、爆炸、剧毒等危险物品拒捕、逃跑的；

（十五）法律、行政法规规定可以使用武器的其他情形。

人民警察依照前款规定使用武器，来不及警告或者警告后可能导致更为严重危害后果的，可以直接使用武器。

第十条 人民警察遇有下列情形之一的，不得使用武器：

（一）发现实施犯罪的人为怀孕妇女、儿童的，但是使用枪支、爆炸、剧毒等危险物品实施暴力犯罪的除外；

（二）犯罪分子处于群众聚集的场所或者存放大量易燃、易爆、剧毒、放射性等危险物品的场所的，但是不使用武器予以制止，将发生更为严重危害后果的除外。

第十一条 人民警察遇有下列情形之一的，应当立即停止使用武器：

（一）犯罪分子停止实施犯罪，服从人民警察命令的；

（二）犯罪分子失去继续实施犯罪能力的。

第十二条 人民警察使用武器造成犯罪分子或者无辜人员伤亡的，应当及时抢救受伤人员，保护现场，并立即向当地公安机关或者该人民警察所属机关报告。

当地公安机关或者该人民警察所属机关接到报告后，应当及时进行勘验、调查，并及时通知当地人民检察院。

当地公安机关或者该人民警察所属机关应当将犯罪分子或者无辜人员的伤亡情况，及时通知其家属或者其所在单位。

第十三条 人民警察使用武器的，应当将使用武器的情况如实向所属机关书面报告。

📝 **真题链接**

下列公安机关权力当中，属于公安机关刑罚执行权的是（ ）。（多选题）

A. 对被判处管制、缓刑、假释的罪犯由公安机关执行

B. 对被判处有期徒刑的罪犯，在被交付执行前，剩余刑期在 3 个月以下的，由看守所代为执行

C. 对被判处拘役的罪犯由公安机关执行

D. 对被判处剥夺政治权利的罪犯由公安机关执行

📝 **综合练习**

1. 在某地公安机关的新警培训中，新入编民警就日常生活中关于警察工作职责的

误区展开讨论。根据《人民警察法》的相关规定，下列哪些选项不属公安机关人民警察的法定职责？（　　　）（多选题）

A.

B.

C.

D.

2. 根据《人民警察法》规定，人民警察在非工作时间，遇有其职责范围内的紧急情形，（　　　）。（单选题）

A. 可以不履行职责　　　　　　　B. 必须履行职责

C. 可自行决定是否履行职责　　　D. 应当履行职责

3. 以下不属于治安行政处置权的内容是（　　　）。（多选题）

A. 命令　　　　　　B. 禁止与取缔　　　C. 罚款　　　　　　D. 许可

4. 公安机关权力实施的基本要求是（　　　）。（多选题）

A. 严格、公正、无私、合法

B. 严肃、准确、合理、谨慎

C. 合法、准确、及时、适度

D. 合理、公正、迅速、适度

第 六 章

公安机关的组织机构与管理体制

知识结构图

公安机关的组织
机构与管理体制
┤
├─ 公安机关的组织机构 ┤
│ ├─ 公安机关组织机构设置的原则
│ └─ 公安机关组织机构的设置
│
└─ 公安机关的管理体制 ┤
　├─ 世界各国警察管理体制的主要类型
　├─ 我国的公安机关管理体制
　└─ 我国的公安机关管理体制的改革和完善

案例导入

2017 年 11 月 17 日，公安部学习贯彻党的十九大精神宣讲团到吉林省公安厅开展宣讲活动。公安部宣传局局长战俊等为全省公安民警作主题宣讲报告。宣讲会上，战俊以"联系实际深刻领会党的十九大精神，努力开创新时代公安工作新局面"为题，在报告中指出，要深刻领会坚决维护以习近平同志为核心的党中央权威和集中统一领导，要坚持从严治党治警，确保对以习近平同志为核心的党中央绝对忠诚；要牢固树立总体国家安全观，坚决维护国家政治安全特别是政权安全、制度安全；要忠实履行打击犯罪确保平安的职责使命，不断巩固和增强人民群众的安全感；要持续推进法治公安建设，积极营造公平正义的法治环境；要全面深化公安改革，进一步加强和创新社会治理。

第一节　公安机关的组织机构

知识目标

1. 公安机关组织机构设置的原则。
2. 公安机关的组织机构。

 **基本理论**

2007 年 1 月 1 日起施行的《公安机关组织管理条例》，是我国第一部规范公安机关组织管理的行政法规，也是公安队伍建设走向科学化、正规化、法制化的重要里程碑。2018 年 3 月，根据第十三届全国人民代表大会第一次会议批准的《国务院机构改革方案》，公安机关的机构设置和部分职能也发生了变化，使得当前公安机关改革面临全新的挑战。

一、公安机关组织机构设置的原则

公安机关是国家行政机关重要组成部分，必须依法设立，既要遵循行政机构设置的普遍原则，又要遵循公安机关机构设置的特殊原则。公安机关机构设置的原则主要有：精简、统一、高效；与国家行政区划相适应；与国家政府机构体制相适应；与公安机关任务和职责相适应。

（一）精简、统一、高效

"精简、统一、高效"是我国政府一切组织机构设置的基本原则，公安机关机构设置也必须遵循这一原则。根据《宪法》第 27 条第 1 款规定："一切国家机关实行精简的原则，实行工作责任制，实行工作人员的培训和考核制度，不断提高工作质量和工作效率，反对官僚主义。"《中共中央关于深化党和国家机构改革的决定》和《深化党和国家机构改革方案》中也明确当前机构改革的要求，要以国家治理体系和治理能力现代化为导向，以推进党和国家机构职能优化协同高效为着力点，改革机构设置，优化职能配置，深化转职能、转方式、转作风，提高效率效能。

"精简、统一、高效"原则的核心和目的是效能，基础是精简和统一。只有精简、统一，才能避免机构重叠、职责不清、效率低下的弊病。公安机关要在组织、职能、编制、工作程序等方面实现法定化。严格控制机构膨胀，坚决裁改冗员，按照《人民警察法》及相关法律规定，严格把住进人关，依法考核和任免干部，引进竞争机制，建设高素质的公安民警队伍。

（二）与国家行政区划相适应

各级公安机关的设置要与国家行政区划相适应。根据《宪法》第 30 条的规定，我国目前的行政区划，分为省、自治区、直辖市；自治州、县、自治县、市；乡、民族乡、镇。

公安机构的设置要与行政区划的管辖范围相适应，不设跨行政区的公安机构。根据《公安机关组织管理条例》第 5 条规定："县级以上人民政府公安机关依照法律、行政法规规定的权限和程序设置。"第 6 条规定："设区的市公安局根据工作需要设置公安分局。市、县、自治县公安局根据工作需要设置公安派出所。公安分局和公安派出所的设立、撤销，按照规定的权限和程序审批。"

（三）与国家政府机构体制相适应

中华人民共和国国务院，即中央人民政府。国务院下设各部和各委员会，公安部领导和管理全国公安工作。根据《公安机关组织管理条例》第3条规定："公安部在国务院领导下，主管全国的公安工作，是全国公安工作的领导、指挥机关。县级以上地方人民政府公安机关在本级人民政府领导下，负责本行政区域的公安工作，是本行政区域公安工作的领导、指挥机关。"据此，在管理体制上，县级以上人民政府才设公安机关，乡镇一级不单独设置公安机关。

（四）与公安机关任务和职责相适应

任务是建立机构的依据，职责是设置机构的要求。公安机关内部的机构设置应从公安机关在国家行政机关中所承担的任务和履行的法定职责出发，根据实际需要建立对应的机构。根据《公安机关组织管理条例》第7条第1款规定："县级以上地方人民政府公安机关和公安分局内设机构分为综合管理机构和执法勤务机构。"

二、公安机关组织机构的设置

（一）中央公安机关

公安部全称为中华人民共和国公安部，它既是国务院的组成部分，也是中央公安机关，掌管全国的社会治安和国内安全工作。根据《公安机关组织管理条例》第3条第1款规定："公安部在国务院领导下，主管全国的公安工作，是全国公安工作的领导、指挥机关。"

公安部的主要职责是研究拟定公安工作的方针、政策，起草有关法律、法规、草案，对全国性的侦查、治安等重大安全事项和公安队伍建设，作出决策部署，组织、指挥、协调、指导、监督和检查全国各地、各专门公安机关的工作。

值得一提的是，2018年3月，第十三届全国人民代表大会第一次会议批准的《国务院机构改革方案》将公安部的消防管理职责整合，组建中华人民共和国应急管理部，将中华人民共和国公安部的出入境管理、边防检查职责整合以建立健全签证管理协调机制，组建中华人民共和国国家移民管理局，由中华人民共和国公安部管理。将中央防范和处理邪教问题领导小组及其办公室的防范和处理邪教工作职责交由中央政法委员会、公安部承担。

（二）地方各级公安机关

1. 省级公安机关。即省、自治区公安厅和直辖市公安局。公安厅（局）是省级人民政府的职能部门之一，领导、管理全省、自治区、直辖市范围内的公安工作。

2. 地级公安机关。即省辖市设立的公安局、自治州设立的公安处以及直辖市公安局下设的公安分局。地级公安机关是本级人民政府的一个职能部门，是本地区公安工作的领导、指挥和实战单位。

3. **县级公安机关。**即县（市）、自治县公安局。它是县（市）、自治县人民政府的一个职能部门，是本地区公安工作的领导、指挥机关和实战单位。

（三）公安机关的派出机关和派出机构

1. **公安机关的派出机关。**根据《公安机关组织管理条例》第 6 条第 1 款规定："设区的市公安局根据工作需要设置公安分局。"公安分局是公安机关的派出机关，是设区的市公安局根据工作需要设立的。它在我国行政执法体制中，具有县级公安机关执法主体资格，可以以自己的名义对外行为并对自己的行为负责。

2. **公安机关的派出机构。**根据《公安机关组织管理条例》第 6 条第 1 款规定："市、县、自治县公安局根据工作需要设置公安派出所。"公安派出所主要是县级公安机关的派出机构，是市、县、自治县公安局根据工作需要设立的。一般情况下派出所不具备独立的行政主体资格，不能以自己的名义对外行为，但法律法规授权的除外。

（四）专门公安机关

专门公安机关是指国家在某些专业部门设置的公安机关，接受所在部门党委政府和本系统上级公安机关的领导，同时在业务上接受地方公安机关的指导。具体如下：①铁路公安机关。主要负责全国铁路安全保卫工作。②交通公安机关。主要负责水上运输和公路运输的治安秩序，保障交通运输生产建设，旅客生命财产安全和交通运输线的畅通。③民航公安机关。主要负责民航飞行和空防安全，保障民航事业的顺利进行。④森林公安机关。主要负责保卫森林资源安全，维护林区社会治安秩序，保障林业生产建设的顺利进行。⑤海警。主要负责近海安全，调查、处理近海治安、刑事案件，打击走私、偷渡、贩毒等犯罪活动。⑥中国人民武装警察部队。武装警察部队担负国家赋予的安全保卫任务，受中央军委、公安部双重领导的部队主要有边防部队、消防部队和警卫部队。

需要注意的是，在 2018 年 3 月第十三届全国人民代表大会第一次会议批准的国务院机构改革方案中，部分专门公安机关的职能和管理体制也被作出相应的调整。

为贯彻落实党中央关于调整武警部队领导指挥体制的决定，按照军是军、警是警、民是民原则，将列武警部队序列、由国务院部门领导管理的现役力量全部退出武警，将国家海洋局领导管理的海警队伍转隶武警部队，将由武警部队担负民事属性任务的黄金、森林、水电部队整体移交国家相关职能部门并改编为非现役专业队伍，同时撤收武警部队海关执勤兵力，彻底理顺武警部队领导管理和指挥使用关系。

1. **公安边防部队改制。**公安边防部队不再列武警部队序列，全部退出现役。公安边防部队转到地方后，成建制划归公安机关，并结合新组建国家移民管理局进行适当的调整整合。现役编制全部转为人民警察编制。

2. **公安消防部队改制。**公安消防部队不再列武警部队序列，全部退出现役。公安消防部队转到地方后，现役编制全部转为行政编制，成建制划归应急管理部，承担灭火救援和其他应急救援工作，充分发挥应急救援主力军和国家队的作用。

3. 公安警卫部队改制。公安警卫部队不再列武警部队序列，全部退出现役。公安警卫部队转到地方后，警卫局（处）由同级公安机关管理的体制不变，承担规定的警卫任务，现役编制全部转为人民警察编制。

4. 海警队伍转隶武警部队。按照先移交、后整编的方式，将国家海洋局（中国海警局）领导管理的海警队伍及相关职能全部划归武警部队。

5. 武警部队不再领导管理武警黄金、森林、水电部队。按照先移交、后整编的方式，将武警黄金、森林、水电部队整体移交国家有关职能部门，官兵集体转业改编为非现役专业队伍。武警黄金部队转为非现役专业队伍后，并入自然资源部，承担国家基础性公益性地质工作任务和多金属矿产资源勘查任务，现役编制转为财政补助事业编制。原有的部分企业职能划转中国黄金总公司。武警森林部队转为非现役专业队伍后，现役编制转为行政编制，并入应急管理部，承担森林灭火等应急救援任务，发挥国家应急救援专业队作用。武警水电部队转为非现役专业队伍后，充分利用原有的专业技术力量，承担水利水电工程建设任务，组建为国有企业，可继续使用中国安能建设总公司名称，由国务院国有资产监督管理委员会管理。

6. 武警部队不再承担海关执勤任务。参与海关执勤的兵力一次性整体撤收，归建武警部队。为补充武警部队撤勤后海关一线监管力量缺口，海关系统要结合检验检疫系统整合，加大内部挖潜力度，同时通过核定军转编制接收一部分转业官兵，并通过实行购买服务、聘用安保人员等方式加以解决。

真题链接

1. 省辖市设立的公安局、自治州设立的公安处以及直辖市公安局下设的公安分局属于（   ）。（单选题）

A. 省级公安机关　　　　　　　　B. 地方公安机关

C. 县级公安机关　　　　　　　　D. 地级公安机关

2. 下列有关公安机关的派出机关和派出机构的说法正确的是（   ）。（多选题）

A. 看守所是公安机关派出机构　　B. 公安分局是公安局的派出机关

C. 派出所是公安机关的派出机构　D. 公安局是公安厅的派出机关

第二节　公安机关的管理体制

知识目标

1. 世界各国警察管理体制的主要类型。

2. 我国公安机关的管理体制。

基本理论

一、世界各国警察管理体制的主要类型

警察管理体制，指的是一个国家依法或依政令确立的各级政府与警察机关之间、不同层级的警察机关之间的管理与被管理、指挥与被指挥关系的国家行政组织制度。一个国家采用何种警察管理体制同许多因素有关，例如，这个国家的历史传统、政治体制、经济发展状况、文化特征、自然地理情况等均对其警察体制的类型产生影响。因此，世界各国的警察管理体制划分为三种类型：中央集权型警察管理体制、地方自治型警察管理体制、混合型警察管理体制。

（一）中央集权型警察管理体制

中央集权型警察管理体制，也称大陆法系的警察体制。强调中央警察机关直接、统一的领导和管理，警察组织内部实行自上而下的直接、全面（人事、经费、警务）、垂直领导，地方政府一般不直接管理、指挥地方警察机关。采用集权型警察管理体制的国家有法国、意大利等。

（二）地方自治型警察管理体制

地方自治型警察管理体制，也称海洋法系的警察体制，指的是一个国家的中央政府和地方政府根据法律授权各自分别管理、指挥中央警察机关和地方警察机关，从中央到地方的各层级警察机关均无隶属关系的一种警察管理体制。全国没有统一的警察组织和警察制度，中央政府中的中央警察机关只是执行特定法律的警察机关而非全国警察的首脑机关，采用分权型警察管理体制的国家有美国、加拿大、瑞士等。

（三）混合型警察管理体制

混合型警察管理体制，指的是一个国家的中央政府除管理、指挥中央警察机关外，还与地方政府共同负责管理、指挥地方警察机关，且中央警察机关也可在一定程度上管理、指挥地方警察机关的一种警察管理体制。采用集权分权结合型警察管理体制的国家有英国、日本、德国等。

二、我国的公安机关管理体制

公安机关管理体制，是指公安机关的组织领导制度。它不仅包括公安机关自身的机构设置和权限划分，还包括党和政府对公安机关和公安工作的领导管理制度。根据我国有关法律规定的原则，现行的公安机关管理体制是"统一领导，分级管理，条块结合，以块为主"。

（一）统一领导

统一领导，是指全国的公安机关都必须接受党和政府的统一领导，地方公安机关必须接受公安部的统一领导。因为我国是统一的社会主义国家，公安工作是政府工作的重要组成部分，必须"政出一门"。有关公安工作的法规和政策实际上是党的政策和国家的法规，公安民警是中华人民共和国统一建制的警察（我国台湾、香港、澳门地区除外），统一领导集中体现在公安工作的政令统一、建制统一等方面。

（二）分级管理

分级管理，是指中央公安机关和地方公安机关分别接受党中央、国务院和各级地方党委、人民政府的管理，县以上地方公安机关对所辖公安机关实行领导和管理。这是因为我国既是统一的国家，又是幅员辽阔、多民族的国家，不可能事事都由党中央和国务院直接管理。我国《宪法》规定设立地方各级人民代表大会和地方各级政府，行使国家赋予的职权，管理地方事务。地方公安机关是地方政府的一个部门，因此地方公安工作受地方党委、政府的领导和管理。

（三）条块结合

条块结合，是指"条"的管理和"块"的管理相结合。"条"的管理，是指从公安机关内部下级接受上级的领导管理。"块"的管理，是指各级公安机关接受同级党委和政府的领导管理。因此，地方公安机关和公安工作必须同时接受双重领导：一方面是上级公安部门的领导；另一方面是地方党委和政府的领导，这两方面的领导既有联系又有区别。联系在于：不管哪一方面的领导，其内容都是有关公安工作的，其目的、方向是一致的。区别在于："条"的领导是从全国整体着眼，突出专业性、政策性、时间性和统一性，而"块"的领导是从当地实际出发，着眼于具体的组织实施和安排，以保证地方工作有条不紊地进行，这既有全国统一的一面，又有必要的灵活性的一面。

（四）以块为主

以块为主，是指公安机关在接受"条"和"块"的双重领导时，以接受"块"的领导为主，即以接受同级党委和政府的领导为主，主要体现在人事、经费等方面由地方党委和政府领导与管理，公安部及上级公安机关主要对公安业务工作进行领导与指导。明确"条块结合、以块为主"的关系，既有利于公安工作的统一，不会偏离方向，又有利于从实际出发，更有效地做好公安工作。

三、我国公安管理体制的改革和完善

党的十八大以来，习近平总书记等中央领导同志多次听取公安工作汇报，并就深入推进公安改革、进一步加强和改进新形势下的公安工作和公安队伍建设作出重要指示。在中央全面深化改革领导小组的领导下，在中央司法体制改革领导小组的指导下，

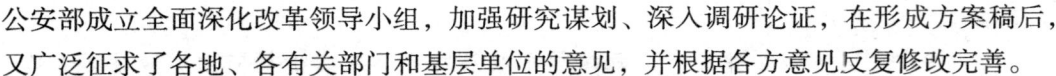

公安部成立全面深化改革领导小组，加强研究谋划、深入调研论证，在形成方案稿后，又广泛征求了各地、各有关部门和基层单位的意见，并根据各方意见反复修改完善。

（一）全面深化公安改革的总体目标

完善与推进国家治理体系和治理能力现代化、建设与中国特色社会主义法治体系相适应的现代警务运行机制和执法权力运行机制，建立符合公安机关性质任务的公安机关管理体制，建立体现人民警察职业特点、有别于其他公务员的人民警察管理制度。到2020年，基本形成系统完备、科学规范、运行有效的公安工作和公安队伍管理制度体系，实现基础信息化、警务实战化、执法规范化、队伍正规化，进一步提升人民群众的安全感、满意度和公安机关的执法公信力。

（二）全面深化公安改革的任务和举措

全面深化公安改革共有七个方面的主要任务、一百多项改革措施。一是健全维护国家安全工作机制，二是创新社会治安治理机制，三是深化公安行政管理改革，四是完善执法权力运行机制，五是完善公安机关管理体制，六是健全人民警察管理制度，七是规范警务辅助人员管理。

全面深化公安改革坚持以问题为导向，将改革的指向聚焦在三个方面：一是着力完善现代警务运行机制，提高社会治安防控水平和治安治理能力，提高人民群众的安全感。二是着力推进公安行政管理改革，提高管理效能和服务水平，从政策上、制度上推出更多惠民利民便民新举措，提高人民群众的满意度。三是着力建设法治公安，确保严格规范公正文明执法，提高公安机关执法水平和执法公信力，努力让人民群众在每一项执法活动、每一起案件办理中都能感受到社会公平正义。

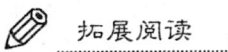

《深化党和国家机构改革方案》内容节选

在新的历史起点上深化党和国家机构改革，必须全面贯彻党的十九大精神，坚持以马克思列宁主义、毛泽东思想、邓小平理论、"三个代表"重要思想、科学发展观、习近平新时代中国特色社会主义思想为指导，牢固树立政治意识、大局意识、核心意识、看齐意识，坚决维护以习近平同志为核心的党中央权威和集中统一领导，适应新时代中国特色社会主义发展要求，坚持稳中求进工作总基调，坚持正确改革方向，坚持以人民为中心，坚持全面依法治国，以加强党的全面领导为统领，以国家治理体系和治理能力现代化为导向，以推进党和国家机构职能优化协同高效为着力点，改革机构设置，优化职能配置，深化转职能、转方式、转作风，提高效率效能，积极构建系统完备、科学规范、运行高效的党和国家机构职能体系，为决胜全面建成小康社会、开启全面建设社会主义现代化国家新征程、实现中华民族伟大复兴的中国梦提供有力制度保障。

（1）将中央防范和处理邪教问题领导小组及其办公室职责划归中央政法委员会、公安部。为更好统筹协调执政安全和社会稳定工作，建立健全党委和政府领导、部门分工负责、社会协同参与的防范治理邪教工作机制，发挥政法部门职能作用，提高组织、协调、执行能力，形成工作合力和常态化工作机制，将防范和处理邪教工作职责交由中央政法委员会、公安部承担。调整后，中央政法委员会在防范和处理邪教工作方面的主要职责是，协调指导各相关部门做好反邪教工作，分析研判有关情况信息并向党中央提出政策建议，协调处置重大突发性事件等。公安部在防范和处理邪教工作方面的主要职责是，收集邪教组织影响社会稳定、危害社会治安的情况并进行分析研判，依法打击邪教组织的违法犯罪活动等。

（2）组建应急管理部。提高国家应急管理能力和水平，提高防灾减灾救灾能力，确保人民群众生命财产安全和社会稳定，是我们党治国理政的一项重大任务。为防范化解重特大安全风险，健全公共安全体系，整合优化应急力量和资源，推动形成统一指挥、专常兼备、反应灵敏、上下联动、平战结合的中国特色应急管理体制，将国家安全生产监督管理总局的职责，国务院办公厅的应急管理职责，公安部的消防管理职责，民政部的救灾职责，国土资源部的地质灾害防治、水利部的水旱灾害防治、农业部的草原防火、国家林业局的森林防火相关职责，中国地震局的震灾应急救援职责以及国家防汛抗旱总指挥部、国家减灾委员会、国务院抗震救灾指挥部、国家森林防火指挥部的职责整合，组建应急管理部，作为国务院组成部门。主要职责是，组织编制国家应急总体预案和规划，指导各地区各部门应对突发事件工作，推动应急预案体系建设和预案演练。建立灾情报告系统并统一发布灾情，统筹应急力量建设和物资储备并在救灾时统一调度，组织灾害救助体系建设，指导安全生产类、自然灾害类应急救援，承担国家应对特别重大灾害指挥部工作。指导火灾、水旱灾害、地质灾害等防治。负责安全生产综合监督管理和工矿商贸行业安全生产监督管理等。公安消防部队、武警森林部队转制后，与安全生产等应急救援队伍一并作为综合性常备应急骨干力量，由应急管理部管理，实行专门管理和政策保障，采取符合其自身特点的职务职级序列和管理办法，提高职业荣誉感，保持有生力量和战斗力。应急管理部要处理好防灾和救灾的关系，明确与相关部门和地方各自职责分工，建立协调配合机制。

（3）组建国家移民管理局。随着我国综合国力进一步提升，来华工作生活的外国人不断增加，对做好移民管理服务提出新要求。为加强对移民及出入境管理的统筹协调，更好形成移民管理工作合力，将公安部的出入境管理、边防检查职责整合，建立健全签证管理协调机制，组建国家移民管理局，加挂中华人民共和国出入境管理局牌子，由公安部管理。主要职责是，协调拟订移民政策并组织实施，负责出入境管理、口岸证件查验和边民往来管理，负责外国人停留居留和永久居留管理、难民管理、国籍管理，牵头协调非法入境、非法居留、非法就业外国人治理和非法移民遣返，负责中国公民因私出入国（境）服务管理，承担移民领域国际合作等。

真题链接

1. 公安管理体制是指党和政府对公安工作的组织领导制度。我国现行的公安管理体制的具体内容是（　　）。（单选题）

A. 垂直领导，统一管理，宽严结合，以宽为主

B. 统一领导，分级管理，条块结合，以块为主

C. 垂直领导，统一管理，宽严结合，以严为主

D. 统一领导，分组管理，条块结合，以条为主

2. 2016 年，吉林省公安厅组织长春、吉林、松原等地区公安机关对一起特大侵犯公民个人信息案开展集中收网行动，共抓获犯罪嫌疑人 123 名，成功铲除 18 个信息泄露源头，摧毁 12 个涉案地域广、涉案人员多、信息数量大、涉案金额大的侵犯公民个人信息犯罪的团伙，有效地遏制大量电信网络诈骗、敲诈勒索等下游犯罪的发生，有效地维护了公民的切身利益和网络信息安全。

（1）吉林省公安厅在"特大侵犯公民个人信息案"收网行动中，应接受（　　）的领导。（多选题）

A. 上级公安机关　　B. 同级政府　　　　C. 上级政府　　　　D. 同级党委

E. 上级党委

（2）本案中吉林省公安厅组织展开的"特大侵犯公民个人信息案"收网行动，体现出我国公安机关管理体制的特点是（　　）。（多选题）

A. 我国公安机关的组织领导制度是"统一领导、分级管理、条块结合、以块为主"

B. 统一领导，即全国的公安工作，统一接受中央和中央政府的领导

C. 分级管理，即地方公安工作要接受各级地方公安机关的领导

D. "条"，即地方公安机关在实际工作中接受上级公安机关的领导

E. "块"，即地方公安机关在实际工作中接受地方党委和政府的领导

综合练习

请结合本章案例导入的材料内容，回答下列问题：（简答题）

1. 如何理解我国的公安管理体制？

2. 为什么公安工作要坚持对党的绝对忠诚？

中篇　基础知识

第 七 章

公安工作的内容和特点

知识结构图

公安工作的内容和特点
- 公安工作的内容
  - 公安工作的含义
  - 公安工作的主要内容
  - 公安专业工作的分类
- 公安工作的特点
  - 公安工作的整体特点
  - 公安专业工作的特点

案例导入

公安部：非法集资网络传销涉众犯罪高发，养老等领域成重灾区

2017 年以来全国公安机关共立该类案件 1.7 万起，网络借贷、投资理财、私募股权、虚拟货币、电子商务、消费返利、慈善互助、养老等领域成为"重灾区"。

5 月 15 日是第九个全国公安机关打击和防范经济犯罪宣传日。澎湃新闻（www. thepaper. cn）从公安部获悉，当前，非法集资、网络传销等涉众型犯罪高发频发，2017 年以来全国公安机关共立该类案件 1.7 万起。网络借贷、虚拟货币、慈善互助、养老等领域成为"重灾区"。

当日，公安部对外发布了公安机关打击涉众型经济犯罪十大典型案件，"钱宝"非法吸收公众存款案、"中晋公司"集资诈骗案、"善心汇"组织领导传销活动案、"五行币"组织领导传销活动案等案在列。

据公安部介绍，当前，受国际国内各种因素影响，我国经济犯罪形势呈现许多新的特点，发案总量持续高位运行，尤其是社会领域犯罪与金融领域犯罪交织、网上犯罪与线下犯罪叠加，防范打击犯罪面临新的挑战。其中，非法集资、网络传销等涉众型犯罪高发频发，2017 年以来全国公安机关共立该类案件 1.7 万起，网络借贷、投资理财、私募股权、虚拟货币、电子商务、消费返利、慈善互助、养老等领域成为"重灾区"，涉及人员多、地区广，蕴含巨大经济金融风险。

公安部介绍，证券、期货等资本市场领域犯罪较为活跃，内幕交易、"老鼠仓"、操

纵市场等犯罪的隐蔽性、专业性、传导性进一步增强，利用各类交易平台从事非法证券、期货活动成为"新兴"犯罪样态。虚开增值税专用发票、骗取出口退税犯罪增幅明显，严重扰乱国家税收秩序。以假币、假银行卡、骗取贷款、金融诈骗、洗钱等为主要形式的金融犯罪高位运行，新类型新手法犯罪多发，损害广大群众利益，破坏金融市场秩序。

去年以来，公安机关先后查处了"善心汇""钱宝""善林金融""云联惠"等一大批全国性重特大案件，相继组织开展了"猎狐行动"和打击非法集资、网络传销、地下钱庄犯罪等系列专项行动。公安部数据表明，去年全国公安机关共破获各类经济犯罪案件 9 万余起，挽回直接经济损失上千亿元。[1]

第一节　公安工作的内容

📖 知识目标

1. 公安工作的含义。
2. 公安工作的主要内容。
3. 公安专业工作的分类。

基本理论

一、公安工作的含义

公安工作是我国人民民主专政政权工作的重要组成部分，是依据党和国家的政策、法律、法规，保卫国家安全与维护社会治安秩序的专门工作，既包括公安机关的行政执法行为，也包括公安机关的刑事司法行为。同时，公安工作还包括公安机关依法对自身事务规范的管理活动。

（一）公安工作是维护国家安全与社会治安秩序的专门工作

国家安全，即我国人民民主专政政权和社会主义制度不受侵犯，我国的国家主权和领土完整不受侵犯。维护国家安全是国家诸多部门的工作，如人民解放军、外交部、国家安全机关、司法机关等从军事上、政治上维护国家安全，而公安机关的工作主要是依据法律、法规同那些破坏国家安全的违法犯罪进行斗争。

社会治安秩序，是指由法律、法规——主要是《刑法》《治安管理处罚法》以及其他治安法规所确认和维系的社会秩序。社会治安秩序包括生产秩序、工作秩序、教学科研秩序和人民群众生活秩序。公安机关维护社会治安秩序的工作主要是依据法律、法规，预防、制止、惩治破坏社会治安秩序的违法犯罪活动。

---

〔1〕 摘自《澎湃新闻》2018 年 5 月 15 日。

（二）公安工作具有行政执法和刑事司法的双重属性

公安工作是由公安机关以及人民警察以国家名义按国家法律赋予的职权进行社会行政管理，执行国家意志，维护工人阶级和广大人民群众利益的活动。既包括公安机关作为各级国家政府的重要组成部门，依据行政法、行政处罚法、治安管理处罚法等行政法律、法规，进行治安秩序管理、交通秩序管理、出入境管理等行政执法工作，也包括按照刑法、刑事诉讼法等刑事法律的规定，公安机关对刑事案件进行的侦查、拘留、执行逮捕、预审以及部分刑罚的执行等刑事司法工作。因此，公安工作尤其是业务工作具有行政执法和刑事司法的双重属性。

（三）公安工作既包括对外业务工作也包括内部管理工作

公安机关和人民警察通过对人、事、物、场所和信息的依法管控与服务运用，以及针对刑事案件而开展的刑事司法工作是公安工作的主要内容，即对外业务工作。同时，各级公安机关为了加强队伍管理、提高工作效率，也要通过考核、奖惩、培训、晋升等手段进行内部人员管理以及开展后勤、通信、公文等相关内部事务管理，这也是当前公安工作的应有之义。

二、公安工作的主要内容

公安工作是一个多种分工、多级层次的系统。详见表7－1：

表7－1　公安工作的主要内容

内容名称	特点	具体内容
公安领导工作	主要是指公安机关首长所从事的工作。	政治领导工作、行政领导工作和业务领导工作。
公安政治工作与公安队伍建设	公安政治工作是公安队伍战斗力生成的重要构成要素，是公安机关有效履行职责的根本保证。公安队伍建设的目标是：建设成为一支政治坚定、业务精通、作风优良、执法公正，能够应付政治事件和治安事件的、坚强的、有战斗力的专业队伍。	
公安指挥工作	公安指挥实施系统的工作。	领导指令的具体下达，各业务部门和专业工作的统一协调、调度和具体指挥。接收"110"报警，突发事件和治安灾害事故的现场指挥、处置与救助等。
公安专业工作	保卫国家安全与维护、社会治安秩序。	刑事司法工作、治安行政管理工作、保卫工作、警卫工作。
公安机关事务综合管理工作	为领导决策指挥、政策制定、公安机关常态运行提供综合管理和服务工作。	为公安领导工作提供信息咨询服务、调查研究、组织实施领导决策、对各项任务的完成情况进行督促检查，公安机关公文写作、文书处理和档案管理，组织会议、办理信访、协调工作关系等。

内容名称	特点	具体内容
警务保障工作	警务保障工作是公安机关充分履行职责，行使职权，提高整体工作水平，推动公安事业不断健康发展，提供全面、系统、务实、高效的公安工作的条件和保证，是开展公安工作的重要基础和强大支撑。目的是：保障公安机关和人民警察依法有效发挥职能作用，依法行使职权。	
公安法制工作	公安法制工作建设是整个公安工作的基石，是全面提高公安工作水平的重要支撑。	包括公安机关内部法律事务和内部执法监督工作，以及行政案件复议、行政诉讼案件应诉、办理国家赔偿案件等。
公安教育与科研工作	公安教育与科研工作是为公安队伍提供人才培养和科学技术保障的专门工作。	公安教育有学校教育和民警在职教育。 公安科研包括社会科学的研究和技术科学的研究。

三、公安专业工作的分类

公安专业工作是公安工作的中心内容，在全部公安工作中其在量上占绝对大的比重，其他公安工作多是服务或围绕公安专业工作而展开的。公安机关保卫国家安全与维护社会治安秩序的任务，也主要是通过公安专业工作实现的。公安专业工作可以分为以下几类：

（一）刑事司法工作

刑事司法工作主要是依据刑法、刑事诉讼法同刑事犯罪作斗争的一系列工作。具体包括：

1. 国内安全保卫工作。国内安全保卫工作，即对危害国家安全犯罪的侦查和防范工作。国内安全保卫工作是在党和政府的领导下，紧紧依靠群众，以秘密的侦查手段和公开的斗争形式，防范、发现和打击一切敌对势力、敌对分子的各种阴谋和破坏活动，以保卫人民民主专政政权，保护国家安全，保障社会主义现代化建设事业的顺利进行。国内安全保卫工作是党和国家赋予公安机关的一项特殊使命，具有隐蔽性、长期性、尖锐性和复杂性的特点。

2. 刑事侦查工作。刑事侦查工作，是指依据国家法律的有关规定，采用专门调查方法和强制措施，揭露、打击和防范刑事犯罪的一项专门工作。刑事侦查工作的主要任务是侦破刑事案件，阻止和打击国际恐怖活动和国外、境外犯罪组织、犯罪分子以及黑社会组织的渗透活动；预防、制止和减少刑事犯罪的发生；及时发现犯罪、揭露犯罪、证实犯罪、打击犯罪，以保障人民的合法权益，保障社会主义现代化建设事业的顺利进行。

3. 采取刑事强制措施工作。采取刑事强制措施工作，即依据刑事诉讼法对犯罪嫌疑人所采取的拘传、取保候审、监视居住、拘留和逮捕的工作。

4. 羁押工作。羁押工作，即对被拘留、逮捕的犯罪嫌疑人、被告人进行关押看守的工作。

5. 执行刑罚工作。执行刑罚工作，根据刑法、刑事诉讼法的规定，公安机关担负着短期有期徒刑执行、拘役执行、剥夺政治权利执行、驱逐出境执行等多项刑罚执行工作。

（二）治安行政管理工作

治安行政管理工作，即公安机关运用国家赋予的行政权力，依据法律、法规从事行政管理方面的各项业务工作。它的主要任务是预防违法犯罪，查处治安案件，组织群众治安力量，维护社会治安秩序。其内容包括：

1. 户籍管理工作。户籍管理工作，主要包括户籍登记和户籍证明工作。户籍登记是国家关于人口的一项重要行政管理制度，也是公安工作的一项基础工作。户籍证明工作主要是居民身份证及其他人口证件的签发和验证工作。

2. 公共秩序管理工作。公共秩序管理工作，主要指对人群聚集或进行公众活动的公共场所的治安秩序的管理工作，如对车站、码头、机场、文娱或体育场所、商场、集贸市场、展览馆场，以及公园、风景区等场所进行维护社会治安秩序的工作。

3. 特种行业管理工作。特种行业管理工作，主要对旅馆业、印章业、典当业、旧物收购寄卖业等行业进行治安管理，以防止和发现违法犯罪活动。

4. 民用危险物品管理工作。民用危险物品管理工作，主要是对管制刀具、枪支、弹药、易燃易爆物品、剧毒物品、放射性物品进行治安管理，以防止违法犯罪分子用以进行违法犯罪活动，或在生产、运输、保管、持有、使用过程中发生事故。

5. 交通安全管理工作。交通安全管理工作，主要是对城乡道路交通实行管理，预防和查处交通事故，保证交通安全与畅通。

6. 消防监督工作。消防监督工作，主要是进行消防监督、火灾预防和扑救，审核建设工程的消防设施，查处火灾事故等工作。

7. 边防工作。边防工作，主要包括边防治安工作和边防检查工作，即主要包括对出入境口岸过境人员的检查、出入境交通工具的检查、监护及对违章违法事件与案件的查处。

8. 外国人管理和中国公民出入境管理工作。外国人管理和中国公民出入境管理工作，包括对外国人在中国的入境、出境、居留、旅行实施管理，保护外国人的合法权益，发现和处理外国人的违法犯罪活动、国籍问题。对出入境的中国公民、华侨、港澳台同胞、边境居民进行管理，依法查处出入境人员中的违法犯罪人员。

9. 公共信息网络安全监察工作。公共信息网络安全监察工作，是公安机关的一项专门业务工作，主要职能是根据《人民警察法》《计算机信息系统安全保护条例》等规定，对计算机信息系统安全实施保护。具体职责主要包括：监督、检查、指导计算机信息系统安全保护工作；查处危害计算机信息系统安全的违法犯罪案件；履行计算机信息系统安全保护工作的其他监督职责。

（三）保卫工作

保卫工作主要指机关、团体、企业和事业单位内部的治安保卫工作，计算机信息系统的安全监察工作。其内容包括：

1. 机关团体保卫工作。机关团体保卫工作，主要指对党中央，国务院及其各部门，省、自治区、直辖市和地、市、县的党政部门，以及工会、共青团、妇联和各民主党派以及其他群众团体所进行的保卫工作。

2. 企业保卫工作。企业保卫工作，主要指对工厂、矿山、财贸、邮电、商场等企业单位所进行的保卫工作。

3. 事业单位保卫工作。事业单位保卫工作，主要指对文化、教育、科研、卫生、体育、新闻、广播、电视等事业单位所进行的保卫工作。

4. 部门系统保卫工作。部门系统保卫工作，主要指对铁路系统、交通航运系统、民用航空系统、森林系统所进行的保卫工作。

5. 监督管理计算机信息系统的安全保护工作。

（四）警卫工作

警卫工作是为确保党和国家领导人，来访的重要外宾，中央和省、自治区、直辖市党政领导机关以及重大活动的安全所进行的警戒、保卫工作，包括驻地警卫、随身警卫、路线警卫、现场警卫等。

真题链接

1. 下列司法机关中有权执行逮捕的是（　　）。（单选题）

A. 人民法院　　　　B. 人民检察院　　　　C. 公安机关　　　　D. 监狱

2. 治安行政管理工作的主要任务是（　　）。（多选题）

A. 预防违法犯罪　　　　　　　　B. 查处治安案件

C. 组织群众治安力量　　　　　　D. 维护社会治安秩序

第二节　公安工作的特点

知识目标

1. 公安工作的整体特点。

2. 公安专业工作的特点。

基本理论

公安机关在履行职责、行使职能、完成安全保卫任务的过程中形成了公安工作的鲜明特点。理解掌握这些特点，对于提高公安工作的社会地位，提高公安机关的战斗力，增强人民警察的光荣感和自豪感，增进人民群众对人民警察的理解，具有十分重要的意义。

一、公安工作的整体特点

（一）阶级性与社会性相结合

公安工作具有鲜明的阶级性，同时又有广泛的社会性。

所谓阶级性，即警察与国家一致的特点。这是各国警察共有的特性。国家要求警察必须与国体一致，与政体一致，与国家意志一致，成为国家忠诚的统治与管理工具。我国公安工作也不例外。公安工作必须与我国执政党——中国共产党保持一致。因此，公安工作必须与党的路线、方针、政策相一致，与国家的政策和法律相一致。国家的统治与管理工具是公安机关的本质。

所谓社会性，即公安工作与社会的联系是广泛而密切的。公安工作涉及社会生活的各个领域，直接关系到千家万户乃至每一个人。

（二）隐蔽性与公开性相结合

工作对象的隐蔽性和公开性，决定了公安工作的隐蔽性和公开性的特点。首先，犯罪分子的犯罪行为有的是隐蔽的，有的是在光天化日之下明目张胆地进行的，因此公安机关就要有针对性地将秘密工作和公开工作结合起来。其次，为了广泛发动群众同违法犯罪作斗争，震慑犯罪分子，除做好秘密工作之外，还需要进行大量的公开工作。最后，公安机关除同违法犯罪作斗争之外，还担负着大量的社会管理工作，许多管理工作不仅不能秘密进行，还要广泛宣传，实行警务公开以赢得广大人民群众的支持。

所谓秘密工作，是指为了不被对方察觉或了解意图，采取秘密的措施、手段开展的工作。所谓公开工作，是指直接以公安机关的名义和人民警察的身份，采取被对方了解、认识直至使对方配合的方法和措施所开展的工作。秘密工作与公开工作是相辅相成的。秘密工作需要公开工作进行掩护，秘密工作寓于公开工作之中；公开工作需要秘密工作作后盾，并为秘密工作创造条件。

（三）打击与保护相结合

公安工作具有打击与保护的双重特点，这是由公安工作的对象所决定的。由于工作对象不同，所以工作方式就有区别。对于侦查破案、拘留逮捕、审讯、处置突发暴力事件、制裁违法犯罪等工作，公安机关的工作对策主要是以强制力进行打击；对于警卫守护、巡逻值勤等工作，公安机关的工作对策主要是保护。

公安工作进行打击的常见情形有：侦查破案、拘留逮捕、审讯、处置突发暴力事件、制裁违法犯罪等；进行保护的常见情形有：警卫守护、巡逻执勤等。

（四）强制性与教育性相结合

公安工作是以国家暴力为后盾的，是以警察的实力即武装的、特殊的手段作保障的，具有明显的强制性。但公安工作中大量的、经常性的工作主要是教育，这不仅针对广大群众，还针对被实施打击的犯罪分子，以促使他们悔过自新、重新做人。

（五）集中性与分散性相结合

公安工作的集中性，就是它的统一性。要求在服从国家意志、实行宏观决策、领导与指挥等方面要高度集中。在战略战役部署与实施上，在法制与政策的结合上，在多部门横向协同上，要高度统一。这样才能形成整体一致、快速反应、多警种配合、多专业协作的整体合力。但犯罪分子是在不同时空出现的，这就决定了公安工作的分散性。对于高度分散的、隐蔽的，又不断衍生的犯罪分子，不宜采用"大兵团作战"，而宜分散地对一个案件一个案件进行侦破，也宜对犯罪分子一个一个进行制裁。

（六）政策性与法律性相结合

公安机关作为国家的统治工具，人民警察作为国家的公务员，在履行自己职责的过程中必须坚定地执行党和国家的各项政策，特别是有关公安工作的路线、方针和政策。同时，公安机关作为国家的执法机关，人民警察作为执法人员，在履行自己的职责时，又必须做到有法必依、执法必严、违法必究。

（七）行政性与司法性相结合

根据《公安机关组织管理条例》第2条的规定，公安机关是人民民主专政的重要工具，人民警察是武装性质的国家治安行政力量和刑事司法力量。

公安工作的行政性体现了公安机关作为政府机构依法承担的行政管理职责。公安工作的司法性体现了公安机关履行刑事法律规定的部分职责，它是中国特色公安工作的鲜明特征。

（八）管理性与服务性相结合

公安机关的管理活动是使社会有序运转、社会和谐稳定，人们不断增强公共安全感，提高幸福感。公安机关的服务活动的本质是服务于经济社会发展，主要围绕维护社会稳定的主流任务，在集中精力打击违法犯罪活动，改善治安环境，增加公共安全感等方面为公民的"共同私权"提供服务，在公共行政管理中坚持以人为本、服务为先的思想，在公安机关职权、义务范围内采取切实有效的"便民、利民、为民"措施，实现人民警察全心全意为人民服务的宗旨。

公安机关及人民警察要处理好执法、管理、服务三者之间的关系，坚持在管理中做到为民服务，在创新服务中做到有效管理。

二、公安专业工作的特点

公安机关保卫国家安全、维护社会治安秩序的任务，主要是通过公安专业工作来完成的。公安专业工作的主要特点是：

（一）复杂性

公安工作是以维护国家安全和社会治安秩序为主要任务的一项工作。公安工作所面临的形势和工作对象的复杂性，决定了公安工作具有复杂性。当前，我国经济发展、社会稳定，但国际形势错综复杂，影响我国国家安全和社会稳定的因素增多。西方敌对势力继续对我国实施"西化""分化""弱化"的政治图谋，利用一切可以利用的机会对我国进行渗透、破坏活动，颠覆与反颠覆、分裂与反分裂的斗争复杂尖锐。在国际反华势力的支持、鼓动下，境内外的敌对分子加紧活动，由人民内部矛盾引发的群体性事件已经成为严重影响社会稳定的突出问题。在我国目前所处的体制转轨的特定历史时期，诱发、滋生犯罪的各种消极因素大量存在，治安问题的压力不断增大，刑事犯罪不仅数量增多，而且危害加剧。因此，只有清楚地看到公安工作面临形势的复杂性、严峻性，才能随时应付各种困难和复杂局面，掌握斗争的主动权，完成公安工作的艰巨任务。

（二）艰苦性

公安工作的艰苦性主要表现在两个方面：一方面，由于对敌斗争的复杂性，常常需要人民警察连续作战，超负荷工作；另一方面，不良的自然环境和执法环境也常常给人民警察执行公务带来诸多困难。

（三）危险性

人民警察在工作中往往处于对抗性矛盾的第一线，经常要同犯罪分子进行面对面的斗争，如采取强制的、暴力的手段制服正在实施暴力犯罪的犯罪分子，要对付犯罪分子的暴力反抗、拒捕、报复、袭击等，在处理治安案件或事件中会受到不法分子的殴打伤害等。在同恶性灾害事故斗争中，人民警察也面临着巨大的危险，如在同火灾、水灾、风灾、地震、爆炸等灾害的斗争中，人民警察要冒着生命危险进行救助工作，每年伤亡的数量大大多于其他行政职能部门。

（四）风险性

公安工作的风险性，主要是指有些专门业务工作由于环境因素或内容特殊可能引发不幸事件的发生，或一个事件、一段经历可能产生我们所不希望的后果。在公安专门业务工作中，一方面，人民警察作为执法者，手中掌握着执法的权力，如果这些权力得不到有效的制约，行使职权的活动得不到有效的监督，人民警察的执法活动不依法进行，就可能会滋生以权谋私、贪赃枉法、包庇放纵罪犯等消极腐败现象；另一方面，人民警察在工作中经常会接触社会的阴暗面和丑恶现象，一些违法犯罪人员常常用金钱、物质、美色等各种手段进行腐蚀拉拢，在公安队伍中寻找他们的代理人或保护伞，这些行为都有可能极大地腐蚀公安民警，而意志薄弱者就有可能被拉下水，甚至触犯法律而成为人民的罪人。所以，人民警察必须树立正确的世界观、人生观、价值观、权力观和远大理想，不断提升坚定信念、坚强意志和防腐拒变的能力。

真题链接

1. 关于公开工作和秘密工作的关系，下列说法正确的是（   ）。（多选题）

A. 秘密工作与公开工作是相辅相成的

B. 秘密工作需要公开工作进行掩护，秘密工作寓于公开工作之中

C. 公安工作应以秘密工作为主，公开工作为辅

D. 公开工作需要秘密工作做后盾，并为秘密工作创造条件

2. 公安专业工作的主要特点是（   ）。（多选题）

A. 复杂性　　　　　B. 艰苦性　　　　　C. 危险性　　　　　D. 风险性

第 八 章

公安工作的根本原则和基本路线

知识结构图

公安工作的根本原则和基本路线
- 公安工作的根本原则
  - 坚持党对公安工作的绝对领导的内涵
  - 坚持党对公安工作绝对领导的必要性
  - 坚持党对公安工作绝对领导的途径
  - 坚持党对公安工作绝对领导的方式
- 公安工作的基本路线
  - 群众路线是公安工作的基本路线
  - 公安工作坚持群众路线的必要性
  - 公安工作实现群众路线的途径

案例导入

某市原公安局局长：把市公安局当成了自己的"独立王国"

在某市公安系统，熟悉该局长的人用"三无"，即"目无党纪国法、目无组织、目无群众"来给他画像。他的口头禅是："我就是党委，你最终还不是听我的。"他选用公安系统内自认为靠得住的人，替他经营、打点企业。该局长两名下属利用职务上的便利，为这位局长实际控制的企业，在获取企业用地、核拨工程资金、承揽交通设施工程等企业经营方面谋取不正当利益，收受巨额贿赂。据该局长另一名下属交代，有一段时间他成了这位公安局长的司机和"马仔"，陪他打网球和高尔夫球，为他准备打球的衣服、装备等。

有人总结，这位公安局长打击人有一套，"团结"人也有一套。他用小恩小惠笼络干警，将其拉进圈子为他服务。一名下属利用主管公司财务工作的便利，经这位公安局长同意或个人擅自决定，先后多次挪用公司巨额资金，借给其亲属的公司用于偿还贷款、购买设备、资金周转等营利活动。在担任市公安局局长期间，这位局长先后两次大面积提拔干部，竟然不上报市委组织部和市委政法委，把市公安局当成了自己的"独立王国"。为了个人野心，这位公安局长还善于找人为自己"抬轿子、吹喇叭"。他让人制作、录制个人先进事迹材料，到市直机关各部门，甚至街道办事处和企业进行宣传。为了寻求官阶上升，他让手下人组织公安局干部写联名推荐信，呼吁提拔他，不难发现，其目无政治纪律、政治规矩到了何等地步。

第一节　公安工作的根本原则

知识目标

1. 坚持党对公安工作的绝对领导的内涵。
2. 坚持党对公安工作绝对领导的必要性。
3. 坚持党对公安工作绝对领导的途径。
4. 坚持党对公安工作绝对领导的方式。

基本理论

一、坚持党对公安工作的绝对领导的内涵

1950 年，毛泽东同志在全国性的经济保卫工作会议中指出，"保卫工作必须特别强调党的领导作用，并在实际上受党委直接领导，否则是危险的"，这也确立了我国具有保卫性质的公安工作需要坚持党的领导。党的领导作用是指从全党关系角度讲，公安工作必须置于党的绝对领导之下。"受党委直接领导"是指地方公安机关与同级党委之间的关系表现为公安机关必须置于党委的实际领导之下。坚持党对公安机关的直接领导是我国公安工作的政治优势，而党对公安工作的绝对领导包括了两层含义：

（一）公安工作必须由中国共产党领导

中国共产党作为我国最重要的政治力量，在领导公安工作方面起到了无可替代的作用。1937 年毛泽东同志曾指出，"我们党拒绝了国民党派遣他们的党员来当八路军干部的要求，坚持了共产党领导八路军的原则"。中国共产党在坚持领导军队的同时，也对人民公安的保卫工作起到了绝对领导的作用，并且在历史的检验下坚持到了今天。这成为坚持人民民主专政的基本要求，也成为维护党、国家和人民最根本利益的要求。

（二）公安机关无条件服从中国共产党的领导

党对公安工作的指挥和领导需要达到无条件的、全面的、直接的领导。所谓领导的无条件性，是指公安机关必须无条件地接受党中央及其各级党委的领导，不得通过任何方式摆脱、减弱、损害党的领导权。所谓领导的全面性，是指公安机关需要在政治方面、思想方面、组织方面和工作方面完全接受党的领导。涉及重大方针、战略、政策、法律等问题时，都需要及时向党委进行请示与汇报，经党委批准后在党委的监督下贯彻实施。部分具有重大政治影响和社会影响的工作部署和事件案件的处理，都

需要在地方党委的领导之下进行。所谓领导的直接性，是指公安机关应当自觉接受党中央制定的方针、政策、路线，并直接由党中央和各级党委对公安工作进行领导。党委进行检查、督促和指导的事项，公安机关都需要如实汇报，不得出现消极应付、抵制、保密、拒绝等问题。

党对公安工作的领导需要坚持以下四点：①人民警察需要与党中央在思想和政治方面保持高度一致；②县级以上的各级公安机关都需要接受同级党委的领导；③公安机关党委需要积极发挥领导和保障作用；④公安机关中的党员同志需要起到模范带头作用。

二、坚持党对公安工作绝对领导的必要性

（一）党的领导是公安机关发挥职能的有力保障

中国共产党是我国的执政党，具有直接领导政权工作的优势，对具有武装性质的专治工具需要进行绝对地掌握和控制。公安机关是我国人民民主专政的重要组成部分，同样也是实现人民民主专政的工具，是具备治安行政和刑事司法职能的武装力量，直接关系到国家安全与社会治安。因此，公安工作事关国家政权稳定、社会安定、人民生命与财产安全等问题，必须保证公安机关受到党的领导，避免被他人所掌控、利用从而变成镇压人民的工具。只有将公安机关置于党的绝对领导之下才能发挥其功效与作用，也能够体现党的执政能力。

（二）党的领导是保证公安机关正确运行的坚实后盾

法律所赋予公安机关的权力应当正确运用于强制手段、侦查手段、惩治手段，并且为国家、社会和人民的利益而服务。公安机关是人民所紧握的"大刀"，掌握得好，就能够打击敌人、保护人民，掌握得不好就存在损害人民利益、给党和国家带来灾难的风险。

（三）党的领导是公安机关强化战斗力的重要基础

公安机关的工作是处理社会矛盾中最具有对抗性、腐蚀性和隐蔽性的问题，主要表现为违法犯罪活动以及其他严重的社会矛盾。公安机关的工作需要长期致力于一线的基层环境，所面对的阶级矛盾、社会矛盾都具有对抗性的特征，所存在的危险也具有相应的隐蔽性，尤其是腐蚀社会的问题，都是各种社会矛盾中最尖锐、最复杂的部分。在改革开放与社会主义现代化建设的过程中，全球化、国际化的不断扩大使得境内外的敌对势力开始实施更多隐蔽的破坏活动，其中部分境内外敌对势力和犯罪分子也利用政治瓦解、思想渗透、物质诱惑等卑劣手段对我内部人员进行拉拢与腐蚀。公安机关的工作人员在执行任务的过程中会受到社会消极因素的影响，必须要具备抗腐蚀的能力。特别在面对重大任务的过程中，公安机关必须要坚持党的领导，在强有力的监督之下，才能够摒除负面因素的影响，不断提升战斗能力，保持公安队伍的纯

洁性。

（四）党的领导是动员、组织、协调社会力量的有效途径

公安工作离不开与社会其他基础单位的联系与配合，而维护国家安全与治理社会治安问题都需要国家与社会紧密结合，依靠党的领导才能够使得公安工作与各部门、各行业、各组织以及人民群众保持良好关系，并发挥社会各个力量的作用。在保护国家安全、维护社会秩序的工作中，党委领导能够发挥社会协同作用，在全社会的配合下协助公安队伍做好各项工作。当今公安工作的社会化已经成为必然要求，而治安社会化更是公安工作现代化的重要标志。党的领导是我国现代化建设的核心力量，在党的领导与动员下，社会各界力量才能够对人民群众产生巨大号召力。在党的统一领导下，政、军、工、农、商、学等各种社会力量才能够为人民群众积极做出贡献。公安工作所涉及的党的政策包括了外交、统战、民族、干部工作等内容，只有坚持党和国家的政策才能够获得各个阶层、党派和各界人士的拥护，做到调动和保护民众权益的治安积极性，在此过程中坚持党的领导才能够正确执行与贯彻党的政策。

（五）党的领导是公安决策正确制定与执行的绝对保证

中国共产党是在坚持马列主义、毛泽东思想、邓小平理论、"三个代表"重要思想和科学发展观的基础上所形成的中国特色社会主义新时代的执政党，坚持以科学的世界观和方法论对治安形势和刑事政策进行分析，是保证公安决策正确性的基础保障。从历史发展来看，党为公安工作制定了全方位的政策、方针、原则，并领导与监督公安相关法规的制定与实施。党的决策经受了历史的考验，也证明了坚持党对公安决策的领导具有正确性。党中央以及各级党委通过制定正确的政策并加以贯彻实施来实现对公安工作的领导与监督。从长远利益来看，党基于全国各族人民的基本利益，能够全面地、长远地对重大问题做出正确决策。对此，在重要事件与案件的应对与处理方面，公安机关应当及时请示党中央和各级地方党委，从而获得正确的领导。

三、坚持党对公安工作绝对领导的途径

（一）政治领导

政治领导是党在政治原则、政治方向、政治路线、政策方针上的领导。实现政治领导的途径是党通过最高纲领、近期目标对人民警察进行武装，使他们具有明确的目标和艰苦奋斗的精神，通过各种措施和方法提升人民警察的政治觉悟，强化其政治鉴别力和政治敏锐性，组织与领导人民警察认真学习与贯彻党和国家的法律、政策与方针，最终确保公安机关能够与党中央保持政治统一性。在中国特色社会主义新时代，公安机关需要继续深入贯彻党的方针、路线、政策，全面落实依法治国理念，紧紧围绕全面实现小康社会的总目标，牢牢把握抓住国际战略时机和社会稳

定的总体要求，通过强化政治思路、大局理念、法制观念、群众服务意识，坚持与时俱进，大力推进公安队伍的法治化建设，不断提升公安队伍的整体能力和业务水平，保证公安机关能够保护国家安全、维护社会稳定、及时处理警情、服务经济社会发展，真正肩负起巩固共产党政治地位、维护国家长治久安、保障人民根本利益的重要政治社会责任。

（二）思想领导

思想领导是实现政治领导的意识保证。思想领导的实现途径包括党委以马克思列宁主义、毛泽东思想、邓小平理论、"三个代表"重要思想、科学发展观为依据，结合中国特色社会主义新时代的理念对人民警察进行教育，不断促进人民警察树立良好的世界观，提高思想水平，从思想方面强化大局观，培养艰苦奋斗、忠厚老实、谦虚谨慎的良好品德和职业素养，养成机智勇敢、脚踏实地、坚持真理、修正错误的思想作风。

（三）组织领导

组织领导是党对公安机关领导的组织保障。组织领导的实现途径是健全公安机关各级党组织结构，严密组织纪律，完善组织制度，加强领导管理。需要紧抓公安机关领导班子与公安队伍的建设，抓好党内的组织生活，保障党员的民主权利，正确进行批评与自我批评工作。坚持党领导公安机关干部的原则，不断听取建议与意见，认真规范考评制度，并积极向上级政府推荐优秀的公安机关领导干部，并由党委集体决定对干部的任免。

（四）决策领导

各级党委对公安工作的重大问题有权作出决策，其中具体包括以下内容：

1. 宏观公安决策。公安机关需要及时向党委汇报社会治安情况，而党委则根据具体情况作出宏观性决策意见，并在党的监督之下由政府和公安机关贯彻实施。

2. 对重大问题的重要指示。对于需要作出战略性部署、政策应对、法律性问题等重要情况，公安机关需要向党委请示报告，并由党委进行研究之后作出相应指导。

3. 组织协调工作。党组织需要协调和动员其他有关部门和各种社会力量，对公安工作予以支持和配合，协调公安机关与检察机关、审判机关、国家安全机关以及其他司法行政机关的关系，保证公安机关能够顺利完成任务。

四、坚持党对公安机关绝对领导的方式

公安机关在自觉接受党委领导的情况下，需要积极创造便于党委领导公安工作的条件和方式，把接受党委领导作为根本原则并形成优良制度，最后长期地、全面地贯彻执行。

（一）认真执行党委决定，对重要问题及时请示报告

在人民警察队伍中，党性教育活动需要经常性地开展，从而使广大人民警察认清

服从党的领导的必要性，坚决接受党的领导，并在实践工作中贯彻执行党的政策、方针、路线，明确服务于党的中心工作。

（二）成为党委的帮手与参谋

公安机关需要经常向党委和政府进行汇报，将社会治安和公安工作情况进行定期报告，同时向党委提出制定对策的建议，充分发挥参谋与助手的作用。

（三）依靠党委贯彻实施上级公安机关安排的工作

对于上级公安机关所安排的重要任务和计划，若存在重大社会影响，需要及时向党委报告并在党委的领导下具体执行。

（四）接受同级党委政法委员会的领导

公安机关在执法过程中需要接受同级政法委员会的领导，例如公安部需要接受中央政法委员会的领导，而各级地方公安机关同样需要接受党委政法委员会的指导。

（五）严禁在党内使用侦查手段

党务问题需要按照党章的规定予以处理，公安机关要坚决杜绝使用应对犯罪的侦查手段解决党内的矛盾问题。

真题链接

2015年1月20日，习近平总书记就政法工作作出重要指示时强调，培育造就一支忠于党、忠于国家、忠于人民、忠于法律的政法队伍，确保刀把子牢牢掌握在党和人民手中。这一指示直接揭示了公安工作的（　　）。（单选题）

A. 根本原则　　　B. 根本路线　　　C. 基本方针　　　D. 基本政策

第二节　公安工作的基本路线

知识目标

1. 群众路线是公安工作的基本路线。
2. 公安工作坚持群众路线的必要性。
3. 贯彻公安工作群众路线的途径。

基本理论

一、群众路线是公安工作的基本路线

基本路线是指在政治、组织、思想、工作等方面所遵循的基本方针与准则。群众路线是我国党与政府一切工作的基本路线，坚持群众路线已经成为我党在长期革命中所形成的优良传统。毛泽东同志曾经说过："工作都要走群众路线，公安工作也要走群众路线。"在公安工作中依靠群众的路线同样是公安机关的优良传统，也是党和政府群众路线在公安工作中的具体体现。《人民警察法》第 3 条规定："人民警察必须依靠人民的支持，保持同人民的密切联系，倾听人民的意见和建议，接受人民的监督，维护人民的利益，全心全意为人民服务。"同时，坚持专门工作与群众路线相结合已然成为公安机关的特色与传统，只有紧密联系群众才能够发挥群众和社会力量，打好公安工作的群众根基。

公安工作的群众路线是指公安工作一切为了群众、一切依靠群众，从群众中来、到群众中去的工作路线，它是通过公安工作服务群众、保护群众、组织群众、宣传群众、依靠群众的理论、方法、制度和原则的总称。

一切为了群众是公安工作的宗旨与出发点，需要将全心全意为人民服务的思想与公安工作的职责相统一，在打击违法犯罪活动的过程中需要兼顾保障人民群众的权益免受他人侵犯。

一切依靠群众是公安工作的基本态度，需要坚定不移地相信群众，在党与政府的领导下组织和团结人民群众，依靠一切能够依靠的力量，与违法犯罪活动作斗争，保护国家安全，维护社会治安。

从群众中来、到群众中去是公安工作的基本方法，需要广泛听取人民群众的要求和思想，虚心接受群众的批评和监督。另外，需要积极吸收、采纳人民群众在实践工作中所创造出的优良方法和总结出的经验，并进一步完善相关法规与制度。

群众路线是公安工作的最基本的路线，也是公安工作的领导作风和工作方法。坚持群众路线需要保证公安工作始终与群众保持紧密联系，从而确保各项公安工作能够顺利完成。群众路线的本质在于公安工作必须要代表群众来维护人民的利益，树立立警为公、执法为民的优良传统与作风。

二、公安工作坚持群众路线的必要性

（一）人民警察的宗旨是全心全意为人民服务

人民警察是人民民主专政的工具，同样也是属于人民的。人民警察必须将人民的利益作为自身工作的出发点和归宿。人民警察同样也来源于人民，失去了人民，警察则无根可寻；失去了人民警察，人民则无法安宁。因此，密切联系群众是公安机关的优良传统，公安工作必须做到执法为民，将人民群众的利益深深扎根于公安工作当中。

（二）人民群众是维护社会治安的重要力量

保护国家安全、维护社会治安是人民的根本利益所在，而在维护国家安全和社会治安秩序方面，广大人民群众不仅需要积极拥护与支持人民警察，其自身同样也是国家安全与社会秩序的保卫者。

（三）公安工作离不开人民群众的支持

国家安全和社会治安问题所涉及的社会关系较为广泛，公安工作具有社会性和群众性特征，治安问题离不开人民群众的生活领域。首先，在解决治安问题方面，人民群众具有一定的创造性和实践性。另外，人民群众在有关犯罪和社会治安问题方面所获得的信息最为广泛和直接。最后，人民群众同样是对违法犯罪施加影响最为普遍、直接和及时的力量。

（四）处理好公安机关和人民群众的关系是调整社会关系的基础

公安机关在调整各种社会关系的过程中，最为基本的内容为调整公安机关和人民群众之间的关系。若将此关系做出较好的调整则会得到人民群众的广泛支持和拥护，在解决各种社会问题和困难时则具有相应的保障。

（五）公安机关离不开人民群众的有效监督

公安机关的工作情况需要依靠人民群众进行检验与评价。在一切监督力量中，人民群众是公安工作监督的重要力量，这是因为人民群众能够从公安工作方面获得最为直观的感受。另外，人民群众的监督也具有广泛性、普遍性的特征，对其他方面的监督同样需要依靠人民群众的监督。

三、公安工作实现群众路线的途径

（一）从思想上做到执法为民

执法为民是公安机关贯彻群众路线的重要内容，同样是执法思想的核心。坚持执法为民的根本要求是时刻把人民群众的最根本利益放在首位，公安机关需要将执法为民作为公安工作的出发点和落脚点，在各项工作中充分体现中国特色社会主义新时代思想，充分体现依法治国的本质。将执法为民的思想基础打牢，就需要在各项执法工作中将人民群众的利益作为首要利益，将满足人民群众的需求作为首要目标，将人民群众的安全感和满意度作为评价公安工作的最根本标准。在执法的过程中，同样需要与人民群众建立深厚的友谊与感情，从而坚决维护人民群众的合法权益。其中，将执法为民的思想作为基础需要贯彻以下几方面内容：

1. 坚持群众观点不动摇，与群众建立良性感情基础。在执法过程中，要能够理解百姓生活，待百姓如家人，心系群众、感恩群众、关心群众，从而真正获得群众的拥护与支持。

2. 坚持执法为民不动摇，做到生活上竭诚为群众服务。公安民警为群众赠送温暖，群众就会对党增添一份感情；公安民警顺利完成自己的职责，党就会因此而增添光彩。公安民警需要立足本职工作，从帮助群众解决小事做起，关心群众的切身利益，长期、持久地为群众办好事、解难题，真正获得群众的信任。

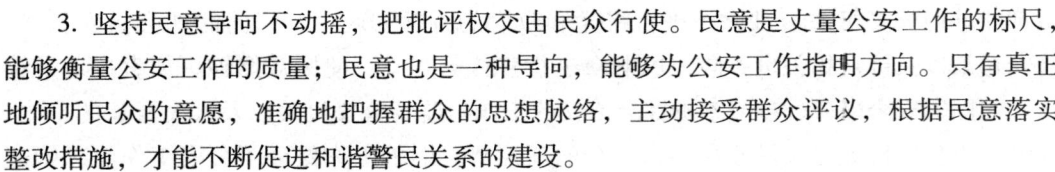

3. 坚持民意导向不动摇，把批评权交由民众行使。民意是丈量公安工作的标尺，能够衡量公安工作的质量；民意也是一种导向，能够为公安工作指明方向。只有真正地倾听民众的意愿，准确地把握群众的思想脉络，主动接受群众评议，根据民意落实整改措施，才能不断促进和谐警民关系的建设。

（二）着力做好群众工作

公安机关的群众工作需要涉及多层次、多方面、多门类的工作，并且每项工作都需要以群众工作为基础。公安机关应当根据不断变化的形势，针对不同的任务、不同的目标和不同的工作要求做好具体的群众工作。其中，公安机关群众工作的任务主要包括以下内容：

1. 广泛深入做好群众宣传、教育和组织工作。做好该工作，一方面是为了表明党和政府以维护人民权益为己任，坚决打击各类违法犯罪活动的决心；另一方面是通过激发群众维护社会治安的积极性，使群众敢于检举、揭发违法犯罪分子。为了做好这项工作，一是要注重群众对象的广泛性，二是需要注重途径的多样性，三是要注重内容和形式的丰富性。

2. 将群众工作贯彻到公安业务工作中。群众工作是公安业务工作的重要组成部分，群众工作质量的好坏，能够直接反映公安专业工作的情况。公安民警需要掌握做好群众工作的方法，及时做好群众工作。

3. 遵纪爱民，廉洁为民，自觉接受群众的监督。公安机关以及人民警察需要将全心全意为人民服务作为宗旨，树立以人为本的理念，将人民群众当作国家的主人，事事为人民群众着想。公安民警需要坚持勤政廉洁、秉公执法、乐于奉献的精神，不怕困难与牺牲，关心群众疾苦，开展便民、利民、助民活动，为群众排忧解难。另外，自觉接受群众的监督，坚决杜绝使用特权、摆架子、耍威风甚至仗势欺人，破坏警民关系等违法犯罪行为的出现。

（三）与时俱进推广群众工作经验

公安机关需要在发扬传统的基础上，坚持走群众路线，同时还需要不断探索与开拓，与时俱进创造公安工作群众路线的新方法。

1. 公安工作群众路线需要被纳入法制轨道。尽管历史上贯彻群众路线曾经出现过偏差性问题，但在党的十一届三中全会之后，公安工作的群众路线逐渐在法律上得以确定，分清了发动群众、走群众路线和搞群众运动的界线，一方面打破了公安工作的"神秘主义""孤立主义"，另一方面防止了"群众运动""群众专职"的错误，使得公安群众工作在社会主义民主与法治的基础上不断发展。

2. 拓宽警民联系的新路径。公安机关要充分利用信息社会的传播媒介，广泛宣传、教育和发动群众，拓宽警民联系的渠道。"110"报警服务平台的开通已经加快了违法犯罪信息的传递与共享；电台、电视台、互联网等媒体开设的警务专题栏目、热线电话都能够使公安机关通过该类平台将党和政府的方针和政策、当前的社会治安状况、公安对策以及群众相关事务向人民群众进行宣传与告知，使民众能够更加直接地了解与参与国家安全事务，参与维护社会治安的工作，监督公安机关以及人民警察的工作，最终形成公安机关与人民群众紧密结合的新形势。巡警工作保证了公安工作静态管理和动态管理的双层次内容，同样形成了紧密联系民众的有效途径。巡警的及时巡查有效遏制了犯罪，增强了民众的安全感，部分地区所使用的"警民联系卡"、聘请群众监督员等对公安机关和人民警察的工作进行监督，进一步强化了警民关系。

3. 创造警民协作新形式。近些年，随着我国治安情况不断变化，部分地区设立了治安岗亭，一方面有效遏制了违法犯罪活动，另一方面能够帮助警民共建精神文明，组织领导群众义务执勤，帮教违法青少年等。这些工作都进一步加强了治安防范工作，弥补了警力不足的问题，加固了警民之间的信任关系。

4. 形成群防群治新局面。新时代的到来，公安工作的群众路线正在朝着群防群治的方向发展，这也意味着在党的统一领导下，动员各个社会力量形成立体化社会治安防控体系。

5. 全面实施社区警务战略。从 2000 年开始，公安部开始抓住社会改革的机会，不断开展社区警务工作的建设和社区改革的总体部署。随着全国大中型城市不断实施社区警务战略，我国已实现了"发案少、秩序好、社会稳定、群众满意"的工作目标。社区警务战略的要求在于，以社区为依托，立足社区、服务社区、依靠社区，优化警务配备，规范警务运作模式，实现警力下沉、警民携手，预防犯罪、减少发案、共创安全社区，逐步建立新型社区管理制度和社区警务运行机制。

6. 推广走访、接访、警民洽谈等成功做法。在群众工作方面，推动走访、接访联系群众工作形成常态化的制度和规范，将经验转变成方法。同时进一步完善群众工作新机制，改进领导干部选拔与聘用制度，在政策引导、警务保障等工作方面倾向于强化基层工作，最大限度地推进警力下沉，使民警能够扎根于基层，主动了解人民群众的生活。尤其在创造群众工作载体方面，需要通过强化与完善警务工作的网络化和新媒体化，增加警务网络办公模式和微信、微博等方式，不断扩宽联系群众、服务群众的途径，进一步提升新时代下公安机关与民众沟通与联系的能力。

群众工作永远是公安机关需要完善的一项工作，永远是做好公安工作的基础条件。随着我国政治、经济、文化等方面的不断发展，民众的思想觉悟、道德、文化、法制、价值观等都发生了相应的变化，公安群众工作则必须跟随社会发展的步伐，不断总结经验、开拓新路径、研究新方法，从而不断提升公安群众工作的活力。

📑 真题链接

1. 一切依靠群众就是办案过程中，让群众参与，由群众说了算。（   ）（判断题）
2. 公安工作的群众路线，是公安工作实行的（   ）的工作路线。（多选题）

A. 一切为了群众　　B. 一切依靠群众　　C. 从群众中来　　D. 到群众中去

拓展阅读

1.《宪法》有关公安工作群众路线原则的内容有：

第27条第2款规定，一切国家机关和国家工作人员必须依靠人民的支持，经常保持同人民的密切联系，倾听人民的意见和建议，接受人民的监督，努力为人民服务。

第29条第1款规定，中华人民共和国的武装力量属于人民。它的任务是巩固国防，抵抗侵略，保卫祖国，保卫人民的和平劳动，参加国家建设事业，努力为人民服务。

2.《人民警察法》有关公安工作群众路线原则的内容有：

第3条规定，人民警察必须依靠人民的支持，保持同人民的密切联系，倾听人民的意见和建议，接受人民的监督，维护人民的利益，全心全意为人民服务。

第44条规定，人民警察执行职务，必须自觉地接受社会和公民的监督。人民警察机关作出的与公众利益直接有关的规定，应当向公众公布。

3.《公安机关办理刑事案件程序规定》有关公安工作群众路线原则的内容有：

第4条规定，公安机关进行刑事诉讼，必须依靠群众，以事实为根据，以法律为准绳。对于一切公民，在适用法律上一律平等，在法律面前，不允许有任何特权。

综合练习

1. 党对公安工作领导的全面性，就是要求公安机关必须无条件地置于党中央及各级党委的领导之下，不得以任何理由或借口削弱、抵制、损害或者摆脱党的领导。（　　）（判断题）

2. 公安部要接受中央政法委员会的领导，各级地方公安机关要接受各级党委的政法委员会的领导。（　　）（判断题）

3. 公安工作要处理社会矛盾中最具有对抗性、隐蔽性和腐蚀性的问题，坚持严格自律，才能使公安机关加强战斗力和保持纯洁性。（　　）（判断题）

4. 依靠（　　）解决警力不足，是客观要求，具有长期性的战略意义。（单选题）

A. 群众　　　　　　　B. 党委　　　　　　　C. 政府　　　　　　　D. 上级公安机关

5. 坚持以科学的世界观和方法论分析治安形势和制定政策，这是公安决策正确的（　　）。（单选题）

A. 有力保证　　　　　B. 根本保证　　　　　C. 思想武器　　　　　D. 重要依据

6. 一切依靠群众，这是公安工作的（　　）。（单选题）

A. 根本态度　　　　　B. 根本原则　　　　　C. 根本方法　　　　　D. 根本政策

7. 做好（　　），永远是公安机关的一项重要任务，永远是做好公安工作的重要条件。（单选题）

A. 严打政治工作　　B. 群防群治工作　　C. 社区警务工作　　D. 群众工作

8. 公安机关坚持走群众路线，维护社会治安要依靠的基本力量是（　　）。（单选题）

A. 人民警察　　　　B. 国家军事力量　　C. 人民群众　　　　D. 治安积极分子

9. 正确处理党的领导与政府的领导关系的原则有（　　）。（多选题）

A. 党政分开的原则　　　　　　　　　B. 彼此保证的原则

C. 互相结合的原则　　　　　　　　　D. 全面强化的原则

10.《人民警察法》第 3 条规定："人民警察必须依靠人民的支持，保持同人民的密切联系，（　　）。"（多选题）

A. 倾听人民的意见和建议　　　　　　B. 接受人民的监督

C. 维护人民的利益　　　　　　　　　D. 全心全意为人民服务

11. 社区民警小张贯彻公安工作群众路线的精神，深入社区开展警务工作。下列说法正确的有（　　）。（多选题）

A. 所有社区成员是小张的依靠力量

B. 社区治安积极分子是小张的重要帮手

C. 在开展社区警务中，小张应发挥主导作用

D. 社区的广大人民群众是维护社会治安的基本力量

第 九 章

公安工作的方针与政策

知识结构图

- 公安工作的基本方针
  - 公安工作基本方针的内涵
  - 专门工作与群众工作的关系
  - 落实公安工作基本方针的现实意义
  - 公安工作基本方针的贯彻途径
- 公安工作的方针与政策
  - 社会治安综合治理
    - 社会治安综合治理方针的基本内容
    - 社会治安综合治理方针的固有属性——"综合性"
    - 社会治安综合治理方针的主要目标
    - 社会治安综合治理方针的贯彻方法
    - 公安机关在社会治安综合治理中的作用
  - 公安工作的基本政策
    - 公安政策的内涵
    - 公安政策的作用
    - 公安工作的基本政策

案例导入

近年来，吉林省公安厅建设的吉林"互联网＋公安"综合服务平台，运用大数据、互联网等信息化先进技术，整合优化业务流程，创新便民服务，联合支付宝建设完成全国首个省级公安机关服务窗，满足了广大人民群众的新期盼，在全国省级政务服务机构中走在了前列，在社会上产生了良好而广泛的影响，在互联网便民服务工作中起到了引领和示范作用。

吉林"互联网＋公安"综合服务平台于 4 月 6 日正式上线运行以来，访问量已突破 7000 万人次，注册用户达 913 万人，占全省网民总数的 68.59%，实名注册用户达 687 万人，占全省人口总数的 25.84%，办理各类事项 433 万件，群众满意率达 99.97%，在服务群众、社会管理、打击防范犯罪等方面取得突出成效，已成为全国公安机关上线项目最全、整合业务警种最多、辐射公安机关最广、支付手段最便利、服务渠道最畅通的平台，北京、浙江、福建等21个省市先后来吉林省考察学习，平台影响力不断提升。为精准对接群众需求，进一步提升平台公安服务的标准化、网络化、智慧化水平，吉林省公安厅于2016年9月份启动平台升级版建设工程，以移动端功能为主攻方向，完成了162项服务功能的开发优化和论证测试，标志着吉林"互联网＋公安"综合服务平台全面升级，在创新服务功能、提升服务水平方面迈向了新的台阶。

第一节　公安工作的基本方针

📖 知识目标

1. 公安工作基本方针的内涵。
2. 专门工作与群众工作的关系。
3. 公安工作基本方针的贯彻途径。

✍ 基本理论

一、公安工作基本方针的内涵

全国第20次公安会议把坚持专门工作与群众路线相结合，作为公安工作的宝贵经验，指出："做好新形势下的公安工作，必须坚持和发扬公安机关的特色和优势，自觉强化群众观念，坚定地相信和依靠群众，不断提高群众工作水平，把公安公作深深地扎根于人民群众之中"。党委领导下的专门机关与广大群众相结合，是我国所有公安业务工作都必须遵循的共同指导原则。它完整地表述了公安工作中党的领导、公安机关和人民群众三者的关系，反映了我国公安工作的重要特色和优势。

公安工作的基本方针是专门机关与广大群众相结合。专门机关与广大群众相结合，是指"在保卫国家安全与维护社会治安秩序中，把公安机关的职能作用与广大人民群众的积极主动精神结合起来"。专门机关与广大群众相结合的方针，是指导公安机关和人民警察各项活动的基本方针，贯穿于公安工作的各个方面，被公安法规所确认，并体现在公安人员的职责当中。其特点是，公安机关充分发挥自己的职能作用，开展各项维护国家安全和社会治安的专业工作，人民群众则积极主动地以自己的智慧和力量参与社会治安管理，双方各自发挥各自的优势。

二、专门工作与群众工作的关系

（一）专门工作与群众工作的联系

维护国家安全、社会治安秩序是公安机关与广大群众共同的目标，它既是公安机关的职责，也是人民群众根本利益所在。人民群众需要公安机关保障自己的权利和利益，公安机关也需要人民群众的支持和配合，双方有着共同的要求。公安工作与群众工作相结合必须是多层次、多角度、多形式的全方位结合，要贯穿于公安工作的各个方面。

（二）专门工作与群众工作的区别

公安工作与群众工作两者虽然关系密切，但是两者之间有着明显的区别。一是组织属性不同。公安机关是各级人民政府领导下的一个行政机关，是国家重要的行政职能部门之一。而人民群众可以在自觉、自愿的基础上，建立群众性的治安保卫组织，但它不是专门机关。二是任务职责不同。国家依法赋予公安机关维护国家安全，维护社会治安秩序，保护公民的人身安全和人身自由，保护公共财产和公民合法财产，预防、制止和惩治违法犯罪活动的职责任务。而人民群众的职责任务主要是，向群众宣传、组织治安联防、提供违法犯罪线索、进行帮教等。三是工作手段不同。为保证公安机关履行任务职责，法律赋予其刑事司法、治安管理、武器警械和紧急状态等手段。而人民群众的手段则仅限于调查、监视、检举报告；劝阻、制止和批评以及监督、考察、教育、改造等。

三、落实公安工作基本方针的现实意义

专门机关与广大群众相结合是公安工作的基本方针，这是我国公安工作群众路线的具体体现。公安机关充分发挥自己的职能作用，去开展各项保障国家安全、维护社会治安的专业工作，人民群众积极主动地以自己的智慧和力量参与社会治安管理并协助公安机关和人民警察工作。这种结合是多角度、多方位、多层次的。在结合中，各方共同发挥作用，形成合力。这种结合是目标一致基础上的结合，主导的方面是公安机关。它的现实意义在于：

（一）有利于社会的和谐稳定

公安机关处于维护社会和谐稳定的最前沿，但仅凭一己之力难以应对复杂的治安问题，必须依靠群众。专门工作与广大群众相结合的水平高低和质量优劣，直接关系到公安机关维护国家安全和社会稳定的能力，关系到社会主义和谐社会的建设。

（二）有利于推进社会管理创新

公安机关要适应经济社会发展的新形势、新要求，不断增强社会管理的前瞻性、主动性、有效性，树立统筹兼顾、多方参与、共同治理的理念，完善党委领导、政府负责、社会协同、公众参与的社会管理格局，提高社会管理科学化水平。

（三）有利于建设和谐警民关系

和谐的警民关系、良好的执法环境是专门机关与广大群众相结合的目标之一，专门机关与广大群众相结合，可以使公安机关及公安民警正确认识警民关系的重要意义，

与广大群众建立密切的合作伙伴关系。

（四）有利于完善社会治安综合治理的系统过程

社会治安综合治理是专门机关与广大群众相结合在新的历史条件下的新发展。专门机关与全社会结成一体，对违法犯罪等社会治安问题进行多角度、多层次、多手段的防治活动，是具有我国特色的维护国家安全和社会稳定系统工程。

四、公安工作基本方针的贯彻途径

如何使专门机关与广大群众充分结合、紧密结合、有机结合，可以着眼于以下途径：

（一）拓宽警民沟通渠道，增进群众工作信息化

警民沟通，是公安机关及公安民警围绕维护社会安全与广大群众之间开展的思想、观点、意见、情感等的传递交流过程，促进双方信息准确、完整、及时地传递，从而达到思想、观点、意见、情感的认同。公安机关要切实做好对广大群众的宣传、教育、发动和组织工作，并要将群众工作纳入法制的轨道。为使警民沟通顺畅，公安机关及公安民警应搭建警民沟通平台，如采用走访群众、警民恳谈、群众接待日、警民联系箱、警民联系卡、公安网站、社区 QQ 群、民警微博、电话回访等方式。通过有效的沟通，为进一步的警民合作创造条件。

（二）不断创新工作方法，落实便民利民措施

要让公安机关的各级领导及广大民警深刻地认识群众工作的重要意义，努力避免出现使群众工作流于形式的各种弊端和潜在可能，推动群众工作有效实施并取得实质成果。同时也要采取各种措施鼓励、激励公安机关及广大民警不断进行工作方法上的创新。便民利民措施，是公安机关根据经济社会发展和人民群众的要求，本着进一步方便群众、服务社会的原则，从广大人民群众最现实、最关心、最直接的问题入手，在法律允许的框架内，结合公安业务工作的实际情况推出的具体服务办法。保障民生、改善民生是公安工作的一个重要目标。公安机关应不断创新完善便民利民机制，在治安管理、交通管理、出入境管理、消防管理、网络安全等方面，推出、落实更加便民利民的措施，真正服务人民，为专门工作与广大群众相结合打下良好的基础。

（三）动员组织人民群众，扎实推进群众工作

真正做到专门机构与广大群众相结合，就要求广大民警具有高度的专业素质和职业素养，有能力、有策略、有方法，能够更好地发动群众、组织群众，能够在实际工作中正确、高效、富有实效地领导、引导群众共同完成特定的工作任务。公安机关及公安民警要善于因地制宜，把握好组织群众的灵活性，要讲究方法，使群众愿意跟着走、跟着干，自觉自愿地配合公安工作。在动员组织人民群众的过程中，要坚持培育

发展与监督管理并重的原则，把群众性治安组织作为群防群治的中坚力量，重点培育以治保会、治安巡防队、护厂（村）队等为主要力量的群众性治安队伍，壮大治安志愿者队伍，同时积极吸纳普通群众参与社区治安防控以及交通、消防等公共安全治理工作。

（四）促进治安工作社会化，开展群防群治工作

对社会治安秩序的维护，是公安机关的应有职责，也需要广大群众的积极参与和与公安机关的密切配合。对此，公安机关及广大民警必须转变传统观念，在严格履行法定职能、认真做好各项具体工作的同时，采取各种方式、建立各种机制，将广大群众的力量、来自社会的力量充分纳入、融入社会治安秩序的维系中来。开展群防群治工作，就是开展群众性安全防范工作，这是专门机关与广大群众相结合的一项重要内容，也是群众性治安组织的一项重要功能。公安机关及公安民警根据安全防范工作的内容、特点和基本要求，指导并带领广大群众开展治安防范工作。

真题链接

1. 专门机关与广大群众相结合，是我国公安工作的（　　）。（单选题）

A. 基本原则　　　B. 基本路线　　　C. 基本政策　　　D. 基本方针

2. 专门机关与广大群众的结合，是在双方目标一致基础上的结合，主导方面是（　　）。（单选题）

A. 广大群众　　　B. 同级党委　　　C. 同级人大　　　D. 公安机关

第二节　社会治安综合治理

知识目标

1. 社会治安综合治理的内容和属性。
2. 社会治安综合治理方针的贯彻方法。
3. 公安机关在社会治安综合治理中发挥的作用。

基本理论

社会治安综合治理是党和国家确定的同犯罪做斗争，维护社会稳定的根本方针。它是专门工作与广大群众相结合在新的历史条件下的新发展，是党和国家在充分分析和估量社会治安新情况和新问题的基础上，结合我国社会治安工作的实践经验，作出的适应现代化建设客观要求的重大治安决策。是我们党和国家动员全社会力量，发挥社会主义制度优越性，使专门机关与全社会结成一体，对违法犯罪等社会治安问题进行多角度、多层次、多手段的防治活动，是立足于国家长治久安和社会稳定目标的具

有我国特色的带有长期性战略性的方针，也是跨行业、跨部门的全社会范围的系统工程。

一、社会治安综合治理方针的基本内容

良好的社会治安秩序，是国家保持稳定、社会有序运行和广大人民群众安居乐业的必备要素和基本条件。维护社会治安，是公安机关的基本职能和法定职责。而对其进行综合治理，强调其在具体方式和手段上的综合性、多样性、协调性，是维系社会治安秩序的基本思路和基本途径。在这个意义上说，实现社会治安综合治理，是公安工作的重要方针，公安机关应自觉将其贯彻到公安工作的方方面面。

社会治安综合治理的基本内容是：在各级党委和政府的统一领导下，依靠全社会的力量，充分运用政治、经济、思想、教育、文化、行政、法律等方面的各种手段，打击犯罪、挽救失足者，积极消除产生犯罪的原因和条件，预防犯罪，减少犯罪，争取社会风气、社会治安根本好转，保证国家长治久安。

二、社会治安综合治理方针的固有属性——"综合性"

公安机关及人民警察只有明确公安工作中社会治安综合治理的特征和属性，才能在总体上更好地理解社会治安综合治理方针的深刻内涵，才能在履行职责和为民服务的过程中更好地把握社会治安综合治理方针的基本精神，充分实现社会治安综合治理相关工作的总体目标和具体目标。社会治安综合治理的固有属性即"综合性"，这种综合性主要表现在：

（一）社会治安综合治理在实施力量上具有综合性

社会治安综合治理作为社会管理的系统工程，其实施力量应该具有综合性。其领导力量来自于各级党委和政府，各级领导和政府掌控着社会治安综合治理的实施方向和总体布局。其主导力量来自公安机关及相关政法部门、司法部门，这些机关或部门承担着维系社会秩序和维护社会治安的法定职能，既有权力也有责任主导、实施各项具体工作。其基础力量来自各行各业、非官方组织及广大人民群众，没有社会力量及广大人民群众的参与、支持和配合，社会治安综合治理是不可能获得良好效果的。在机制性作用方面，党和政府的领导是关键，公安机关及相关政法部门、司法部门的实施是主体，而广大人民群众的配合是基础。三者都非常重要，不可偏废。

（二）社会治安综合治理在实施方法上具有综合性

在社会秩序维护和社会治安维系中出现的各种治安问题的来源具有很大的差异性，这就决定了实施社会治安综合治理的具体方法不可能是单一的，而应是多样的，是具有综合性的。公安机关在社会治安综合治理过程中必须采取既治标又治本的思路来考量各种问题。所谓治标，就是要针对违法犯罪等有损社会治安的现象或问题的具体形

态和主要特点，有针对性地采取相应策略和措施加以治理和解决。所谓治本，则是要深入分析这些有损社会秩序的现象或问题背后的深层次原因和根源是什么，再据此采取综合性、系统性、整体性的方式和方法，建立健全相关机制，统筹兼顾地加以应对，着眼于长期稳定，立足于长治久安。

（三）社会治安综合治理在实施对象上具有综合性

对于社会治安综合治理的实施对象，公安机关不能仅将眼光局限于损害社会治安的个体本身，如违法犯罪分子、非法组织等，而应出于综合性的考虑定位损害社会治安的各种因素。事实上，损害社会秩序和治安秩序的因素是十分复杂的，除了个别的违法犯罪分子、相关组织机构等，也可能是某项不合法或不合理的机制，还可能是特定的区域的非法规则或不良风气。对此，公安机关必须深度挖掘，找到问题的根源，准确确定社会治安综合治理的实施对象，力争在根本上解决问题。

三、社会治安综合治理方针的主要目标

社会治安综合治理的主要目标是社会稳定，重大恶性案件和多发性案件得到控制并逐步下降，社会丑恶现象大大减少，治安混乱的地区和单位的面貌彻底改观，治安秩序良好，群众有安全感。

社会治安综合治理的目标管理，就是将现代科学管理的手段和方法运用到综合治理工作中，把综合治理工作的任务、要求转化为具体目标和措施，通过层层分解，落实到最基层，使综合治理工作任务、要求达到预期的目的。实施目标管理就是把竞争机制引入综合治理工作，通过检查评比，奖优罚劣，调动广大干部群众的积极性和创造性。综合治理实行目标管理还可以提高工作效能，增强这项工作的可操作性，变软任务为硬指标。

四、社会治安综合治理方针的贯彻方法

（一）打击

针对日益复杂的社会治安形势，面对各种类型的违法犯罪行为，公安机关在充分注重综合治理、采取多种手段应对治安问题的同时，不能忽视了对违法分子及违法活动的有力打击。对违法行为或违法现象进行有力打击，保持对违法犯罪和恶性事件的高压态势，是贯彻社会治安综合治理方针的基本方法。尤其在我们人民民主专政的社会主义国家，忽视了对违法犯罪的坚决打击和及时惩处，就是对广大人民群众的极大的不负责任。

（二）防范

采取各种措施、健全各种机制，对各种损害社会秩序和社会治安的行为与现象加强防范，杜绝其发生的可能性或在初始阶段就将其彻底消灭，是公安机关贯彻社会治

安综合治理方针的根本方法。在违法行为和违法现象发生后，即便对其进行了及时的惩处或有效的纠正，也不可能完全弥补广大人民群众已经受到的损失。因此，公安机关应该在党和政府的领导下，在广大人民群众的支持下，建立健全社会治安防范机制，及时疏导和调解各种社会矛盾和利益纠纷，避免矛盾激化和纠纷扩大，防患于未然之时、止恶于萌芽之中。

（三）教育

社会矛盾的激化、违法行为的实施，确有其深层次的社会背景和特定的现实状况，但同时也必然源于行为人内心深处的错误认知或畸形观念。人心安定，自然社会安定；人心不稳，自然社会难稳。因此，公安机关在贯彻社会治安综合治理方针的过程中，也要重视针对广大人民群众和社会公众的宣传与教育，帮助人们确立正确的是非标准、树立健康的人生观念、培养应有的法律意识。尤其在新兴媒体日益发达的今天，公安机关应积极探索尝试对新型媒体的运用，采取行之有效的新方法、新措施充分实现宣传和教育的目的。

（四）管理

建立合理的管理机制、开展高效的管理活动，是公安机关贯彻社会治安综合治理方针的基本途径。特定违法犯罪行为从表面上看是发生于特定主体的个别现象、独立现象，但科学有效的管理制度则可以在总体上减少、规避乃至消除不稳定因素、不安定因素、破坏性因素的存在。在社会治安综合治理的各项具体工作中，公安机关及广大民警应始终关注制度性要素，查找管理制度在建立与运行中可能存在的疏漏，探索管理制度得以优化的空间，推动相关管理制度不断健全与完善。

（五）建设

公安机关要始终将社会治安综合治理作为一项系统工程、长期工程来加以对待，不能只顾及具体工作中一时一处的得失，要长远地考虑推进社会治安综合治理模式的全面建设。相关党委应密切着眼加强综合治理的思想建设、组织建设、作风建设和机制建设。对于社会治安综合治理模式的长期建构不可能一蹴而就，但公安机关应始终不放松这方面的工作，日常工作中一点一滴、脚踏实地的积累和建设决定了未来社会治安的总体布局和基本状况。

（六）改造

对接受了法律制裁的违法犯罪分子进行有效的教育、挽救和改造，使其能够顺利回归正常的社会生活并防止其再次违法犯罪，尽量减少和消除社会不稳定因素，一直是我国长期坚持的法治政策。这也是正确处理人民内部矛盾、建构社会主义和谐社会的必然要求。因此，公安机关在贯彻社会治安综合治理方针过程中不能忽视此方面的工作内容，而且要注重改造的系统性、实效性和实质性，不断创新、优化改造的方式方法，与时俱进，确保长效。

五、公安机关在社会治安综合治理中的作用

社会治安综合治理是实现社会治安根本好转的重要保证。公安机关是人民民主专政的重要工具，是惩治违法犯罪，维护社会治安的专门机关，在社会治安综合治理中起重要作用。

（一）公安机关要当好党委和政府的参谋、助手

公安机关要深入实际，调查研究，及时掌握敌情、社情，探讨新问题，总结新经验，并及时向党委和政府汇报综合治理的情况，提出有针对性的建议，并协助党委和政府推动落实综合治理的各项措施。

（二）充分发挥公安机关的职能作用

公安机关是社会治安工作的主管部门，担负着打击犯罪，维护社会政治稳定的重要职能，在社会治安综合治理中居于特别重要的地位。公安机关应在打击、防范犯罪和治安治理方面履行自己的职责，正确行使自己的权力。

（三）协助党委和政府协调各方面的力量

社会治安综合治理的实质是动员全社会各个行业、各个方面的力量采取综合性的措施，齐抓共管，从根本上解决治安问题。公安机关在社会治安综合治理中要坚持"谁主管谁负责"的原则，在发挥主力军作用的同时，协助党委和政府搞好与各个行业、各个方面的协同、配合工作，把全社会方方面面的力量都动员和组织起来，协调一致，共同搞好治安工作。

（四）抓好群众性治安组织建设

公安机关在社会治安综合治理中应充分发挥群众性治安组织的力量，加强群防群治队伍的建设和管理，并朝网络化方向发展。群防群治队伍的组织建设无论在纵向上还是横向上都应形成比较完整的体系。网络化的纵向要求是区（县）、街道（乡镇）、居民委员会（村民委员会）三级都建立群防群治组织。网络化的横向要求是地区和地区、单位和单位、地方与单位的群防群治队伍之间互相配合，互相支持，形成合力。公安机关应加强对群众性治安组织的指导，落实防范措施。

真题链接

1. （　　）是社会治安综合治理的首要环节，是落实综合治理其他措施的前提条件。（单选题）

A. 防范　　　　　　B. 教育　　　　　　C. 打击　　　　　　D. 建设

2. 下列属于社会治安综合治理方针贯彻方法的是（　　）。（单选题）

A. 打击、防范、教育、管理、建设、改造

B. 打击、防范、教导、管理、建设、改造

C. 打击、防范、教育、管制、建设、改造

D. 打击、防范、教育、管理、建造、改造

第三节　公安工作的基市政策

📖 知识目标 ⌐

1. 公安工作政策的概念。

2. 公安工作政策的作用。

3. 公安工作的具体政策。

✎ 基本理论

政策，是指"政党和国家在一定历史时期为实现一定目标而制定的行为准则和基本原则"。政策往往与具体的、明确的、操作性较强的行为规范、规章制度相对应。公安工作在内容上十分庞杂，在实施中十分复杂，故公安政策对于公安机关正确履行职能、有效开展各项活动而言意义重大。

一、公安政策的内涵

公安政策，是党和国家的意志在公安工作中的体现，是党和国家为了实现公安工作任务而规定的指导公安工作的政治原则。公安政策体现了党和国家的意志，是党和国家关于公安工作的主张和要求，也是公安机关及广大民警必须遵守的基本行为准则。其特点是：

（一）体现党和国家的意志

党和国家的意志落实在公安工作的指导原则上就是体现为政策，这是党和国家根据不同历史时期的公安工作任务而制定的一些指导原则。公安工作有了这些指导原则，就有了明确的方向，就会避免出现偏差和错误。公安工作要坚决贯彻党和国家公安政策，因为这是党和人民意志的体现，符合绝大多数人民的意志，是最广大人民利益的体现。

（二）具有统一性

党和国家为公安工作制定的指导原则，要求公安机关和人民警察在履行公安机关的职责和完成公安工作任务中贯彻这一指导原则，因而具有统一性。

二、公安政策的作用

公安政策在公安工作的不同历史阶段都发挥了重要的作用，主要体现在：

（一）指导作用

公安政策是党和国家向公安机关及其人民警察提出的从事公安工作的基本方向、基本要求或基本方法，是党的主张的原则化形式，也是党和国家对公安工作领导的重要方面，通过公安政策体现对公安工作的指导。公安机关在履行法定职责的过程中需要依据法律法规及工作纪律，同时也要牢固掌握、严格遵循和正确适用各项公安工作政策。

（二）规范作用

公安政策包含了关于公安机关及人民警察如何行动、如何约束自身行为的明确规定。公安机关在开展公安工作的过程中，人民警察在完成工作任务的过程中，除了自觉遵守法律法规、规章制度及工作纪律之外，还必须时刻以公安政策严格要求自己、约束自己、规范自己。例如，刑讯逼供的行为，不仅为法律法规所禁止，在公安工作政策中也是绝不允许其存在。

（三）调整作用

贯彻执行正确的公安政策，对调整公安工作涉及的复杂对象与关系有重要作用。落实公安政策，有利于调动人民群众维护社会治安的积极性，有利于促使违法犯罪人的良性转化，有利于公安工作的开展和公安机关职能作用的发挥。

三、公安工作的基本政策

我国公安工作在实践中已经形成一些长期稳定的公安基本政策，其内容非常丰富，适用范围广泛，主要包括公安刑事政策和治安管理政策。

（一）公安刑事政策

1. 严肃与谨慎相结合政策。

（1）提出。严肃与谨慎相结合政策是毛泽东在 1945 年提出来的。他在《论联合政府》一文中提出，对暗藏的敌人，"必须采取严肃态度，而在处理时又要采取谨慎的态度"。这项政策在新中国成立后的反革命斗争中，在 1983 年开展的"严打"斗争中，一直发挥重要的作用。

（2）含义。严肃与谨慎相结合政策是一项刑事政策，适用于同刑事犯罪作斗争的情形，是刑事政策中最基本的政策。所谓"严肃"，就是执法必严，对各种犯罪分子必须严厉打击，特别是对那些严重的刑事犯罪分子，绝不能手软，以维护法律的严肃性。所谓"谨慎"就是重证据，重调查研究，不得草率，严防差错，准确地打击犯罪分子，坚持有错必究。

（3）基本精神。一是"不枉不纵"。既要执法必严，严格执法，又要实事求是，重证据，重调查研究，不得草率。二是同时兼顾，严肃与谨慎是辩证统一、不可分割的整体。严肃要以谨慎为保证，谨慎要服从严肃要求。不能离开严肃讲谨慎，也不能离开谨慎讲严肃，如果片面强调严肃而忽视了谨慎，就会伤害无辜，犯扩大化的错误；

如果片面强调谨慎而忽视了严肃，就会放纵坏人，犯打击不力的错误。

2. 宽严相济政策。

（1）提出。宽严相济是党和国家在构建和谐社会大背景下提出的基本刑事政策。其精髓是不同情况区别对待，其要义是该严则严，当宽则宽，罪刑相当，罚当其罪，其目的是维护社会稳定，促进社会和谐。

（2）含义。宽严相济中的"宽"是指宽大、宽缓，主要表现为非犯罪化、非司法化和轻刑化三个层面。宽严相济中的"严"是指严格、严厉。严格，即法律对于犯罪必须及时、准确地做出反应。严厉，即指对某些特殊类型的罪犯所规定和施加的刑事惩罚更加严厉，包括在立法上对犯罪行为规定更重的刑罚，在审判中对罪犯处以较重的刑罚，在行刑过程中对罪犯限制适用减刑、假释等。

（3）出发点。惩办少数，改造多数，讲究策略，区别对待。

（4）基本精神。首恶必办，胁从不问，坦白从宽，抗拒从严，立功折罪，立大功受奖。

（5）贯彻。一是要在惩办的前提下讲宽大。对犯罪分子必须依法惩办，不能使之心存逃避刑事责任的侥幸心理，否则不能发挥法律的威慑力。二是要争取多数从宽。在坚持依法惩办犯罪分子的前提下，应当争取挽救可能选择坦白从宽道路的多数，扩大坦白从宽面，以孤立和集中打击极少数首恶分子和顽抗分子。三是当严则严，当宽则宽。有从宽情节的要从宽，有从严情节的要从严，不能"宽严无边"。四是要善于充分发挥政策攻心的政治威力。对犯罪分子要发动政治攻势，争取更多的犯罪分子走坦白自首的道路，积极揭发检举、提供破案线索，以体现政策的强大威力。

3. 依法从重从快惩处严重刑事犯罪分子的政策。

（1）提出。20世纪80年代初期，刑事案件的发生率持续上升，重大恶性案件发生率的上升态势明显。许多公共场所秩序混乱，群众失去安全感，党内外反应强烈。针对严重刑事犯罪活动十分猖獗的情况，邓小平同志果断地提出严厉打击刑事犯罪分子的任务。

（2）含义。依法从重，即依照刑法的规定，在量刑幅度以内从重处罚。依法从快，即依照刑事诉讼法的规定，在审理案件的时限以内，迅速审结案件。

（3）意义。"严打"政策曾经有力地打击了刑事犯罪分子的嚣张气焰，证明以这个方针指导适用法律，能够更加充分地发挥刑事法规的威力。"严打"政策并不是权宜之计，而是长远方针。事实上在任何形势下，对严重危害社会治安的犯罪分子，都应当依法从重从快惩处。

（4）贯彻。一是适用的对象只能是严重危害社会治安的犯罪分子；二是从重从快的前提是依法，要做到准确、合法、及时、适度；三是依法从重从快惩处严重刑事犯罪分子，并不意味着对其他刑事犯罪分子一律从宽或不予处罚。

4. 重证据，不轻信口供，严禁逼供信的政策。

（1）提出。重证据，不轻信口供，严禁逼供信的政策由1931年中央苏区工农民主政府的《第六号训令》提出，是我党在建立公安保卫工作以来，一直强调的政策。这一政策在《刑法》《刑事诉讼法》《人民警察法》等法律法规中也明确提出。

（2）含义。一方面，公安工作必须注重调查研究、注重获取合法证据，如此才能将违法犯罪事实与应有的惩处统一起来，实现公平正义；另一方面，只有注重调查研究、注重合法证据，不依赖口供，不轻信口供，才能在根本上杜绝刑讯逼供等违法办案现象的发生。

（3）基本要求。一是忠实于事实真相，在整个诉讼活动中都要坚持以事实为根据；二是严禁逼供，严禁以威胁、利诱、欺骗以及其他非法的方法收集证据；三是废止肉刑及变相肉刑，禁止侮辱人犯的人格尊严，废除一切法西斯式的审查方式，尊重犯人的权利，给予人道的待遇；四是凡是有违反政策者，必须从纪律上或法律上追究责任。

（二）治安管理政策

教育与处罚相结合政策是《治安管理处罚法》规定的指导治安管理处罚行为的基本政策。

1. 含义。教育是治安管理的基本手段，重在教育，通过教育本人与他人，增强其自觉守法和维护治安秩序的意识与行动。处罚是治安管理的必要手段，目的是教育多数、处罚少数，通过处罚辅助教育。这一政策辩证地反映了教育与处罚的关系。

2. 要求。

（1）发挥教育与处罚结合的整体功能。教育与处罚相辅相成，缺一不可，只教育不处罚，不足以发挥教育的效力，没有强制力的教育将软弱无力缺乏权威；只处罚不教育，不能提高思想认识，单纯处罚会失去教育效力，造成不满和对立。教育与处罚必须结合，发挥整体功能。寓教育于处罚的全过程，最终是为了达到教育的目的。要反对"教育万能论"和"单纯处罚"的错误观点。

（2）重在教育，慎用处罚。治安违法多发生在人民群众之中，易发、常发、多发，经教育也容易改正，因此对发生于人民群众中的治安违法行为应当重在教育。同时，应慎用处罚，尤其是罚款、拘留等手段，应避免处罚过多、过滥。情节轻微的并能主动认错改正的，可以从轻或者免予处罚；必须处罚的，要严格依法办事，做到事实清楚，证据充分，手续完备，程序合法，处罚适当，并伴之以说服教育，以收到好的教育效果，提高遵守法律法规的自觉性。

拓展阅读

平安中国，为了 13 亿人民的福祉
——党的十八大以来社会治安综合治理成效综述

社会治安综合治理是解决影响我国社会治安深层次问题、建设平安中国的重大方

略和根本途径，这一关系着千家万户平安、经济社会发展的工作，是平安中国建设的晴雨表。党的十八大以来，习近平总书记要求继续加强和创新社会治理，完善中国特色社会主义社会治理体系，努力建设更高水平的平安中国，进一步增强人民群众安全感。全国政法综治战线牢牢把握推进国家治理体系和治理能力现代化的总要求，把专项治理和系统治理、综合治理、依法治理、源头治理结合起来，深入推进社会治安综合治理创新，努力建设更高水平的平安中国，进一步增强人民群众的安全感和满意度，为全面建成小康社会、实现中国梦营造了安全稳定的社会环境，为实现人民安居乐业、社会安定有序、国家长治久安提供了有力保障。

一、夯实平安建设根基，织密公共安全网

在安徽芜湖，全市共划分出 4359 个网格，市区划分出 117 个城市管理网格、1759 个市场监管网格。网格员利用手机终端开展日常巡查，做好城市要素数据采集，探索推行综合监管、分类执法工作机制，社管网格员与城管网格员、市场网格员各司其职、互为补充，形成工作合力。芜湖的探索是各地强化社会面治安防控的一个缩影。按照部署要求，各地根据人口密度、治安状况和地理位置等因素，科学划分巡逻区域，优化防控力量布局，全面提升社会综治能力。

——辽宁大连市西岗区充分发挥辖区内 120 个一级专职网格员、532 个二级专兼职网格员的作用，通过加强巡视走访，掌握社情民意，协调化解矛盾，开展便民服务，累计化解各类矛盾 6321 件，筑牢了平安建设的根基。

——山西平遥创新"网格＋"，基本实现"小事不出村、大事不出镇、矛盾不上交"。平遥县古陶镇围绕平安建设，拓展网格功能、放大网格效应，创新了"网格＋"模式，全镇累计受理各类网格化服务管理事件 4 万余件，办结率达 97%。

加强综治中心和网格化建设，是抓好基础建设的主要内容，亦是夯实社会治安防控体系的根基所在。

各地深化拓展网格化服务管理，将人、地、事、物、组织等基本治安要素纳入城乡社区网格化服务管理，截至 2016 年底，全国社区（村）网格化覆盖率达到 93%。同时，统筹各有关部门在网格化管理中的职能，融多张网为一张网，变"条线网格员"为统一管理、一员多用的"综合网格员"，强化"雪亮工程"与网格化服务管理的有机结合，打通了精细精准服务人民群众的最后一公里，切实做到了"网格全覆盖、工作无缝隙、服务零距离、管理无漏洞"。

二、提高"三预"能力，防控公共安全风险

针对寄递物流监管缺力量、机制不健全、企业主体责任落实不到位等现实难题，重庆垫江探索完善"一整合四统一"寄递物流管理新模式。通过对"人财物"的全面整合，有效解决寄递物流行业监管机制不健全、执法力量薄弱的问题。通过统一平台、统一入园、统一物流等引导企业从严落实主体责任，引导行业规范发展。此外，各地各有关部门加强专项治理，依法严厉打击整治暴力恐怖、黑恶势力、涉枪涉爆、非法集资、地下钱庄、电信网络诈骗、侵犯公民个人信息、制贩毒品、校园暴力、拐卖妇女儿童等影响社会大局稳定、影响人民群众安全感的各类违法犯罪。数据显示，群众安全感和满意度由 2012 年的 87.55% 上升到 2016 年的 91.99%。

综合治理部门以提高公共安全风险预测预警预防能力为核心，加快推进社会治安防控体系建设，织密全方位、立体化的公共安全网，促进了从安全风险事后被动应对处置向事前精准高效防控转变。把各类矛盾风险化解在源头，有关部门出台文件，对加强矛盾纠纷源头化解，建立健全有机衔接、协调联动、高效便捷的矛盾纠纷多元化解机制作出了顶层设计。特别在预防化解医疗、环保、交通、劳资、金融、征地拆迁等领域矛盾以及各类民间纠纷等问题，促进了各类矛盾风险发现在早、防范在先、处置在小。同时，在"全国一盘棋"的工作格局下，统筹各地区各部门各单位资源力量，建立联防、联治、联调、联管机制，在重大活动安保工作中提供有力保障。

三、创新方式方法，提高驾驭社会治安能力

北京引入社会组织参与社区平安建设，创新"朝阳群众"组织模式。群防群治是首都综治工作的创新亮点和特色品牌，更是确保社会面和重大安保活动安全的制胜法宝。然而，作为群防群治的代名词——"朝阳群众"正逐渐呈现出覆盖群体单一、情报信息来源少、技术落后等问题。为此，朝阳区综治办与公安分局共同开发了"朝阳群众"APP，上线 4 个月以来，约有 10 万名用户实名注册，共接收各类线索信息 4000余条，不但实现了人员覆盖规模的增加，而且在结构上实现了从"离退休人员为主"向"各年龄段群体广泛参与"的转变。

近年来，各地各部门推动现代科技手段与社会治安综合治理深度融合，促进社会治安综合治理智能化。将现代科技运用作为社会治安综合治理的大战略、大引擎，以现代科技最新成果优化流程、提升效率、改进手段、破解难题，打造以"天网"网住数据、"天算"算出规律、"天智""智"理社会的智能化体系，切实增强了工作的预见性、精准性、实效性。

——从"刷电线杆"到"互联网+"，公安部儿童失踪信息紧急发布平台——"团圆"自诞生 1 年来运行良好。截至目前，公安部儿童失踪信息紧急发布平台共发布 1317 名儿童失踪信息，找回儿童 1274 名，找回率为 96.74%。

——江苏开发"巴士管家"APP，助力道路客运行业治理。面对传统汽车客运方式效率低下、安全性不足、乘客体验差、行业治理难度大等问题，江苏大运交通运输集团联合同程旅游开发出"巴士管家"APP，实现了多方共赢。

真题链接

1. 公安政策是党和国家的意志在公安工作中的体现，是党和国家为实现公安工作任务而规定的指导公安工作的（   ）。（单选题）

A. 总体方针　　　　B. 政治原则　　　　C. 制度体系　　　　D. 领导方针

2. 关于公安工作政策，下列选项中理解不正确的是（　　）。（单选题）

A. 公安工作政策对公安执法工作具有指导作用

B. 公安工作政策是党和国家意志在公安工作中的体现

C. 公安工作政策是宏观的，民警在具体公安工作中只需听从领导的指示即可

D. 公安工作政策是公安机关及其人民警察必须遵守的基本行为准则

3. 教育与处罚相结合政策的基本要求为（　　）。（多选题）

A. 以教为主，寓教于罚　　　　　　　B. 教育多数，处罚少数

C. 当罚则罚，罚如其分　　　　　　　D. 以罚为主，以教为辅

4. 公安机关依法从快打击严重刑事犯罪分子的主要法律依据是（　　）。（单选题）

A. 刑事诉讼法　　　　　　　　　　　B. 刑法

C. 治安处罚法　　　　　　　　　　　D. 行政诉讼法

5. 严肃与谨慎相结合政策是在长期的公安实践中所形成的基本政策，严肃就是执法必严，是应付刑事责任的犯罪分子不能逃避法律的制裁，必须严厉打击，以维护法律的严肃性；谨慎就是重证据、重调查研究，不得草率，实行严格的审批和监督制度，坚持有错必究。据此，下列符合该政策本质的是（　　）。（单选题）

A. 宽严相济　　　B. 不枉不纵　　　C. 寓教于罚　　　D. 从快从重

6. "重证据，重调查研究，严禁刑讯逼供"是我国一项非常重要的刑事政策。关于该政策，下列评价不正确的是（　　）。（单选题）

A. 有利于保障犯罪嫌疑人的人身权利

B. 有利于防止冤假错案的发生

C. 有利于实现司法公正，做到不枉不纵

D. 有利于提高执法办案的效率

📋 综合练习

近日，某地公安机关采取跨区域、跨警种合成作战的模式，在广大人民群众的积极配合下，依托公安信息化平台，对一起特大传销案进行收网行动，共抓获犯罪嫌疑人 162 名，刑事拘留 102 名，涉案资金 5 亿元，冻结涉案金额 3856 万元，收网行动首战告捷。

1. 特大传销案的破获，离不开人民群众的支持，公安工作之所以要坚持走群众路线，是因为（　　）。（多选题）

A. 全心全意为人民服务是人民警察的根本宗旨

B. 人民群众是维护社会治安的基本力量

C. 公安工作离不开人民群众的支持

D. 公安工作离不开人民群众的监督

2. 由于本案案情重大，社会影响面广，公安机关在办理案件时，应做到（　　）。
（多选题）

　　A. 要注意策略，讲究工作方法

　　B. 对惩罚对象做到案情认定准确

　　C. 在量刑幅度外惩罚涉案人员

　　D. 以事实为根据，以法律为准绳

第 十 章

公安执法监督

知识结构图

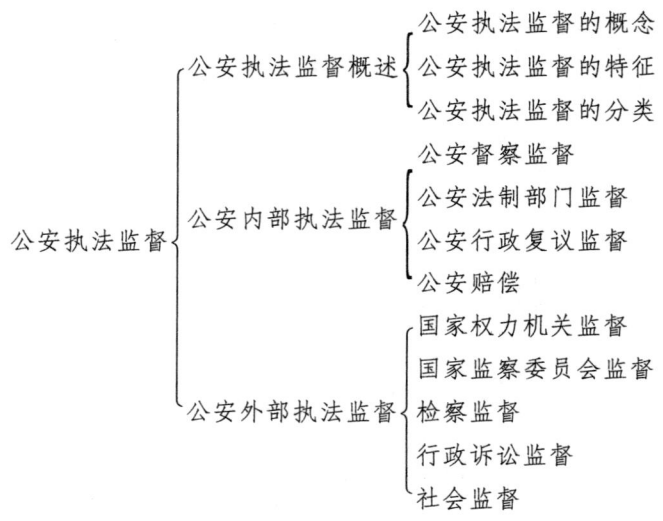

公安执法监督
- 公安执法监督概述
  - 公安执法监督的概念
  - 公安执法监督的特征
  - 公安执法监督的分类
- 公安内部执法监督
  - 公安督察监督
  - 公安法制部门监督
  - 公安行政复议监督
  - 公安赔偿
- 公安外部执法监督
  - 国家权力机关监督
  - 国家监察委员会监督
  - 检察监督
  - 行政诉讼监督
  - 社会监督

案例导入

浙江余姚实现基层执法全程"法制管控"

余姚市公安局 2013 年创新推出"法制民警派驻模式",派驻"法律专业人士"到基层单位,通过在第一线第一时间开展案件法律审核、案件办理指导、法律咨询服务等方式,对办案单位的主要执法环节和重点执法行为实行"扁平化"履职。"我们承担所派驻部门办理的全部刑事案件的提请逮捕、移送起诉的审核把关工作,以及行政处罚和强制隔离戒毒等限制人身自由的行政处理。"为保证各法制民警派驻工作的"质"和"量",各派驻法制民警间还要进行交叉考核,相互查找自己在审核案件中没有发现的执法问题。派驻法制民警为基层办案单位提供 24 小时执法咨询服务,当所派驻的单位出现接处警、受(立)案、采取侦查措施、强制措施等案件办理、纠纷调解等执法活动时,从源头上进行"法制管控",全程进行监督,并且还能随时对所派驻单位录入系统的行政、刑事案件，特别是所裁案件进行网上巡查监督，确保案件质量，实现网上网下执法监督全覆盖。法制民警被派驻后，通过视频督察系统和办案区实地检查，实时查看民警的讯（询）问过程，一旦发现有单人讯（询）问、未按规定通知法定监护人到场、讯问女性未成年犯罪嫌疑人无女性工作人员在场等违法情形，可以当即要求办案民警停止讯（询）问工作，待违法情形消除后再进行讯（询）问，此举可以有效地保证证据的合法性。余姚市公安局阳明派出所民警张伟杰说："自从有法制民警派驻，我们接处警、治安调解、讯（询）问嫌疑人、涉案财物管理等每一步都有'专家'实时提醒监督，办案更规范，底气也更足，工作效率更是跟着上去了。"法制民警派驻机制自实施以来，余姚市公安局派驻法制员审核监督案件 10 247 余件，纠正一批案卷不当之处，纠正违法行为 5 起，下发执法建议书 17 份。据了解，余姚市公安局连续两年在宁波市执法质量考评排名第一，被浙江省公安厅评为"全省公安机关执法质量优秀单位"。法制民警派驻工作机制在 2016 年还被公安部法制局评为全国优秀执法机制。

第一节　公安执法监督概述

知识目标

1. 公安执法监督的概念。
2. 公安执法监督的分类。

基本理论

公安法制由立法、守法、执法和监督四个环节构成。其中，监督是保障公安法制得以有效实施的重要机制，是防止和纠正违法不可缺少的环节。根据国家的法律规定，监督包括立法监督、执法监督和守法监督。结合公安工作的实际情况，本章主要探讨的是执法监督。

一、公安执法监督的概念

公安执法监督，是指法律授权的机关、公民和社会组织对公安机关及其人民警察依法履行职责、行使职权和遵守纪律的情况所实施的监督。对此，我们可以理解为：

1. 公安执法监督的主体：法律授权的机关、公民、社会组织；
2. 公安执法监督的对象：公安机关及其人民警察；
3. 公安执法监督的内容：公安机关及其人民警察在执行职务过程中是否依法履行职责、行使职权，是否严格遵守和执行人民警察的义务和纪律。

公安执法监督具有重要的意义：首先，公安执法监督是实现公安机关职能的重要条件；其次，公安执法监督是保障公安机关及其人民警察依法履行职责、行使职权的重要手段；再次，公安执法监督是维护公民合法权益的重要保障；最后，公安执法监督是加强公安队伍建设的重要方式。

二、公安执法监督的特征

（一）监督对象的特定性

公安执法监督不同于其他法律监督，其监督的对象是公安机关及其人民警察。公安执法监督是对公安机关及其人民警察执行职务行为的监督，监督的内容是公安机关及其人民警察在执行职务活动中是否依法履行职责、行使职权，是否严格遵守和执行人民警察的义务和纪律。因此，监督对象具有特定性。

（二）监督主体的广泛性

根据国家的相关法律规定，公安执法监督的主体十分广泛，既有国家权力机关的监督，又有国家监察委员会、检察机关和审判机关的监督，还有社会组织和公民个人的监督；既有来自公安机关外部的监督，又有来自公安机关内部的监督。这些来自不同方面的监督，形成了完整的公安执法监督体系。因此，监督的主体具有广泛性。

（三）监督形式的多样性

公安执法监督是通过多种途径以多种形式进行的。监督主体的性质、地位不同，导致监督的形式也各异。权力机关、监察委员会、人民政府以及上级公安机关可以通过检查、审查、调查等形式进行监督；检察机关可以通过法定程序对侦查、执行刑罚等活动进行监督；行政监察机关可以通过检查、调查等行政监察程序进行监督；督察机构则依照专门的督察程序监督；其他社会监督主体可以通过批评、建议、申诉、检举和控告等形式进行监督。因此，监督的形式具有多样性。

（四）监督过程的程序性

公安执法监督是国家法律监督制度的重要内容，因此，无论何种主体、出于何种理由进行的监督，都必须符合法律的要求，遵循法定的程序。监督主体的性质、地位不同，以及监督内容的不同，导致法定的监督程序也各异。合法的程序，是使监督活动顺利进行，充分发挥监督作用和实现监督目的的重要保证。执法监督工作必须以事实为根据，以法律为准绳，遵循有错必纠、监督与指导相结合、教育与惩罚相结合的原则。因此，监督过程具有程序性。

三、公安执法监督的分类

依据不同的标准，可以对公安监督作不同的划分：

（一）依据监督主体分类

根据监督主体的不同，公安执法监督可以分为国家权力机关的监督、检察机关的监督、审判机关的监督、监察机关的监督、公安机关内部的监督、公民和社会的监督等。

（二）依据监督主体与监督对象的隶属关系分类

根据监督主体与监督对象的隶属关系不同，公安执法监督可以分为外部监督和内部监督。

外部监督是指监督主体与监督对象之间不具有直接的行政隶属关系，主要有国家权力机关监督、国家监察委员会监督、检察监督、行政诉讼监督、社会监督等。

内部监督是指监督主体与监督对象之间有着直接的行政隶属关系，主要有公安督察监督、公安法制部门监督以及行政复议和国家赔偿制度等。

（三）依据实施监督的时间分类

根据实施监督时间不同，公安执法监督可以分为事前监督、事中监督和事后监督。

事前监督是指监督主体在公安机关及其人民警察实施执法行为之前依法进行的监督，例如上级公安机关对下级公安机关执法工作方案事前的审核，检察机关对公安机关提请逮捕犯罪嫌疑人的审查批准等。事前监督可以提前预防和避免违法现象的发生。

事中监督是指监督主体在公安机关及其人民警察执法过程中进行的监督，例如检察机关对公安机关于侦查过程中存在的违法行为发出纠正违法通知书，督察机构对人民警察的执法活动进行现场督察等。事中监督具有控制作用，目的是及时发现问题并及时纠正。

事后监督是指监督主体在公安机关及其人民警察执法行为终结之后进行的监督，例如行政复议、行政诉讼、行政赔偿等。事后监督是对执法行为的后果进行的监督，对于违法行使职权侵犯公民、法人和其他组织合法权益的，予以纠正和赔偿，具有救济作用。

（四）依据监督行为是否具有法律效力分类

根据监督主体的监督行为是否具有法律效力，公安监督可以分为直接监督和间接监督。直接监督如检察机关作出的批准或不批准逮捕的决定；间接监督如社会组织、公民的监督和新闻媒体的舆论监督等。

真题链接

1. 公安执法监督是维护公民合法权益的重要保障，也是加强公安队伍建设的重要措施和途径。下列不属于公安执法监督内容的是（　　）。（单选题）

A. 民警关某以追逃为由开警车到外地旅游

B. 民警王某在社区做消防宣传活动时态度不积极，服务不热情

C. 面对突发心梗而倒地的居民赵某，巡逻的民警杜某见死不救，驾警车扬长而去

D. 民警高某在办理一起盗窃案时，向被害人索要500元好处费

2. C 市某公安分局民警陈某在一次反扒行动中，将无关物品放入嫌疑人董某的赃物中，称都是其扒窃所得，后被分局法制部门在案件审核时查出。法制部门的监督属于（　　）。（单选题）

A. 直接监督外部监督　　　　　　　B. 直接监督内部监督

C. 间接监督外部监督　　　　　　　D. 间接监督内部监督

第二节　公安内部执法监督

👆 知识目标

1. 公安督察监督。

2. 公安法制部门监督。

3. 公安行政复议监督。

4. 公安赔偿。

基本理论

公安机关内部执法监督，是指上级公安机关对下级公安机关，上级业务部门对下级业务部门，本级公安机关对所属业务部门、派出机构及其人民警察的各项执法活动实施的监督。

一、公安督察监督

公安督察监督是公安机关督察机构对公安机关及其人民警察依法履行职责活动和遵守纪律的情况进行监督检察的制度。

（一）督察制度的性质

督察制度是为完善公安机关自我约束机制而依法建立的内部机制。我国建立督察制度的法律依据主要有《人民警察法》和《公安机关督察条例》两部法律。其中《人民警察法》第 47 条规定，公安机关建立督察制度，对公安机关的人民警察执行法律、法规、遵守纪律的情况进行监督。1997 年 6 月 20 日国务院发布，2011 年 8 月 24 日修订的《公安机关督察条例》对督察机构的职能、监督方式、监督程序等都作出专门规定。

（二）督察机构的设置

根据《公安机关督察条例》的相关规定，我国的督察机构设置如下：

1. 公安部督察委员会。公安部督察委员会领导全国公安机关的督察工作，负责对公安部所属单位和下级公安机关及其人民警察依法履行职责、行使职权和遵守纪律的情况进行监督，对公安部部长负责。公安部督察机构承担公安部督察委员会办事机构职能。公安部设督察长，由公安部一名副职领导成员担任。

2. 地方督察机构。县级以上地方各级人民政府的公安机关督察机构，负责对本级公安机关所属单位和下级公安机关及其人民警察依法履行职责、行使职权和遵守纪律的情况进行监督，对上一级公安机关督察机构和本级公安机关行政首长负责。县级以上地方各级人民政府公安机关设督察长，由公安机关行政首长兼任。

（三）督察机构的职责

根据《公安机关督察条例》第4条规定，督察机构对公安机关及其人民警察依法履行职责、行使职权和遵守纪律的下列事项，进行现场督察：

1. 重要的警务部署、措施、活动的组织实施情况；

2. 重大社会活动的秩序维护和重点地区、场所治安管理的组织实施情况；

3. 治安突发事件的处置情况；

4. 刑事案件、治安案件的受理、立案、侦查、调查、处罚和强制措施的实施情况；

5. 治安、交通、户政、出入境、边防、消防、警卫等公安行政管理法律、法规的执行情况；

6. 使用武器、警械以及警用车辆、警用标志的情况；

7. 处置公民报警、请求救助和控告申诉的情况；

8. 文明执勤、文明执法和遵守警容风纪规定的情况；

9. 组织管理和警务保障的情况；

10. 公安机关及其人民警察依法履行职责、行使职权和遵守纪律的其他情况。

（四）督察机构的权限

督察机构对本级公安机关所属单位和下级公安机关拒不执行法律、法规和上级决定、命令的，可以责令执行；对本级公安机关所属单位或者下级公安机关作出的错误决定、命令，可以决定撤销或者变更，报本级公安机关行政首长批准后执行。

督察人员在现场督察中发现公安机关人民警察违法违纪的，可以采取下列措施，当场处置：

1. 对违反警容风纪规定的，可以当场予以纠正；

2. 对违反规定使用武器、警械以及警用车辆、警用标志的，可以扣留其武器、警械、警用车辆、警用标志；

3. 对违法违纪情节严重、影响恶劣的，以及拒绝、阻碍督察人员执行现场督察工作任务的，必要时可以带离现场。

督察机构认为公安机关人民警察违反纪律需要采取停止执行职务、禁闭措施的，由督察机构作出决定，报本级公安机关督察长批准后执行。停止执行职务的期限为10日以上60日以下，禁闭的期限为1日以上7日以下。督察机构认为公安机关人民警察需要给予处分或者降低警衔、取消警衔的，督察机构应当提出建议，移送有关部门依法处理。

县级以上地方各级人民政府公安机关督察机构查处违法违纪行为，应当向上一级公安机关督察机构报告查处情况；下级公安机关督察机构查处不力的，上级公安机关督察机构可以直接进行督察。

二、公安法制部门监督

公安机关法制部门监督，是指公安机关的法制部门代表本级公安机关对下级公安机关、本级公安机关所属业务部门、派出机构及其人民警察的执法活动实施的监督。

（一）法制部门监督的范围

根据《公安机关内部执法监督工作规定》第6条规定，公安机关法制部门监督的范围：

1. 有关执法工作的规范性文件及制度、措施是否合法；

2. 刑事立案、销案，实施侦查措施、刑事强制措施和执行刑罚等刑事执法活动是否合法和适当；

3. 有关治安管理、户籍管理、交通管理、消防管理、边防管理、出入境管理等法律法规的实施情况；

4. 适用和执行行政拘留、罚款、没收非法财物、吊销许可证、查封、扣押、冻结财物、收容教育、强制戒毒等行政处罚和行政强制措施是否合法和适当；

5. 看守所、拘役所、治安拘留所、收容教育所、强制戒毒所、留置室等限制人身自由场所的执法情况；

6. 行政复议、行政诉讼、国家赔偿等法律、法规的实施情况；

7. 国家赋予公安机关承担的其他职责的履行情况。

（二）法制部门监督的方式

根据《公安机关内部执法监督工作规定》第7条规定，公安机关法制部门监督的方式有：

1. 依照法律、法规和规章规定的执法程序和制度进行的监督；

2. 对起草、制订的有关执法工作的规范性文件及制度、措施进行法律审核；

3. 对疑难、有分歧、易出问题和各级公安机关决定需要专门监督的案件，进行案件审核；

4. 组织执法检查、评议；

5. 组织专项、专案调查；

6. 依照法律、法规进行听证、复议、复核；

7. 进行执法过错责任追究；

8. 各级公安机关决定采取的其他方式。

（三）对违法、不当行为的处理

根据《公安机关内部执法监督工作规定》第 19 条规定，公安机关法制部门在监督过程中，对公安机关及其人民警察不合法、不适当的执法活动，分别作出处理：

1. 对错误的处理或者决定予以撤销或者变更；

2. 对拒不履行法定职责的，责令其在规定的时限内履行法定职责；

3. 对拒不执行上级公安机关决定和命令的有关人员，可以停止执行职务；

4. 公安机关及其人民警察违法行使职权已经给公民、法人和其他组织造成损害，需要给予国家赔偿的，应当依照《国家赔偿法》的规定予以国家赔偿；

5. 公安机关人民警察在执法活动中因故意或者过失，造成执法过错的，按照《公安机关人民警察执法过错责任追究规定》追究执法过错责任。

三、公安行政复议监督

公安行政复议，是指公民、法人或者其他组织认为公安机关的具体行政行为侵犯其合法权益，按照法定程序和条件提出申请，由受理申请的公安机关对该具体行政行为进行审查并作出复议决定的活动。

（一）提起公安行政复议的事由

根据《行政复议法》第 6 条的规定，公民、法人或者其他组织对公安机关的下列具体行政行为不服的，可以提起行政复议：

1. 对公安机关作出警告、罚款、没收违法所得、没收非法财物、责令停产停业、暂扣或者吊销执照、行政拘留等行政处罚决定不服的；

2. 对公安机关作出的限制人身自由或者查封、扣押、冻结财产等行政强制措施决定不服的；

3. 对公安机关作出的有关许可证、执照、资格证等证书变更、中止、撤销的决定不服的；

4. 认为公安机关侵犯其合法的经营自主权的；

5. 认为公安机关违法集资、征收财物、摊派费用或者违法要求履行其他义务的；

6. 认为符合法定条件，申请公安机关颁发许可证、执照、资质证、资格证等证书，或者申请公安机关审批、登记有关事项，公安机关没有依法办理的；

7. 申请公安机关履行保护人身权利、财产权利、受教育权利的法定职责，公安机关没有依法履行的；

8. 认为公安机关的其他具体行政行为侵犯其合法权益的。

（二）公安行政复议的处理结果

公安行政复议机关负责法制工作的机构应当对被申请人作出的具体行政行为进行

审查，提出意见，经公安行政复议机关的负责人同意或者集体讨论通过后，按照下列规定作出行政复议决定：

1. 具体行政行为认定事实清楚，证据确凿，适用依据正确，程序合法，内容适当的，决定维持；

2. 被申请人不履行法定职责的，决定其在一定期限内履行；

3. 具体行政行为有下列情形之一的，决定撤销、变更或者确认该具体行政行为违法；决定撤销或者确认该具体行政行为违法的，可以责令被申请人在一定期限内重新作出具体行政行为：①主要事实不清、证据不足的；②适用依据错误的；③违反法定程序的；④超越或者滥用职权的；⑤具体行政行为明显不当的。

公安行政复议制度是公安机关解决公安行政争议的重要手段，是公安机关同人民群众联系的沟通纽带，也是公安机关内部进行自我监督的有效途径。实行这一制度，对于监督、促进公安机关及其人民警察依法行使权力，保证公安机关依法行政，维护公民、法人和其他组织的合法权益，具有重要的意义。

四、公安赔偿

公安赔偿制度是国家赔偿制度的组成部分，是指公安机关及其人民警察违法行使职权侵犯公民、法人和其他组织的合法权益并造成损害时，由国家承担赔偿的法律制度。

根据《国家赔偿法》的规定，公安赔偿包括公安行政赔偿和公安刑事赔偿两类，其赔偿的责任主体是国家，赔偿的义务主体则是具体实施侵权行为的公安机关。实行公安赔偿制度，对于保障公民、法人和其他组织的合法权益，督促公安机关及其人民警察依法行使职权，维护社会稳定，具有重要的意义。

（一）公安赔偿的构成要件

公安赔偿的构成要件，是指公安机关及其人民警察违法行使职权的行为造成损害后果时，由国家承担赔偿责任所必须具备的条件。明确公安赔偿的构成要件，有利于准确地判定公安赔偿是否成立，是否需由国家承担赔偿责任，从而正确地解决国家赔偿问题。根据《国家赔偿法》第 2 条的规定，构成公安赔偿，必须同时具备以下四个要件：

1. 主体要件。构成公安赔偿的行为主体必须符合法律的要求，即必须是公安机关及其人民警察，非公安机关和人民警察的职务行为不能引起公安赔偿。

2. 行为要件。《国家赔偿法》确立了国家赔偿的归责原则主要是违法原则，同时兼有结果归责、过错归责。公安机关及其人民警察行使职权的行为违法，是构成公安赔偿的必要条件。合法行使职权的行为即使造成损害，也不会产生国家赔偿责任。

3. 后果要件。公安赔偿以违法行使职权的行为造成公民、法人和其他组织合法权益的客观损害后果为必要条件。仅有违法行为，但并未造成对合法权益的损害后果时，不能构成公安赔偿。损害后果包括对人身权的损害和对财产权的损害，而且必须是客观上已经发生的实际损害。

4. 因果关系要件。构成公安赔偿，还要求公安机关及其人民警察违法行使职权的行为与损害后果之间必须存在因果关系。只有是公安机关及其人民警察违法行使职权的行为引起的损害后果，才能构成公安赔偿。

（二）公安行政赔偿

公安行政赔偿，是指公安机关及其人民警察违法行使行政职权，侵犯公民、法人和其他组织合法权益并造成损害时，由国家承担的赔偿。

1. 公安行政赔偿的申请事由。根据《国家赔偿法》的规定，公安机关及其人民警察在行使行政职权过程中，有下列侵犯人身权情形之一的，受害人有取得赔偿的权利：①违法拘留或者违法采取限制公民人身自由的行政强制措施的；②非法拘禁或以其他方法非法剥夺公民人身自由的；③以殴打、虐待等行为或唆使、放纵他人以殴打、虐待等行为造成公民身体伤害或者死亡的；④违法使用武器、警械造成公民身体伤害或者死亡的；⑤其他违法行使行政职权行为造成公民身体伤害或者死亡的。

公安机关及其人民警察在行使行政职权过程中，有下列侵犯财产权情形之一的，受害人有取得赔偿的权利：①违法实施罚款、吊销许可证和执照、责令停产停业、没收财物等行政处罚的；②违法对财产采取查封、扣押、冻结等行政强制措施的；③违法征收、征用财产的；④其他违法行使行政职权行为造成财产损害的。

2. 公安行政赔偿不予受理的事由。需要注意的是，根据《国家赔偿法》的规定，属下列情形之一的，国家不承担赔偿责任：①公安机关人民警察与行使职权无关的个人行为；②因公民、法人和其他组织自己的行为致使损害发生的；③法律规定的其他情形。

（三）公安刑事赔偿

公安刑事赔偿，是指公安机关及其人民警察违法行使刑事职权，侵犯公民、法人和其他组织合法权益造成损害时，由国家承担的赔偿。

根据《国家赔偿法》的规定，公安机关及其人民警察在行使刑事侦查职权过程中，有下列侵犯人身权情形之一的，受害人有取得赔偿的权利：

1. 违反《刑事诉讼法》的规定对公民采取拘留措施的，或者依照《刑事诉讼法》规定的条件和程序对公民采取拘留措施，但是拘留时间超过《刑事诉讼法》规定的时限，其后决定撤销案件、不起诉或者判决宣告无罪终止追究刑事责任的；

2. 刑讯逼供或者以殴打、虐待等行为或唆使、放纵他人以殴打、虐待等行为造成公民身体伤害或者死亡的；

3. 违法使用武器、警械造成公民身体伤害或者死亡的。另外，公安机关及其人民警察在行使职权时，违法对财产采取查封、扣押、冻结、追缴等措施的，受害人有取得赔偿的权利。

根据《国家赔偿法》的规定，属于下列情形之一的，国家不承担赔偿责任：

1. 因公民自己故意作虚伪供述，或者伪造其他有罪证据被羁押或者被判处刑罚的；

2. 依照《刑法》第 17 条、第 18 条的规定，不负刑事责任的人被羁押的；

3. 依照《刑事诉讼法》第 15 条、第 273 条第 2 款、第 279 条规定，不追究刑事责任的人被羁押的；

4. 公安机关人民警察与行使职权无关的个人行为；

5. 因公民自伤、自残等故意行为致使损害发生的；

6. 法律规定的其他情形。

真题链接

1. 法制部门在执法监督中，一旦发现公安机关及其人民警察不合法、不适当的执法活动，分别可以作出的处理有（   ）。（多选题）

A. 对错误的处理或者决定予以撤销或者变更

B. 对拒不履行法定职责的，责令其在规定的时间内履行

C. 公安机关人民警察在执法活动中因过失造成执法过错的，可以不予追究

D. 对拒不执行上级公安机关决定和命令的有关人员，可以停止执行职务

2. 公安机关内部执法监督包括（   ）。（单选题）

A. 督察制度、监察监督制度、公安行政复议制度、公安赔偿制度

B. 督察制度、法制监督制度、公安行政诉讼制度、公安赔偿制度

C. 公安行政诉讼制度、法制监督制度、公安行政复议制度、公安赔偿制度

D. 督察制度、法制监督制度、公安行政复议制度、公安赔偿制度

第三节　公安外部执法监督

知识目标

1. 国家权力机关监督。

2. 国家监察委员会监督。

3. 检察机关监督。

4. 行政诉讼监督。

5. 社会监督。

基本理论

公安机关的外部执法监督主要有五种形式：国家权力机关监督、国家监察委员会

监督、检察机关监督、行政诉讼监督、社会监督。

一、国家权力机关监督

国家权力机关监督，是指各级人民代表大会及其常务委员会依法对公安机关及其人民警察的执法活动进行的监督、检查。

根据《宪法》的规定，全国人民代表大会是国家最高权力机关和立法机关，国家的行政机关、审判机关和检察机关均由它产生、对它负责、受它监督。地方各级人民代表大会是地方国家权力机关，产生本级地方国家行政机关、审判机关和检察机关。各级人民代表大会及其常务委员会对公安机关及其人民警察执法活动的监督权属于国家监督权，以宪法和法律为依据，代表人民的意志，能够引起广大人民群众和社会舆论的广泛支持，因而具有极大的权威性。

国家权力机关对公安机关及其人民警察的监督，主要通过以下途径实现：

1. 制定相应法律、法规对公安机关及其人民警察行使职权的活动进行制约；

2. 对各级政府制定的有关公安工作经费的预算、决算进行审查，作出批准与否的决定；

3. 依法改变、撤销受监督机关制定或批准的不适当的法律、法规、决定和命令；

4. 听取公安机关关于法律实施情况的报告，对法律实施的情况进行检查，有权要求公安机关进行汇报，提出批评、意见、建议或者作出决定；

5. 对公安工作中的违法违纪行为提出议案，要求公安机关报告有关情况，改正错误的、不适当的行为；

6. 县级以上的各级人大常委会，享有受理人民群众对公安机关及其人民警察提出的申诉和意见的监督权。

二、国家监察委员会监督

国家监察委员会监督，是指各级监察委员会依法对公安机关及其人民警察进行监察，调查职务违法和职务犯罪，开展廉政建设和反腐败工作，维护宪法和法律的尊严。

2018 年，《中华人民共和国宪法修正案》的通过和《中华人民共和国监察法》的出台，不仅拉开了具有中国特色的监察体制改革序幕，也为我国监察体制改革提供了有力的法律支撑，是构建法治监督体系进程中的一场重要变革。国家监察体制改革后，新成立的监察委员会作为国家机关，依据《宪法》和《监察法》行使职权，与政府、法院、检察院并列，形成了"一府两院一委"的格局。

各级监察委员会是行使国家监察职能的专责机关，依照法律规定独立行使监察权，不受行政机关、社会团体和个人的干涉。其主要职责包括：

1. 对公职人员开展廉政教育，对其依法履职、秉公用权、廉洁从政从业以及道德操守情况进行监督检查；

2. 对涉嫌贪污贿赂、滥用职权、玩忽职守、权力寻租、利益输送、徇私舞弊以及浪费国家资产等职务违法和职务犯罪进行调查；

3. 对违法的公职人员依法作出政务处分决定；对履行职责不力、失职失责的领导人员进行问责；对涉嫌职务犯罪的，将调查结果移送人民检察院依法审查、提起公诉；向监察对象所在单位提出监察建议。

三、检察监督

检察监督，是指人民检察院通过行使检察权依法对公安机关及其人民警察遵守和执行法律的情况进行的监督、检查。

根据我国《宪法》的规定，人民检察院是国家的法律监督机关，独立行使检察权，对国家法律实施的情况负有检察监督之责。人民检察院对公安机关及其人民警察的监督，主要是在刑事诉讼活动中通过法定的程序实现的。它对于督促公安机关及其人民警察依法履行职责和行使职权、保障公民的合法权益不受非法侵犯、维护国家法制的统一具有十分重要的意义。人民检察院对公安机关及其人民警察实施法律监督的主要内容及形式是：

（一）立案监督

立案监督即人民检察院对公安机关的刑事立案活动是否合法进行的监督。根据《刑事诉讼法》的规定，人民检察院可以主动行使监督职权，或者接受被害人请求，或者受理其他机关人员的报案、控告、举报而行使监督权，对公安机关的刑事立案活动进行监督。

（二）审查批捕

逮捕是一项严厉的刑事强制措施，直接涉及公民的人身自由。为保障这一措施的正确适用，《刑事诉讼法》在规定了严格的逮捕条件的同时，也规定了严格的审查批准和执行程序。《刑事诉讼法》中规定，公安机关认为需要对犯罪嫌疑人采取逮捕的刑事强制措施时，必须提请人民检察院审查批准。人民检察院通过行使审查批准逮捕权，依法审查公安机关提请批准逮捕的案件是否符合法定的条件，并作出批准或者不批准逮捕的决定。

（三）审查起诉

审查起诉即人民检察院依法对公安机关侦查终结移送起诉的案件进行审查，作出提起公诉或者不起诉决定的活动。根据《刑事诉讼法》的规定，人民检察院应当按照法定程序和期限审查起诉，审查的主要内容是：犯罪事实、情节是否清楚，证据是否确实、充分，犯罪性质和罪名的认定是否正确；有无遗漏罪行和其他应当追究刑事责任的人；是否属于不应追究刑事责任的；有无附带民事诉讼；侦查活动是否合法。经过审查后，人民检察院应当根据起诉的条件分别作出提起公诉或者不起诉的决定。认为应当补充侦查的案件，有权退回公安机关补充侦查。

（四）侦查活动的合法性监督

人民检察院依法对公安机关的侦查活动是否合法实行监督，主要内容是发现和纠正下列违法犯罪行为：对犯罪嫌疑人刑讯逼供、诱供的；对被害人、证人以体罚、威胁、诱骗等非法手段收集证据的；伪造、隐匿、销毁、偷换或者私自涂改证据的；徇私舞弊，放纵、包庇犯罪分子的；故意制造冤、假、错案的；在侦查活动中利用职务之便谋取非法利益的；在侦查活动中不应当撤案而撤案的；贪污、挪用、调换所扣押、冻结的款物及其孳息的；违反《刑事诉讼法》关于决定、执行、变更、撤销强制措施规定的；违反羁押和办案期限规定的；在侦查中有其他违反《刑事诉讼法》有关规定的行为的。

对公安机关侦查活动中的违法行为，人民检察院有权根据情节和后果，分别采用口头或书面形式提出纠正意见。对于以非法方法收集的证据，应当依法予以排除；构成犯罪的，依法追究刑事责任。接到人民检察院纠正违法的口头或书面通知，公安机关应当及时纠正，并将纠正情况及时通知人民检察院。

（五）执行监督

执行监督即人民检察院依法对公安机关负责执行的刑事判决、裁定活动实行监督，以保障刑事判决、裁定的正确执行。此外，人民检察院还通过参与行政诉讼对公安机关行使行政职权的活动是否合法进行监督，通过受理公民和社会组织对人民警察违法违纪行为的控告、举报，追究违法、违纪的人民警察的法律责任，对公安机关及其人民警察的执法活动实施监督。

四、行政诉讼监督

行政诉讼监督，是指人民法院通过依法行使审判权对公安机关及其人民警察具体行政行为的合法性进行审查并作出裁决，以促使其依法行政，保护公民、法人和其他组织合法权益的法律监督。

（一）行政诉讼监督制度的特征

1. 行政诉讼的主要目的是防止行政机关违法、越权和滥用权力，保护行政管理相对人的权益。

2. 行政诉讼的内容是解决行政争议，即解决行政机关在进行行政管理活动中与行政相对人出现的纠纷，行政相对人因不服具体行政行为（包括作为和不作为）而引起的争议。

3. 行政诉讼的双方当事人是特定的，具有平等的法律地位。原告只能是行政管理相对人，被告只能是行政机关，他们的诉讼地位不能互换。因此，行政诉讼制度亦俗称为"民告官"制度。

4. 主管审理行政诉讼的机关是人民法院，提起和审理行政诉讼必须符合法定的受案条件和程序。

5. 行政诉讼的结果是对具体行政行为的合法性作出裁判。对于合法的行政行为，判决予以维持；对于违法的行政行为，判决予以撤销；对于显失公正的不当行政行为，判决予以变更。

6. 行政诉讼期间不停止该具体行政行为的执行，不适用调解和反诉。

（二）行政诉讼的受案范围

根据 2017 年 6 月修订的《行政诉讼法》的规定，涉及对公安机关行政行为不服而提起行政诉讼的事由是：

1. 对行政拘留、暂扣或者吊销许可证和执照、责令停产停业、没收违法所得、没收非法财物、罚款、警告等行政处罚不服的；

2. 对限制人身自由或者对财产的查封、扣押、冻结等行政强制措施和行政强制执行不服的；

3. 申请行政许可，行政机关拒绝或者在法定期限内不予答复，或者对行政机关作出的有关行政许可的其他决定不服的；

4. 对征收、征用决定及其补偿决定不服的；

5. 申请行政机关履行保护人身权、财产权等合法权益的法定职责，行政机关拒绝或者不予答复的；

6. 认为行政机关侵犯其经营自主权的；

7. 认为行政机关违法集资、摊派费用或者违法要求履行其他义务的；

8. 认为行政机关没有依法支付抚恤金的；

9. 认为行政机关侵犯其他人身权、财产权等合法权益的。

此外，人民法院还受理法律、法规规定可以起诉的其他行政案件。

五、社会监督

社会监督，是指来自国家机关以外的社会组织团体和公民个人等，依法对公安机关及其人民警察执法活动进行的监督。它是一种非国家性质的监督，一般不具有法律上的强制性，不具有直接的法律效力，不直接产生法律后果。但这种监督是国家机关监督的重要来源和重要补充，保障了人民直接参与国家管理、行使当家做主的权利，可以使公安机关的工作建立在广泛的群众基础上。《人民警察法》第 44 条规定："人民警察执行职务，必须自觉地接受社会和公民的监督。"因此，社会监督的内容和形式主要有：

1. 人民政协的监督。主要是通过对公安机关及其人民警察的执法活动提出批评、建议等方式进行；人民团体、企事业单位等社会组织的监督，主要是通过对公安机关及其人民警察的执法活动提出批评、建议、控告、检举等方式进行。

2. 公民个人的监督。即公民个人对公安机关及其人民警察的执法活动提出批评、建议，对违法或不当行为有权进行检举、控告，要求对责任人进行惩处，对自己受到的不公正处理有权提出申诉、申请复议、提起诉讼，要求恢复自己的权利，补偿自己的损失。

3. 社会舆论的监督。主要是新闻机构通过新闻媒介的作用，反映广大人民群众的意志和要求，揭发、检举和控告公安机关及其人民警察的违法渎职行为。

需要补充的是，公安机关通过建立警务公开制度、110 接受群众投诉制度和聘请特邀监督员制度等途径方便社会监督。

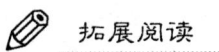 拓展阅读

《公安机关人民警察执法过错责任追究规定》

第一章　总　则

第一条　为落实执法办案责任制，完善执法过错责任追究机制，保障公安机关及其人民警察依法正确履行职责，保护公民、法人和其他组织的合法权益，根据《中华人民共和国人民警察法》、《行政机关公务员处分条例》等有关法律法规，制定本规定。

第二条　本规定所称执法过错是指公安机关人民警察在执法办案中，故意或者过失造成的认定事实错误、适用法律错误、违反法定程序、作出违法处理决定等执法错误。

在事实表述、法条引用、文书制作等方面存在执法瑕疵，不影响案件处理结果的正确性及效力的，不属于本规定所称的执法过错，不予追究执法过错责任，但应当纳入执法质量考评进行监督并予以纠正。

第三条　追究执法过错责任，应当遵循实事求是、有错必纠、过错与处罚相适应、教育与惩处相结合的原则。

第四条　在执法过错责任追究工作中，公安机关纪检监察、督察、人事、法制以及执法办案等部门应当各负其责、互相配合。

第二章　执法过错责任的认定

第五条　执法办案人、鉴定人、审核人、审批人都有故意或者过失造成执法过错的，应当根据各自对执法过错所起的作用，分别承担责任。

第六条　审批人在审批时改变或者不采纳执法办案人、审核人的正确意见造成执法过错的，由审批人承担责任。

第七条　因执法办案人或者审核人弄虚作假、隐瞒真相，导致审批人错误审批造成执法过错的，由执法办案人或者审核人承担主要责任。

第八条　因鉴定人提供虚假、错误鉴定意见造成执法过错的，由鉴定人承担主要责任。

第九条　违反规定的程序，擅自行使职权造成执法过错的，由直接责任人员承担责任。

第十条　下级公安机关人民警察按照规定向上级请示的案件，因上级的决定、命令错误造成执法过错的，由上级有关责任人员承担责任。因下级故意提供虚假材料或者不如实汇报导致执法过错的，由下级有关责任人员承担责任。

下级对超越法律、法规规定的人民警察职责范围的指令，有权拒绝执行，并同时向上级机关报告。没有报告造成执法过错的，由上级和下级分别承担相应的责任；已经报告的，由上级承担责任。

第十一条　对其他执法过错情形，应当根据公安机关人民警察在执法办案中各自承担的职责，区分不同情况，分别追究有关人员的责任。

第三章　对执法过错责任人的处理

第十二条　对执法过错责任人员，应当根据其违法事实、情节、后果和责任程度分别追究刑事责任、行政纪律责任或者作出其他处理。

第十三条　追究行政纪律责任的，由人事部门或者纪检监察部门依照《行政机关公务员处分条例》和《公安机关人民警察纪律条令》等规定依法给予处分；构成犯罪的，依法移送有关司法机关处理。

第十四条　作出其他处理的，由相关部门提出处理意见，经公安机关负责人批准，可以单独或者合并作出以下处理：

（一）诫勉谈话；

（二）责令作出书面检查；

（三）取消评选先进的资格；

（四）通报批评；

（五）停止执行职务；

（六）延期晋级、晋职或者降低警衔；

（七）引咎辞职、责令辞职或者免职；

（八）限期调离公安机关；

（九）辞退或者取消录用。

第十五条　公安机关依法承担国家赔偿责任的案件，除依照本规定追究执法过错责任外，还应当依照《中华人民共和国国家赔偿法》的规定，向有关责任人员追偿部分或者全部赔偿费用。

第十六条　执法过错责任人受到开除处分、刑事处罚或者犯有其他严重错误，应当按照有关规定撤销相关的奖励。

第十七条　发生执法过错案件，影响恶劣、后果严重的，除追究直接责任人员的责任外，还应当依照有关规定追究公安机关领导责任。

年度内发生严重的执法过错或者发生多次执法过错的公安机关和执法办案部门，本年度不得评选为先进集体。

第十八条　对执法过错责任人的处理情况分别记入人事档案、执法档案，作为考核、定级、晋职、晋升等工作的重要依据。

第十九条　具有下列情形之一的，应当从重追究执法过错责任：

（一）因贪赃枉法、徇私舞弊、刑讯逼供、伪造证据、通风报信、蓄意报复、陷害等故意造成执法过错的；

（二）阻碍追究执法过错责任的；

（三）对检举、控告、申诉人打击报复的；

（四）多次发生执法过错的；

（五）情节恶劣、后果严重的。

第二十条　具有下列情形之一的，可以从轻、减轻或者免予追究执法过错责任：

（一）由于轻微过失造成执法过错的；

（二）主动承认错误，并及时纠正的；

（三）执法过错发生后能够配合有关部门工作，减少损失、挽回影响的；

（四）情节轻微、尚未造成严重后果的。

第二十一条　具有下列情形之一的，不予追究执法过错责任：

（一）因法律法规、司法解释发生变化，改变案件定性、处理的；

（二）因法律规定不明确、有关司法解释不一致，致使案件定性、处理存在争议的；

（三）因不能预见或者无法抗拒的原因致使执法过错发生的；

（四）对案件基本事实的判断存在争议或者疑问，根据证据规则能够予以合理说明的；

（五）因出现新证据而改变原结论的；

（六）原结论依据的法律文书被撤销或者变更的；

（七）因执法相对人的过错致使执法过错发生的。

第四章　执法过错责任追究的程序

第二十二条　追究执法过错责任，由发生执法过错的公安机关负责查处。

上级公安机关发现下级公安机关应当查处而未查处的，应当责戒下级公安机关查处；必要时，也可以直接查处。

第二十三条　公安机关纪检监察、督察、审计、法制以及执法办案等部门，应当在各自职责范围内主动、及时检查、纠正和处理执法过错案件。

第二十四条　各有关部门调查后，认为需要法制部门认定执法过错的，可以将案件材料移送法制部门认定。

第二十五条 法制部门认定执法过错案件，可以通过阅卷、组织有关专家讨论、会同有关部门调查核实等方式进行，形成执法过错认定书面意见后，及时送达有关移送部门，由移送部门按照本规定第十三条、第十四条作出处理。

第二十六条 被追究执法过错责任的公安机关人民警察及其所属部门不服执法过错责任追究的，可以在收到执法过错责任追究决定之日起五日内向作出决定的公安机关或者上一级公安机关申诉；接受申诉的公安机关应当认真核实，并在三十日内作出最终决定。法律、法规另有规定的，按照有关规定办理。

第二十七条 因故意或者重大过失造成错案，不受执法过错责任人单位、职务、职级变动或者退休的影响，终身追究执法过错责任。

错案责任人已调至其他公安机关或者其他单位的，应当向其所在单位通报，并提出处理建议；错案责任人在被作出追责决定前，已被开除、辞退且无相关单位的，应当在追责决定中明确其应当承担的责任。

第二十八条 各级公安机关对执法过错案件应当采取有效措施予以整改、纠正，对典型案件应当进行剖析、通报。

第五章 附则

第二十九条 各省、自治区、直辖市公安厅局和新疆生产建设兵团公安局可以根据本规定，结合本地实际制定实施细则。

第三十条 本规定自 2016 年 3 月 1 日起施行。1999 年 6 月 11 日发布的《公安机关人民警察执法过错责任追究规定》（公安部令第 41 号）同时废止。

📖 真题链接

2017 年 9 月 1 日上午 10 时 30 分许，上海松江公安分局交警支队民警朱某带领辅警在九杜路、涞坊路附近开展违法停车整治时，发现女司机张某的小轿车停留在人行道上。民警开出罚单后，张某开始纠缠民警，并将张贴在车上的罚单撕下捏在手中。（情境题）

1. 张某如果不服民警的处罚，可以采取什么措施维权？（　　　）（多选题）

A. 行政复议　　　　B. 监察监督　　　　C. 检察院监督　　　　D. 法院监督

2. 张某不但撕掉罚单，还一手抱孩子，一手采取扒车门、拉扯后视镜、用身体顶住副驾驶车门等形式阻止警车驶离。民警朱某下车警告张某不得阻碍人民警察执行职务，张某不听劝告开始威胁并推搡执法民警。民警采取了抱摔的办法，摔倒了张某，同时没顾及张某手中的孩子，致使张某怀中的儿童跌落在地，大哭不止，引得众人围观。民警和辅警合力将张某控制后，朱某才抱起跌落的儿童。请问下列观点哪一个是正确的？（　　　）（单选题）

A. 民警朱某的行为属于正常执法行为，符合法律的要求

B. 在警察受到人身攻击时，制服对方是第一位的

C. 民警采用了过激的控制方式，超出了合理限度

D. 民警遇到这种情况应尽可能避开，防止冲突发生

3. 松江分局依据《公安机关人民警察纪律条令》第20条第1款之规定，对民警朱某给予行政记大过处分。对当事女子处警告处分。你认为给予民警朱某和当事女子是什么性质的处分？（　　）（多选题）

A. 民警朱某所受的处分属于纪律处分

B. 民警朱某所受的处分属于行政处分

C. 对当事女子处警告处分属于纪律处分

D. 对当事女子处警告处分属于法律处分

综合练习

2016年5月16日，某大学公寓旁的饭馆内当事人小李和哥哥因上厕所问题与人发生冲突，警方在接到报警后迅速赶到现场处置。在处理过程中，民警小王蛮横无理，话语恶毒，踢了小李同学一脚，后被小李拍摄视频，民警小王喝令小李停止拍摄并要求交出视频，而小李未交出并把手机交给了哥哥备份。随后，两人被警察带回派出所，因拒绝交出所拍视频，小李和哥哥轮番被删耳光并遭警棍殴打臀部，导致"屁股开花"。经鉴定，两名大学生臀部均有较大可见面积的瘀青，局部肿胀青紫。

1. 关于公安机关的接处警行为，下列说法正确的是（　　）。（多选题）

A. 体现了公安机关是国家的刑事司法力量

B. 体现了公安机关是国家的治安行政力量

C. 110接警工作实行"一级接警"，即统一由城市或者县（旗）公安局110报警服务台接警

D. 110接警工作实行"一级接警"，即统一由城市或者市（州）公安局110报警服务台接警

2. 关于民警小王的暴力执法行为，下列说法正确的是（　　）。（多选题）

A. 民警小王的行为有违职业道德

B. 民警小王的行为应受到警纪处分

C. 民警小王的行为应受到行政处分

D. 民警小王的行为属合法行为

3. 大学生小李可提起下列哪项的补偿？（　　）（单选题）

A. 学校补偿　　　　　　　　　　B. 民警小王的补偿

C. 公安行政赔偿　　　　　　　　D. 社会补偿

第 十 一 章

公安队伍正规化建设

知识结构图┐

公安队伍正规化建设 {
公安队伍正规化建设概述 { 公安队伍正规化建设的内涵 / 公安队伍正规化建设的外延

公安机关人民警察的素质和意识 { 人民警察应具备的素质 / 人民警察的意识

公安机关人民警察的职业道德和核心价值观 { 人民警察的职业道德 / 人民警察的核心价值观

公安机关人民警察的义务和纪律 { 人民警察的义务 / 人民警察的纪律
}

第一节　公安队伍正规化建设概述

知识目标┐

1. 公安队伍正规化建设的内涵。
2. "四统一"的具体内涵。
3. "五规范"的具体内涵。

基本理论

一、公安队伍正规化建设的内涵

2003 年，中共中央在《关于进一步加强和改进公安工作的决定》中明确指出了公安队伍正规化建设的内涵，那就是"要根据公安机关的性质、任务和工作特点，依据《人民警察法》等法律法规，在公安机关的组织机构、勤务机制、管理方式、教育训练、监督制约、警务保障等方面实现标准化、程序化、法制化和科学化，使公安机关指挥畅通、内务规范、工作高效、保障有力"。

二、公安队伍正规化建设的外延

当前公安队伍正规化建设的外延，第二十次全国公安会议作出了清晰的界定，那就是"四统一"和"五规范"，即"统一考录制度、统一训练标准、统一纪律要求、统一外观标识"；"规范机构设置、规范职务序列、规范编制管理、规范执法执勤、规范行为举止"。

表11-1　"四统一"的具体内涵

内容	具体内涵
统一考录制度	1. 新招录公安机关人民警察实行省级公安机关和人事部门统一考试，公安部派人督考。 2. 警务辅助人员管理办法明确规定警务辅助人员的职责权限和工作范围，严禁参与执法办案。
统一训练标准	《公安机关人民警察训练条令》规定"三个必训"，即： 1. 公安机关人民警察上岗和首任必训； 2. 职务和警衔晋升必训； 3. 基层和一线民警每年实战必训。
统一纪律要求	根据《公安机关人民警察纪律条令》，对公安机关人民警察在政治纪律、组织纪律、执法执勤纪律、内务纪律等方面实行严格统一的纪律要求。
统一外观标识	制定并组织实施公安机关特别是派出所等"窗口"单位的统一外观标识，方便人民群众报警、求助。

表11-2　"五规范"的具体内涵

内容	具体内涵
规范机构设置	整合警力资源，调整机构设置，切实解决分工过细、职责交叉、警力分散和机构设置不规范，名称规格不统一的问题。
规范职务序列	《公安机关组织管理条例》第10、11、12、13条将公安机关人民警察职务分为警官职务、警员职务和警务技术职务，并分别设置警官职务序列、警员职务序列、警务技术职务序列。
规范编制管理	《公安机关组织管理条例》规定，公安机关人民警察使用的国家行政编制，实行专项管理。公安部根据工作需要，向国务院机构编制管理机关提出公安机关编制的规划和调整编制的意见，由国务院机构编制管理机关审核，按照规定的权限和程序审批。地方根据实际情况需要增加公安编制，由省级政府提出意见，经中央编办征求公安部意见后，进行审核，报中央编委批准下达，所需经费统一列入地方财政预算。

续表

内容	具体内涵
规范执法执勤	明确民警在执法活动中应该怎么做、不应该怎么做，规范民警的执法执勤活动，做到严格依法办事，提高执法水平。
规范行为举止	从公安机关人民警察的着装、仪容、举止、行为、礼节等最基本的行为准则抓起，加强养成教育，使公安机关人民警察举止端正、行为规范，形成公安队伍良好的职业风范

真题链接

1. 统一考录制度是指新招录公安机关人民警察，一律实行省级公安机关和人事部门统一考试，（　　）派人督考，切实严把"入口关"，从源头上保证队伍的基本素质。（单选题）

A. 人事部　　　　　　　　　　　B. 公安部

C. 人事部和公安部　　　　　　　D. 国务院

2. 第二十次全国公安会议提出，当前公安队伍正规化建设的重点是"四统一""五规范"。其中"五规范"是指规范机构设置、规范职务序列和（　　）。（多选题）

A. 规范编制管理　　　　　　　　B. 规范执法执勤

C. 规范勤务制度　　　　　　　　D. 规范行为举止

第二节　公安机关人民警察的素质和意识

知识目标

1. 人民警察应具备素质的内容。
2. 人民警察意识的内容。

基本理论

一、人民警察应具备的素质

（一）政治素质

政治素质是指人民警察应具有的政治觉悟、理想信念、道德品质和革命人生观的综合体现。对党、对人民的绝对忠诚，是人民警察首要的政治素质。

人民警察的政治素质主要体现在，要有崇高的共产主义理想和坚定的社会主义信念；要有正确的世界观、人生观、价值观、权力观、苦乐观；要有马克思主义理论修养，对毛泽东思想、邓小平理论、"三个代表"重要思想、科学发展观、习近平新时代中国特色社会主义思想能深刻理解、把握精神实质；要毫不动摇地坚持和贯彻执行党的基本路线，明确以经济建设为中心和服务改革开放的理念；要富有开拓创新精神，努力实践全心全意为人民服务的根本宗旨；要忠于事实、严格执法、廉洁奉公、遵守纪律；要顾全大局、先人后己、团结同志、爱护集体。

（二）业务素质

业务素质是指人民警察依法履行职务，完成各项任务的实际本领，是公安专业知识和专业技能的综合体现。

表 11 – 3　人民警察的业务素质

内容	具体要求
岗位专业素质	熟悉和掌握做好岗位工作应知应会的知识和操作方法，胜任本职工作。
分析综合素质	能够运用马克思主义的立场、观点和方法，把握事物发展的规律性，分析事物本质及其联系，因势利导，解决问题。
应变决断素质	具有临危不惧、处变不惊的胆略，并能够审时度势、准确判断、利用有利条件处理问题。
群众工作素质	能够宣传、动员和组织群众，依靠人民群众打击违法犯罪，维护社会治安，开展综合治理。
信息表达素质	具有口头与书面表达能力，能够宣传国家法律和党的政策，会书写常用的公安应用文体。

（三）法律素质

法律素质是指人民警察依法履行职责、行使职权所应具备的法律意识、法律知识和执法技能的综合体现。公安机关是行政执法和刑事司法机关，人民警察只有具备了较高的法律素质，才能保证执法和司法活动反映广大人民群众的意志，符合依法治国基本方略的要求，才能使国家的法律得到准确有效地执行。

（四）文化素质

文化素质指人民警察必须具有的文化程度和良好的文化修养。文化程度为学习和掌握现代科学技术提供了知识基础，文化修养使人讲文明、懂礼貌、注重礼仪。提高人民警察的文化层次和修养程度，有利于增强人民警察的业务素质和队伍的整体作战能力，有利于增加公安机关"窗口"单位的威信，有利于提高公安队伍文明执勤的水平。

（五）心理素质

心理素质是指公安机关人民警察在特定职务活动中的心理活动的综合体现。人民警察应具有勇敢、坚定、大胆、果断、顽强、乐于奉献等心理素质。良好的观察、记忆、注意、思维能力；稳定的情感和顽强的意志；抵御各种干扰和各种诱惑的定力；慎独与自我净化的心力；宽大的胸怀、合作的气度和对事物发展变化的承受能力均是人民警察心理素质的具体体现。

（六）身体素质

身体素质是人民警察各种才能得以正常发挥的身体基础，包括体力、速度、耐力、灵活性、敏捷性等。人民警察为了能够艰苦奋斗、连续作战，必须具备良好的身体素质，良好的身体素质是完成各项公安任务、保存自己、克敌制胜的保证。

二、人民警察的意识

（一）大局意识

以经济建设为中心是全党全国工作的大局，公安机关必须自觉服从服务于这个大局，坚持创新、协调、绿色、开放、共享的发展理念，坚定不移地沿着中国特色社会主义道路前进，努力为实现"两个一百年"奋斗目标提供和谐稳定的社会环境保障。公安机关必须做中国特色社会主义事业和全面建成小康社会的保卫者、参与者和建设者。

（二）政治意识

"国家安危，公安系于一半。"维护国家安全和社会稳定，是公安机关在新时代的总任务。各级公安机关和人民警察必须切实增强政治意识，不断提升政治站位，着力提高政治敏锐性和政治鉴别力，善于从政治上分析问题，研判形势。在事关根本原则等重大问题上始终保持清醒的头脑和过硬的政治定力，始终保持公安队伍忠于党、忠于祖国、忠于人民、忠于法律的政治本色，确保在任何时候、任何情况下都要在思想上、政治上、行动上与以习近平同志为总书记的党中央保持高度一致。在任何时候、任何情况下都要坚决维护社会政治稳定，维护国家统一和民族团结，维护宪法确定的基本政治原则。

（三）忧患意识

当前维护社会政治稳定的任务十分复杂艰巨，面对新形势、新任务、新挑战，各级公安机关和广大人民警察务必保持清醒头脑，切实增强居安思危、未雨绸缪的忧患意识，强化时不我待、不进则退的机遇意识和服务大局、率先发展的责任意识，既要正视前进中的困难，更要保持蓬勃朝气、浩然正气和昂扬锐气，高起点、高标准、高质量地开展公安工作。

（四）群众意识

全心全意为人民服务是公安机关及其人民警察的宗旨，维护最广大人民群众的根本利益是公安工作的出发点和落脚点。要坚持以人为本，切实把服务最广大人民的利益放在公安工作的首位，做到"权为民所用，情为民所系，利为民所谋"；要植根执法为民的思想，为民、利民、惠民，争取群众的满意和支持；要牢固树立"立警为公、执法为民"的思想，建立新型的警民关系；要认真坚持"人民公安为人民"理念，确保打击、管理、服务的一致性，增强主动服务、平等服务、公开服务、高效服务的观念，不断提高服务质量和水平。

（五）法治意识

公安机关人民警察要确立和坚定法律信仰，增强法律至上观念，严格公正文明执法，自觉接受法律的约束；要增强人权保障观念，切实提高依法行政水平，在履行人民警察职责时切实做到有法必依、执法必严、违法必究，严格依法办事；要自觉地把自己的行为置于国家法律的监督之下。

📝 **真题链接**

1. 人命警察树立群众意识就是坚持以人为本，切实把广大人民的利益放在公安工作的首位，做到"权为民所用，情为民所系，利为民所谋"。（　　）（判断题）

2. 人民警察的心理素质要求人民警察在特定职务活动中应当具备（　　）。（单选题）

A. 良好的观察、记忆、注意、思维能力

B. 良好的分析综合能力

C. 较高的执法技能

D. 善于把握事物发展规律的能力

第三节　公安机关人民警察的职业道德和核心价值观

📝 **知识目标**

1. 人民警察职业道德的含义和特征。

2. 人民警察核心价值观的具体内涵。

👉 **基本理论**

一、人民警察的职业道德

（一）人民警察职业道德的含义和特征

人民警察的职业道德是指人民警察在依法履行职务活动中所遵循的道德原则和道德规范。

人民警察职业道德的特征包括：①鲜明的阶级性。人民警察是我国人民民主专政的重要工具之一，是武装性质的国家治安行政力量和刑事司法力量。②广泛的人民性。全心全意为人民服务是人民警察的宗旨。人民警察是国家利益和人民利益的维护者，在人民警察的观念中，国家的利益和人民的利益是高于一切的。③行为的表率性。表率性是一种先锋意识和模范行为，体现为在行动上要"先"于普通群众，在纪律意识和自律行为等要求上要"严"于人民群众，在执政为民、坚持正义、维护团结、奉献自我等方面做表率。

（二）人民警察职业道德的内容

2011年9月，公安部重新修订印发了《公安机关人民警察职业道德规范》。

表11-4 《公安机关人民警察职业道德规范》的内容

忠诚可靠	听党指挥，热爱人民，忠于法律
秉公执法	事实为据，秉持公正，惩恶扬善
英勇善战	坚韧不拔，机智果敢，崇尚荣誉
热诚服务	情系民生，服务社会，热情周到
文明理性	理性平和，文明礼貌，诚信友善
严守纪律	遵章守纪，保守秘密，令行禁止
爱岗敬业	恪尽职守，勤学善思，精益求精
甘于奉献	任劳任怨，顾全大局，献身使命
清正廉洁	艰苦朴素，情趣健康，克己奉公
团结协作	精诚合作，勇于担当，积极向上

二、人民警察的核心价值观

人民警察的核心价值观，是指人民警察对自身存在的意义、价值追求的根本看法和态度，对人民警察思想道德和行为方式起着主导作用。

人民警察的核心价值观包括：忠诚、为民、公正、廉洁，四者是一个相辅相成的统一体。其中忠诚是为民、公正、廉洁的思想基础和精神动力，是警察核心价值观的灵魂；为民是核心价值观的根本出发点和落脚点；公正是践行核心价值观的行为准则；廉洁是践行人民警察核心价位观的职业操守。

人民警察核心价值观的具体内涵如下：

"忠诚"是人民警察的政治本色，是人民警察的基本政治品质。公安机关人民警察要永葆忠于党、忠于祖国、忠于人民、忠于法律的政治本色。

"为民"是人民警察的宗旨理念，是人民警察使命和责任的根本归宿。公安机关人民警察时刻牢记并实践全心全意为人民服务的宗旨，坚持以人为本；坚持立警为公、执法为民；坚持服从和服务于人民群众的根本利益。

"公正"是人民警察的神圣职责，是人民警察的基本行为准则和执法思想核心，是决定人民警察核心价值观的法律精神。公安机关人民警察要依法履行职责，秉公执法办事，维护社会公平正义。

"廉洁"是人民警察的基本操守，是从警的内在要求。公安机关人民警察要时刻注意拒腐防变，在利益面前要防止心态失衡，在家人面前不能因爱生害，在社交上不能滥交朋友，在生活情趣上要健康向上，在对待监督上不能忘乎所以。

真题链接

1. 人民警察的职业道德是根据社会主义道德的基本原则、传统的社会公德及其自身的职业规范建立起来的，它从属于社会主义道德规范，是社会主义道德的普遍原则在人民警察职业活动中的具体体现。（　　）（判断题）

2. 甲报考人民警察执法勤务类职位填报个人信息时，故意将入党时间提前到高中阶段，后在考察审核过程中被发现。甲的行为明显不符合人民警察核心价值观中的（　　）。（单选题）

A. 忠诚　　　　　　B. 为民　　　　　　C. 公正　　　　　　D. 廉洁

第四节　公安机关人民警察的义务和纪律

知识目标

1. 人民警察义务的主要内容。
2. 人民警察纪律的外延。

基本理论

一、人民警察的义务

（一）人民警察的义务的内涵

人民警察的义务，是指人民警察在行使权力、履行职责过程中必须作出或不得作出一定行为的约束。

（二）人民警察的义务的主要内容

《人民警察法》第20条规定："人民警察必须做到：①秉公执法，办事公道；②模范遵守社会公德；③礼貌待人，文明执勤；④尊重人民群众的风俗习惯。"这是对人民警察在履行职务过程里中的行为要求，是人民警察的义务。

1. 秉公执法，办事公道。做到秉公执法、办事公道，要在执法办案和办理一切事务中坚持"以事实为根据，以法律为准绳"，坚持实事求是，重证据、重调查研究，忠于事实，正确适用有关法律，做到不枉不纵；坚持"公民在法律面前一律平等"的法治原则，依法办事，清正廉明，公正无私，刚正不阿，不偏不倚，维护社会主义法治的尊严。

2. 模范遵守社会公德。社会公德是一定社会中被社会所有成员共同确认并自觉遵守的基本道德准则，它是道德的重要组成部分。人民警察要养成自觉遵守社会公德的习惯，使自己的行为建立在高度自觉自愿的基础之上，使其转化为自觉的信念、理想和追求，为维护良好的社会风气做榜样。

3. 礼貌待人，文明执勤。人民警察必须做到文明办事，礼貌待人，接待群众热情耐心，态度和蔼，杜绝"冷、硬、横、推"不良作风。在执勤中依法办事，不卡压，不刁难，不恶语伤人，不冷嘲热讽，不讲粗话、脏话；对违法犯罪人员文明管理，不打骂，不体罚虐待。

4. 尊重人民群众的风俗习惯。人民警察必须执行党和国家的民族宗教政策，尊重各地区、各民族的习俗，成为维护民族团结的模范。

二、人民警察的纪律

（一）人民警察的纪律的内涵

人民警察的纪律是根据人民警察职业特点而制定的，要求人民警察必须遵守的义务性行为规范的总称。人民警察的纪律，是指人民警察为正确履行国家法律赋予的职责和权力，保证各项任务的完成，在人民警察任职活动过程中必须遵守的行为准则。具有严明的组织纪律，是公安机关和人民警察的一个显著特点。

（二）人民警察的纪律的外延

《公安机关人民警察纪律条令》第7~25条的规定明确了人民警察违法违纪的行为，主要可以概括为以下四方面的纪律规范。

表 11-5　人民警察的纪律规范

政治纪律	政治纪律是有关人民警察政治觉悟、政治行为和政治言论方面的规范。 （1）忠于党、忠于国家、忠于人民、忠于法律。 （2）坚定共产主义信念，坚持党的领导，坚持以马列主义、毛泽东思想、邓小平理论、"三个代表"重要思想、科学发展观和习近平新时代中国特色社会主义思想为指导。 （3）捍卫人民民主专政的制度，维护宪法和法律的尊严，忠于社会主义祖国。
组织纪律	组织纪律是对人民警察行动上的要求。 （1）一切行动听指挥，是警察职业的一个特点。 （2）服从领导，才能达到步调一致，行动统一。 （3）执行命令，上级的决定才能得到贯彻。

执法执勤纪律	执法执勤纪律是人民警察的工作纪律。 （1）积极履行职责。 （2）秉公执法。
内务纪律	内务纪律涉及人民警察内部管理与维护人民群众合法权益等方面。 （1）要求在人民警察人事管理各个环节公开、公正、公平，保证唯才是举，任人唯贤。 （2）对待人民群众文明礼貌，热情耐心，不推诿搪塞，不敷衍了事，不吃拿卡要，不谋取私利。

 拓展阅读

一、公安部"五条禁令"

为严明纪律，树立公安队伍良好形象，2003年1月22日公安部发布了加强公安机关内部管理的"五条禁令"。

（1）严禁违反枪支管理使用规定，违者予以纪律处分；造成严重后果的，予以辞退或者开除。

（2）严禁携带枪支饮酒，违者予以辞退；造成严重后果的，予以开除。

（3）严禁酒后驾驶机动车，违者予以辞退；造成严重后果的，予以开除。

（4）严禁在工作时间饮酒，违者予以纪律处分；造成严重后果的，予以辞退或者开除。

（5）严禁参与赌博，违者予以辞退；情节严重的，予以开除。

民警违反上述禁令的，对所在单位直接领导、主要领导予以纪律处分。民警违反规定使用枪支致人死亡，或者持枪犯罪的，对所在单位直接领导、主要领导予以撤职；情节恶劣、后果严重的，上一级单位分管领导、主要领导引咎辞职或者予以撤职。对违反上述禁令的行为，隐瞒不报、压案不查、包庇袒护的，一经发现，从严追究有关领导责任。

二、公安部"三项纪律"

2013年9月16日公安部发布了"三项纪律"。

（1）决不允许面对群众危难不勇为。

（2）决不允许酗酒滋事。

（3）决不允许进夜总会娱乐。

公安民警违反上述规定的一律先予以禁闭，并视情况给予纪律处分。造成严重后果或者恶劣影响的，一律给予开除处分，并视情况追究有关领导责任。隐瞒不报、包庇袒护的，从严处理。构成犯罪的，依法追究刑事责任。

真题链接

1. 积极履行职责，秉公执法是人民警察必须遵守的组织纪律。（ ）（判断题）

2. 某派出所副所长与一民警开警车外出，途经一路口，遇群众围观一起车祸现场，车祸受伤人员伤情较重，群众招手示意警察救人。两位民警停车后，观望了一下，借故离开，伤者最终因抢救不及时死亡。事后，其家属状告警察不作为。根据公安部"三项纪律"的规定，公安机关对两名民警首先应作出的决定是（ ）。（单选题）

A. 一律禁闭   B. 一律停止执行职务

C. 副所长撤职、民警禁闭   D. 副所长撤职、民警停止执行职务

综合练习

请以小组为单位，探讨一下本章内容如何在公安勤务中具体落实和主动体现。（论述题）

下篇　基本能力

第 十 二 章

群众工作能力

知识结构图

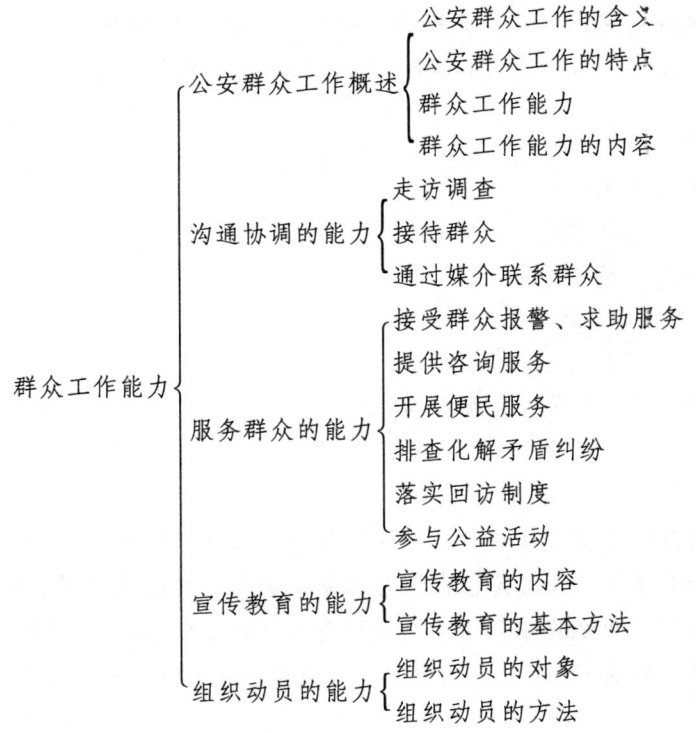

公安群众工作概述 ┤ 公安群众工作的含义 / 公安群众工作的特点 / 群众工作能力 / 群众工作能力的内容

沟通协调的能力 ┤ 走访调查 / 接待群众 / 通过媒介联系群众

服务群众的能力 ┤ 接受群众报警、求助服务 / 提供咨询服务 / 开展便民服务 / 排查化解矛盾纠纷 / 落实回访制度 / 参与公益活动

宣传教育的能力 ┤ 宣传教育的内容 / 宣传教育的基本方法

组织动员的能力 ┤ 组织动员的对象 / 组织动员的方法

第一节　公安群众工作概述

案例导入

　　某日，李某拿着村里开的证明和大学刚毕业的女儿到光明市幸福村派出所办理户口迁入业务，户籍女警小赵负责对其接待。李某对小赵说："我女儿大学毕业了，工作

也没有找到，所以把他的户口迁回农村来。"小赵仔细看了李某准备的材料，告诉他："根据现在的户籍政策，你女儿是非农户口，要迁回农村落户是不行的，待她找到工作后，可以按规定在当地落户口的。"李某质疑小赵说："村里都给开证明了，为什么户口还不能迁入？"小赵耐心地解释说："村里的证明只是一个参考，因为您女儿的户口性质不同，所以她不能落户的。"这时，李某就非常生气了，对着小赵就骂开了，"你们派出所就说了算么？村里的证明不是证明吗？你不要欺负我们农民，哪有户口上学前能迁出去，毕业了就不能迁回来的，你是不是存心欺负我，你警号多少，你们领导呢？我要去告你！"说完，李某就席地而坐，在派出所户政大厅撒泼，"今天不办好我姑娘的户口，谁也别想走！"然而，民警小赵并没有生气，而是保持着一贯的耐心，始终面带微笑，她对父女二人说："也难怪你们有想法，因为你们还没听懂，来，请这边休息区坐一下，我来给你们仔细解释一下。"接着，小赵亲自领他们到等待区，请他们坐下，从户口政策规定讲起，告诉他们可以把女儿的户口暂时在人才中心托管一下，方便日后的户口迁移工作。经过小赵耐心细致的沟通，父女二人心平气和地走了。

知识目标

1. 公安群众工作的路线。
2. 公安群众工作的特点
3. 群众工作能力的内容。

能力目标

能够将公安群众工作与公安业务相结合。

基本理论

公安工作与群众工作相互融合，相互依存。人民警察的群众工作能力在公安群众工作中得到充分的体现。人民警察在学习和掌握群众工作能力之前，应当对公安群众工作有正确的认知、深刻的体会、牢固的意志和坚定的信念。只有明确公安群众工作的内容，掌握公安群众工作特点，才能认识、理解、学习和掌握群众工作能力。

一、公安群众工作的含义

群众路线是我们党的根本立场，它是指"一切为了群众，一切依靠群众，从群众中来，到群众中去"。毛泽东同志说："一切工作都要走群众路线，公安工作也要走群众路线。"公安群众工作，是指公安机关和人民警察在本职工作中认真贯彻党的群众路线而开展的联系群众、服务群众、宣传群众、组织群众等各项活动的总称。公安群众工作是公安机关贯彻党的群众路线的具体体现。《人民警察法》第2条明确规定，公安机关的基本任务是：维护国家安全，维护社会治安秩序，保护公民的人身安全、人身自由和合法财产，保护公共财产，预防、制止和惩治违法犯罪活动。因此，公安机关的工作离不开群众，且时时为了群众，刻刻心系群众。做好群众工作是公安机关及人民警察顺利完成任务的根本。

公安群众工作并不是公安机关具体的某一项工作，而是融在各项公安业务工作中，如，开篇案例就是户籍民警在工作中常遇到的被群众误解的情景。民警小赵长期接触前来办理户籍业务的群众，时间久了，就能够遇到各类性格的人群。若是小赵没有将群众工作融入户籍办理工作当中，只是单一地告知其落户无法办理，恐怕李氏父女不会心平气和地走出派出所的大门。由此可见，公安群众工作具体的执行人员是人民警察。公安群众工作做得合不合格，广大人民群众会给出中肯的评价。

二、公安群众工作的特点

自新中国成立之后，公安工作不断发展，公安工作内容庞杂，人民警察会在不特定的情形下与各单位、部门或个人打交道。在对群众路线逐步学习和掌握后，公安机关及其人民警察在做群众工作的过程中，经历了对公安群众工作的学习、融入、提炼，将公安群众工作的特点加以总结。

（一）服务性

《人民警察法》第3条规定："人民警察必须依靠人民的支持，保持同人民的密切联系，倾听人民的意见和建议，接受人民的监督，维护人民的利益，全心全意为人民服务。"公安机关及人民警察手中的执法权和管理权是人民赋予的。其所从事的工作同人民群众是服务与被服务的关系，这决定了公安机关及人民警察在处理与人民之间的关系时，要时刻摆正自己的位置，坚持情为民所系、权为民所用、事为民所作、利为民所谋。以群众的需求为导向，以群众满意为工作目标。

公安机关及人民警察是为最广大百姓的利益而服务，《人民警察法》第5条规定，"人民警察依法执行职务，受法律保护"；第34条第1款规定，"人民警察依法执行职务，公民和组织应当给予支持和协助。公民和组织协助人民警察依法执行职务的行为受法律保护。对协助人民警察执行职务有显著成绩的，给予表彰和奖励"。这强调了人民警察在开展工作时，受法律的保护。广大人民群众在享受人民警察服务的同时，也有责任和义务配合公安机关及人民警察的工作。

（二）广泛性

1. 工作内容广泛。公安机关的基本任务是维护国家安全，维护社会治安秩序，保护公民的人身安全、人身自由和合法财产，保护公共财产，预防、制止和惩治违法犯罪活动。如此艰巨且众多的任务，直接反映出公安机关的工作范围广泛。完成这些任务，无一不涉及公安群众工作。如，公安机关及人民警察要充分依靠、发动和组织群众开展群防群治工作以维护社会治安秩序；要不断做好安全教育以保护公民的人身安全、人身自由和合法财产；要时刻警示群众，及时通报安全状况以强化群众的安全防范意识、提高公民维护和遵守规章制度的自觉性，并依靠党和政府的领导，实现预防、制止和惩治违法犯罪活动。在持续深化改革的过程中，随着互联网不断地发展和突破，公安机关的工作从传统的线下迅速覆盖到了互联网中的各个领域，范围不断扩大。

2. 工作对象广泛。公安工作关系到每一个公民的切身利益。我国是世界上人口最多的国家，不同时期的资源分配、上学就业、医疗保障、环境保护、福利待遇等矛盾，都有各自不同的时代特点。庞大的人口总数，众多的工作任务，繁杂的社会矛盾，致使公安群众工作的数量不断攀升，使公安群众工作显得更加重要，也更具有挑战性。

（三）复杂性

公安群众工作归根到底就是做人的工作。在生活中，每个人都是一个独立的个体，由于家庭环境不同、受教育程度不同、职业不同、价值观念不同、法律意识不同，使得每个人对警察的信任和依赖程度不同。因此，群众对公安群众工作的认可程度和接受程度有很大的差别，这使得公安群众工作变得十分复杂。以入户走访工作为例：为了查明"一标三实"（标准地址、实有人口、实有房屋、实有单位）等信息，民警在辖区内开展走访工作，白领上班族工作的时间与人民警察正常工作时间相同，所以民警无法在工作时间走访到白领上班族的居民，大多只能利用个人休息时间对下班后的上班族进行走访；出租房屋的居民由于流动性过强，且房主的出租情况报备不及时也是普遍现象，导致民警无法及时、准确地掌握出租房屋的住户信息，必须依靠房主的积极配合才能够得到出租房屋中的居民信息；走亲访友的流动人员极容易成为民警信息录入的"不实信息"，因为其居住在常住居民的家中，民警在走访过程中，他们可能刚刚入住，但过了若干时间，他们又会离开，造成民警信息录入的错误等情况。

随着经济的快速发展，物质需求和精神需求都被广大人民群众提高到更高的追求层面。公安群众工作的复杂程度并不限于治安管理工作，有的关乎债权债务、医患矛盾、薪资拖欠，有的关乎家庭矛盾、宗教信仰、就业择业，有的关乎环境污染、征地占地、房屋拆迁，等等，有的问题还会紧随时代的发展衍生出其他的问题。这使得公安群众工作因不可预知而更具复杂性。

（四）挑战性

公安群众工作必然要紧跟着时代的发展不断更新工作内容和工作方法，十分具有挑战性。自网络时代的到来，公安群众工作在线上也得到了充分的研习和发展，经过长时间的不断总结，积累了大量行之有效的方式方法：警民联谊、警务广场、中国警察网、警务微博、民警个人实名认证微博、警务直播等。这些都体现了公安群众工作与时俱进的先进性。与此同时，传统的公安群众工作也得到了更好的传承和发展。公安机关及人民警察在群众工作中保持从思想上尊重群众，在情感上贴近群众，在工作中依靠群众。

国家不断强大，法治不断完善，民生不断发展，文明不断进步，公安群众工作要不断迎接新的挑战。公安群众工作不是公安工作的附带业务，广大人民警察不仅要强化对公安群众工作的认识，更要从战略的高度认识和对待它，准确把握时代发展带来的社会生活新文化、新习惯，积极探索公安群众工作的新思路，不断创新群众工作新方法，禁忌大包大揽，也严禁置之不管。公安机关及人民警察要牢固树立公安群众工作与公安工作相互依存的意识，将公安群众工作作为可持续、可传承、可创新的基础性、经常性、根本性工作，并长期坚持下去。

三、群众工作能力

群众工作能力，是指人民警察在进行公安群众工作时，在联系群众、服务群众、宣传教育、组织动员的过程中应具备的能力。群众工作能力虽然没有固定的标准，但经过长期公安工作经验的积累，群众工作能力也并非无规律可循。公安工作中的成功经验，无一不是民警依靠良好的群众工作能力来完成的。如"马长林群众工作法"、王法金"黄手帕工程"、"许成林警务室"等国内各地先进的公安群众工作案例，都是人民警察在工作岗位上，依据法律赋予民警的职责和任务，根据执法所在地域文化特点，结合各方群众不同需求，总结出适合民警执法的群众工作经验，并创新推广群众工作方法。人民警察在各项公安业务中都体现出其具有较强的群众工作能力。

四、群众工作能力的内容

根据公安群众工作的定义，将公安群众工作能力分为四个方面：沟通协调的能力、服务群众的能力、宣传教育的能力、组织动员的能力。沟通协调是顺利开展公安群众工作的前提，服务群众是取得群众信任和支持的基本工作，宣传教育是争取群众配合公安工作的重要法宝，组织动员是邀请群众参与公安工作的重要途径。人民警察只掌握业务工作能力是不能胜任公安工作的。特别是对刚参加工作的新警来说，和群众打交道是其最不知所措、无从下手、面露难色的工作。这在一定程度上会削减民警对工作的热情，减少其自信。因此，公安群众工作能力是人民警察必备的基本能力之一，也是必须克服各种心理障碍来掌握的工作。只有不断地从事公安群众工作，坚持与群众保持血肉关系、鱼水亲情，才能更快地从群众中找到职业自信和事业认同感，从而更好地为人民服务。

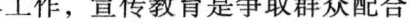 **真题链接**

1. 某派出所辖区有许多娱乐场所，流动人口多，社会控制薄弱，为了加强管理，准备开展流动人口状况调查。下面不恰当的做法是（　　）。（单选题）

A. 委派辖区的机关、团体负责人开展调查

B. 结合娱乐场所治安管理开展调查

C. 发动社区群众开展调查

D. 通过微信、微博等大众传媒开展调查

2. 商户张某和孙某为争夺摊位发生争吵，张某将孙某的摊车掀翻，孙某气愤之极，将张某的脸上抓出几道血痕（经鉴定为轻微伤）。与此同时，张某也顺势打了孙某几拳，造成孙某胸肋部软组织受挫（鉴定为轻微伤）。事发后，两人被带至派出所。下列民警采取的做法不正确的是（　　）。（单选题）

A. 安抚情绪，了解基本情况

B. 走访现场，调取视频资料

C. 分别劝说，主持调解

D. 按照各自违法情节实施治安管理处罚

3. 某市在近期将承接一次大型国际会议，为维护社会和谐稳定，顺利完成此次安保任务，市公安局决定在全市范围内开展治安大巡防专访活动。社区民警老刘的下列做法不恰当的是（　　）。（单选题）

A. 积极协调居委会、社区干部，向他们介绍辖区治安的复杂形势

B. 组织辖区退休干部和保安等人员组成"巡逻队"，参与社区巡防活动

C. 要求辖区内各企事业单位的保安配合治安大巡防工作、上街巡防

D. 利用该微博微信等工具招募网络志愿者，在网上开展自我防范知识宣传

第二节　沟通协调的能力

案例导入

S市开通了《关注你我的生活》话题论坛及微信公共账号，一段时间后，后台统计发现，论坛及微信中出现了大量反映S市社会治安状况的帖子，许多网民对"民警接警速度不快""小区电瓶车的电瓶时常被盗"等现象提出了质疑，还出现了"社区民警没见过""马路上只见协警不见交警"等帖子，并由此引发了部分市民对公安机关的信任危机。S市公安局宣传处陈警官根据市局相关要求，积极与网民互动沟通。陈警官一方面采取了真诚与网民沟通、热心解答他们提问、坦诚接受市民监督、尽力解决网民的合理要求、及时发布案件防范信息、强化公安民警先进人物宣传等举措，另一方面建议市公安局加强网络舆情收集、反馈、处置机制，开办"网上民意直谏站"专栏。在一段时间以后，市民（网民）对该市公安机关的满意度有了大幅回升，警方还利用网民提供的线索破获了不少案件，陈警官也成了网民信赖的"网红民警"。

知识目标

1. 走访调查的内容及方法。

2. "五勤"和"五多"的内容。

能力目标

1. 能够在走访过程中，收集情报信息。
2. 能够正确处理与群众沟通时的突发情况。

基本理论

公安群众工作自新中国成立以来，在实践中总结出多种堪称"传家宝"的经典群众工作方法。经历史检验可知，公安机关及人民警察若想顺利地开展工作，必须取得广大人民群众的支持。密切联系群众是公安群众工作行之有效的起点。随着人民警察能力的不断发展，民警也学会利用网络联系群众。在导入案例中，民警就在论坛中发现了民声和民意，并且利用个人休息时间在网络平台上与群众保持紧密联系。不仅有效地化解了矛盾，同时也重新树立了警察的形象。联系群众是为了与群众进行有效的沟通和协调。联系群众是指公安机关及人民警察为了与群众建立良好的警民关系，通过走访入户、接待群众、通过媒介沟通等方式将群众与公安机关联系起来的社会活动。

一、走访调查

《公安派出所正规化建设规范》第19条规定的走访调查包括：①走进社区、村庄，深入机关、学校、企事业单位和居民家中，详细登记、了解实有人口、出租房屋等情况。②物建治安信息员，掌握重点人员的现实表现与动态。③对发案的单位、居民进行回访，了解最新线索，征求意见和建议。"串百家门、记百家人、熟百家情、办百家事"是老一辈民警传承下来的走访调查工作的目标。

走访调查的具体方法有：

1. 访谈法。访谈法是人民警察与群众交往和联系的常用方法，要求民警应具有较强的沟通能力。访谈的对象既包括居民群众，同时也包括企事业单位。既可以是单独访谈，也可以是集体访谈。访谈不拘泥于固定的形式，既可以是专程入户走访，也可以是途中偶遇攀谈。尤其是在民警与群众比较熟悉、关系比较融洽的区域，访谈可以更加轻松一点，保持礼貌和礼节，让群众感觉访谈民警更加亲切，更有利于访谈的进行。访谈对象应合理、广泛选择，尽可能多地收集群众的声音。访谈场所可以是民警约定的地点，也可以是访谈对象选择的地点，甚至是街头巷尾等临时决定的地点。访谈没有时间和次数的限制，一次访谈效果不好可以再次重新进行访谈，有具体访谈内容时可谈话一两个小时，没有特定谈话内容时可三言两语、打个招呼，这些不起眼的举动，长此以往都会获得老百姓对人民警察的认可。

人民警察在访谈过程中要时刻牢记自己的身份和使命，坚决杜绝以权谋私的谈话，坚决避免与"有钱人"和"当官的"群众频繁接触。这样做不仅极易引起人民群众的反感，久而久之也容易滋生违法乱纪的问题，造成不可挽回的后果。

2. 疏导法。疏导法要求民警有很强的逻辑思维和应变能力。在走访过程中人民警察遇到群众对走访工作有畏难情绪或抗拒心理时，要通过疏导法掌握群众不配合走访的原因。从实际出发，针对群众有异议的问题，讲清道理，疏通思路，统一认识，将人们的行为引导到正确的轨道上来。运用疏导法应注意：一要对症下药；二要以情感人；三要特别注意做好人民内部矛盾转化工作。

二、接待群众

联系群众不仅体现在主动走访的工作中，还体现在时刻准备迎接群众的到来。当群众主动前来与公安机关及人民警察联系时，人民警察一定要做好接待群众的工作，这能够证实公安群众工作的真实性。人民警察在接待群众时要注意做好：①创造一个良好的接待环境。根据办公场所的具体情况，设置一个合理、独立的群众接待室，准备基本的访谈必需品，如水、杯、笔、纸、花镜、电话等用品，以方便群众使用。②热情接待。人民警察接待群众的态度，直接影响群众对警察形象的判定和沟通结果。主动前来与民警取得联系的群众，是带着倾诉欲望和求助欲望有备而来的。人民警察要耐心地倾听群众的想法，听取群众的意见，了解群众的困难，同情群众的境遇，分析群众的难题，给出合理的建议。③迅速处理问题。群众期待民警能够帮助自己解决难题。民警应该在职责范围内，及时将群众遇到的困难处理好，如果不属于自己的职责范围或能力范围，应为群众指明方向。

三、通过媒介联系群众

当人民警察无法和部分群众直接取得联系时，中间媒介就成为公安机关及人民警察联系群众的桥梁。人民警察可通过传统的警民联系箱、联系卡、办事指南、书信、电话、第三人转达等形式与群众保持联系。同时，也要学会应用网络给我们带来的便利，运用QQ、微信、邮箱、官方警务微博等即时性通讯平台与百姓保持即时性沟通。人民警察在联系群众时，要掌握基本技巧，这些技巧归纳为两点：一是要做到"五勤"，即勤走、勤听、勤问、勤记、勤思考；二是要做到"五多"，即多沟通、多报告、多公开、多总结、多探索。

真题链接

1. 社区民警老金在调查走访时，发现盛利小区物业管理部门突然撤离，随之出现入户盗窃、外来人口突然增多等情况。老金决定帮助居民共建和谐家园。以下做法中不妥的是（　　）。（单选题）

A. 帮助盛利小区居民成立自己的业主委员会

B. 要求居民家家户户安装防盗网，加固门窗

C. 主动联系小区退休干部、教师等人，一起在夜晚进行义务巡逻

D. 加强外来人员管理

2. 刚到岗的社区民警小张想详细了解该社区的情况，决定对社区进行次调查走访，在走访过程中发现所辖社区内有一处小院，门口立着"某公司培训基地"的牌子，门口有保安值守，小张查看相关档案后发现原有记录与此情况不一致。下列做法错误的是（　　）。（单选题）

A. 凭档案情况更正该小院的相关记录

B. 向门口的保安出示证件进入小院进行走访调查

C. 向当地的工商局查询该公司的相关情况

D. 在调查后对该小院的信息变化进行如实登记

第三节　服务群众的能力

案例导入

某厂在企业转制过程中，职工与厂方因安置费问题产生矛盾，几十名职工先后扣押了厂长、主任，并在工厂门口设置障碍物阻断交通，从工厂入口到扣押厂领导的空地设置了三道关卡，不让任何外人靠近。市、区两级公安机关领导和区委政法委的领导在场外反复做群众工作，也没有任何突破。"只有民警耿山能进来！"职工唯一不拒绝的就是本社区的民警耿山。耿警官临危受命，接到上级指派的对话任务，立即前往现场。进入厂区后，他看到近百名职工把主任绑捆在空地上谩骂、抱怨。耿山首先表态认为职工们维权的想法是对的，职工们一听心里就舒服了，"到底是我们的贴心人"。耿山紧接着委婉地说，可是维权的方式十分不"恰当"。看到耿警官这么说，职工们纷纷冷静下来，职工代表也放下手中的铁锹和耿山说："那咋办呀，我们也是没招了！""我帮你们找厂长商量一下，怎么样？"耿山说罢，向主任的方向看去，他对职工们说，"大哥大姐们，该给他吃点东西了，吃完了东西他也好有精神帮助我们把厂长找回来呀，你们说对不对？"在耿山的劝导下，职工们给主任拿来了一个面包和水。耿山对主任说："他们捆了你一夜，但没有伤害你，说明他们的矛盾并不是指向你，你说你不知道厂长的去向他们能信么？你肯定知道怎么能联系上厂长，对吧？"趁着主任吃面包的空当，耿山做起来主任的思想工作，得到了厂长家的电话号码，便立即与厂长联系。本来厂长的态度是很强硬的，一听是耿山来说和，马上就缓和下来。经过耿山的说服，厂长终于答应和职工见面解决问题。几天后，职工把双方签订的补偿协议的图片，发到了耿山的手机中，把喜悦同耿警官分享。

📝 **知识目标**

1. 服务群众的内容。
2. 矛盾纠纷的种类。

📝 **能力目标**

能够进行矛盾纠纷排查工作。

👉 **基本理论**

为人民服务是人民警察的宗旨，是群众工作的重要内容和基本方法，也是取得群众信任、拥护和支持的前提。习近平同志指出："时时处处、切切实实关心群众生活，紧抓民生之本、解决民生之急、排除民生之忧，这是密切党群关系的治本之策，也是最根本的群众工作。"《人民警察法》第 21 条规定："人民警察遇到公民人身、财产安全受到侵犯或者处于其他危难情形，应当立即救助；对公民提出解决纠纷的要求，应当给予帮助；对公民的报警案件，应当及时查处。人民警察应当积极参加抢险救灾和社会公益工作。"《公安派出所执法执勤工作规范》第 37 条规定："责任区民警应当牢固树立全心全意为人民服务的宗旨意识，建立良好的警民关系，提高为群众服务的效率和质量。"第 38 条规定："服务群众的主要内容包括：①在社区警务室定期接待群众；②设立警民联系箱、联系簿，发放警民联系卡，公布联系电话；③帮助联系解决群众求助的事宜；④为群众代办户口、公民身份证件等事宜，对孤寡老人、残疾人等有特殊困难的群众实行上门服务；⑤参与社会公益活动。"由此可见服务群众的内容十分广泛，目的就是让人民警察真正做到"想群众之所想、急群众之所急、做群众之所需"。如在导入案例中，就是因为耿警官理解群众追回安置费心切，清楚主任不是群众的矛盾指向，掌握厂长与主任之间的关系，所以才能够在此次调节过程中，快速、有效地将这次冲突大事化小、小事化了。让群众自己解决他们之间的矛盾，是需要有人做双方都信任的中间人的。耿警官恰巧就是老百姓心中最公平的"中间人"。

结合人民警察的具体工作，可将服务群众工作的内容分为六类：一是接受群众报警、求助服务；二是提供咨询服务；三是开展便民服务；四是排查化解矛盾纠纷；五是落实回访制度；六是参与公益活动。

一、接受群众报警、求助服务

接受报警服务是指人民警察在接到报警后，依法对警情进行登记、询问、分析、处置的服务过程，也称接警服务。接警要及时、处置要果断。在接警过程中要掌握方法和手段，发现问题及时解决，遇到矛盾及时化解，涉及违法犯罪及时查处，确保广大人民群众的利益不受侵害。对于不属于公安机关职责范围的求助，应当向群众说明情况，联系有关部门进行处理。

求助服务，是指人民警察在接到群众合理的求助请求后，及时给予支援、帮助的服务过程。求助服务在日常警务工作当中占有较大的比例，这体现了人民群众对公安机关及人民警察的信赖和依赖。在提供求助服务时，人民警察应该秉承以下要求：

第一，救急助难。"急"是紧急，危险紧急之意；"难"是危难，危险和灾难之意。救急助难是指人民警察向身处紧急情况和危难情况之中的群众提供帮助。人民警察经过了"有困难找民警"的时代，转而到了"有危难找民警"的新时期，这是因为警察并不是"万金油"，而是有相应的法律规范其职责。因此，人民警察要在法律职责范围之内，尽力向群众提供帮助，而不是大包大揽、随意承诺、矫枉过正，不可以跨越法律的界限越俎代庖。

第二，稳重果断。人民警察在面对人民群众提出的无理求助时，应该用符合警察身份的处理方式来应对，要稳重不能急躁。要心平气和地做好说服教育的工作，不可意气用事，伤害警民情感，破坏警民关系。在接受了群众求助请求后，民警就应该果断尽快予以援助，杜绝推诿扯皮，失信于民。

第三，热情服务。人民警察在向求助群众提供服务时，要积极热情，耐心答复；在解决群众提出的问题时，不能态度冷漠，脸色难看。在民警无法解答群众所求助事项时，要讲明原因，并给出合理意见。

二、提供咨询服务

提供咨询服务，是指人民警察在警务工作中，运用自己掌握的知识、信息、技能和经验为群众和单位提供解决问题的参考性建议或方案的活动。接待咨询的内容主要包括：安全防范咨询、治安管理业务咨询、法律咨询等服务。为了对广大人民群众提供更全面的咨询服务，公安机关及人民警察应设立警民联系箱、联系簿，发放警民联系卡，公布联系电话及照片，以方便社区群众进行求助和信息咨询。

三、开展便民服务

便民服务，是指人民警察为特殊群体提供的便民、利民、惠民的服务。便民服务主要包括：①经常进行办证指导、办证咨询、办证提醒和督促等服务；②对孤寡老人、残疾人等有特殊困难的群众实行上门办理户口、居民身份证服务；③开通"互联网＋公安"信息平台，让群众少跑腿，让信息多跑路。通过便民服务为群众提供便利，争取群众的信任和支持。

四、排查化解矛盾纠纷

排查化解矛盾纠纷，是指民警通过走访调查、接警处警、情报搜集、综合研判等方法，发现和掌握矛盾纠纷的活动。此处所说的矛盾纠纷是指发生在公民之间、公民与法人之间和其他社会组织之间涉及人身权利、财产权利等权利义务争议的各种矛盾纠纷和日常生活中的争执，一旦处理不当可能会引发重大治安问题、刑事案件和群众性事件的隐患、冲突和苗头。

（一）矛盾纠纷的类型

矛盾纠纷的类型主要包括：

1. 损害赔偿纠纷。主要包括因殴打他人、故意伤害而产生的伤害赔偿纠纷、毁坏财物赔偿纠纷等。此类治安纠纷频发，多伴随治安案件或治安事故发生。

2. 债权债务纠纷。主要包括民间借贷纠纷、买卖合同纠纷、劳资纠纷、租赁纠纷等经济纠纷。但其极易引发暴力行为，社会危害性极大，不易把握工作尺度。

3. 邻里物业纠纷。主要包括垃圾乱放、动物饲养、噪声污染、违规搭建、物业管理纠纷等。此类纠纷以邻里关系为基础，调处工作要求民警具有很强的专业性，需要多部门配合。

4. 婚姻家庭纠纷。主要包括离婚夫妻财产分割及抚养权的争夺、老人赡养义务的履行、家庭暴力等。此类纠纷发生于家庭关系破裂之后，矛盾积累时间长，难以修复。表现形式激烈，需要民警及相关人员做大量的说服教育工作，才能有所缓解。

（二）矛盾纠纷排查的基本方法

矛盾纠纷易恶化成为违法犯罪问题，排查工作的重点包括特殊利益群体可能对党政机关造成冲击的矛盾纠纷，涉及民族宗教等敏感问题的矛盾纠纷，可能引发涉外事件的矛盾纠纷，发生在敏感时期、敏感地区可能引发连锁反应的矛盾纠纷等。矛盾纠纷排查的主要方法有日常排查、定期排查、专项排查和联合排查等方式。其中，日常排查、定期排查由派出所按规定实施，专项排查、联合排查由驻地党委政府、公安机关根据上级要求和实际情况组织实施。排查矛盾纠纷的过程中，要讲究说话的技巧，掌握群众的心理，拥有发现异常的能力和耐心处理的心态。

五、落实回访制度

回访制度，是指人民警察对已经走访调查过的公民、法人及其他组织，进行再次访问或对帮助或处理过的单位、当事人或相关人员进行后续访问的制度，目的是了解案件、事件的最新线索，征求群众意见和建议。

六、参与公益活动

参与公益活动是人民警察加深与群众感情的平台。也是了解群众生活情况、发现特殊人群，开展有针对性的便民利民工作的有效途径。民警参与的公益活动包括：为迷路儿童找寻父母，为行人指路、陪伴孤寡老人、慰问特殊人群并为其提供力所能及的服务。参与这些公益活动既可以切实解决居民生活中的困难，为居民生活提供些便利，又进一步接触群众，了解群众的疾苦，融洽民警关系。

真题链接

1. 某派出所近年来极力推出一系列服务群众的措施，让群众得到了实惠。下列不属于服务群众的是（　　）。（单选题）

A. 由专人限期办理群众咨询、求助的事项

B. 通过网上警务室、微博、微信、QQ 提供预警信息

C. 建立辖区企业联系制度以听取企业意见

D. 将传唤的原因和依据告知被传唤人并通知其家属

2. 社区民警既是社区治安管理者，更是服务群众的社区工作者。以下是社区民警小马开展的工作，其中不属于直接服务群众的是（　　）。（单选题）

A. 在社区警务室定期接待群众咨询，提供解决方案

B. 通过建立社区民警微信群收集社区治安信息

C. 建立网上警务室，为群众提供帮助或办理有关事项

D. 采取登门服务的方式办理户口

第四节　宣传教育的能力

案例导入

博乐市公安局组织民警深入学校、人员密集场所，通过向过往群众面对面讲解案例、发放宣传材料等方式，多方位、多角度、多层次地向学校师生、家长及周边群众宣传了预防拐骗、拐卖的知识和如何自救的方法。同时介绍了拐骗手段及相关法律法规，动员广大人民群众积极主动向公安机关检举揭发拐卖儿童案件线索。精河县公安局在双语幼儿园通过为孩子情境模拟互动活动、发放宣传单等形式帮助儿童提升应对各种侵害的自我保护意识和能力，教授儿童防拐卖和被拐卖之后应该如何应对的技巧，努力预防或避免各类侵害，增强儿童的安全感和稳定感。温泉县公安局联合县妇联在学校、商场等人员密集区域设立宣传点，通过群众发放打拐宣传材料、宣传品，列举作案手段、现场讲解答疑等方式向群众宣传打拐知识，揭露拐骗犯罪伎俩，提醒群众要牢固树立防范意识，尤其是未成年人，不轻信陌生人的话、不吃陌生人给的食物、不向对方透露自己及家人的身份信息等。赛里木湖景区公安分局在景区东门票点、月亮湾停车场通过发放宣传单的形式向游客宣传预防拐卖妇女儿童犯罪的发生以及防拐、防骗相关知识，对当前拐卖儿童犯罪的主要作案手法以及发现儿童被拐后如何处理等问题进行了分析讲解，增强了过往游客尤其是妇女儿童的防范意识。同时达到了震慑犯罪的目的，为公安机关打拐工作创造了良好的社会舆论环境。此次宣传活动共发放

宣传单、宣传册 4700 余份，接受群众咨询 260 人次。通过宣传，进一步增强了广大群众反拐意识和自我保护意识，教育了群众，震慑了犯罪，充分调动了群众参与防范和打击拐卖妇女儿童工作的积极性、主动性，收到了良好的社会效果。

📝 知识目标

1. 宣传教育的内容。
2. 宣传教育的方法。

📝 能力目标

能够在警务工作中找到宣传教育的时机，正确做好宣传工作。

👉 基本理论

宣传教育，是指公安机关及人民警察根据群众工作的目标，运用不同的方式传播法律法规、社会道德、安全防范知识和技能、社会治安动态等相关信息，以影响群众观念、使其具有安全防范意识和行动力，形成遵纪守法的行为习惯和积极参与治安管理的主动性活动的总称。宣传教育是公安群众工作的重要环节，人民警察掌握宣传教育的时机，就找到了贴近群众、调动群众积极性的机会，从而引导群众支持和配合公安工作，推进群防群治工作，完善社会治安综合治理网络。

一、宣传教育的内容

（一）普及法律法规知识

帮助群众增强法律意识，是人民警察宣传教育的主要内容。通过对法律法规的宣传普及，让广大人民群众自觉遵守法律，善用法律武器保护自身合法权益，懂得如何配合执法人员执法，同时能够依据法律监督人民警察的执法行为。人民警察对法律法规的宣传应该具有普适性和针对性，应主要包括三方面：一是与治安管理、治安处罚相关的法律、法规、规章，如《治安管理处罚法》《居民身份证法》《消防法》《道路交通安全法》等；二是与刑事执法活动相关的法律、法规、规章，如《刑法》《刑事诉讼法》等；三是与本地公安政策相关的规章，如《河北省禁止赌博条例》《延边朝鲜族自治州外国人管理条例》。这要求民警要对法律知识掌握得十分准确，并且运用较好的语言能力，向群众讲解法律知识，能够具有为群众答疑解惑的能力。

（二）开展安全防范教育

《公安派出所执法执勤工作规范》第 32 条规定：责任区民警应当动员、组织责任区内单位和群众开展群防群治工作，建立群防群治组织，落实各项安全防范措施，减少可防性案件和治安灾害事故的发生。第 33 条规定了安全防范教育的内容包括：①开展形式多样的法制宣传教育，努力提高群众的安全防范意识和自我防范能力；②建立、完善以治保会为主体的群防群治组织；③推进安全社区建设；④落实人防、物防、技防措施。第34条规定了开展安全防范工作，应当做到：①定期召开治保人员、户口协管员等群防群治队伍会议，通报情况，布置工作；②对安全防范工作进行检查，及时发现和消除安全隐患；③动员安装防护门、安全锁、报警器等防护设施；④动员、组织单位和居民巡逻、看护，预防违法犯罪活动；⑤做好对未成年违法犯罪人员的帮教工作。

民警在开展安全防范教育时，要坚持"授人以鱼不如授人以渔"的指导思维，要指导群众建立起自身防范意识，能够识别风险，进行有效的防范。

（三）定期通报治安动态

治安动态反应不同阶段社会环境的治安特点。人民警察应当定期向群众通报治安动态，包括：近期案件发生的种类及危害情况，发生的原因及合理预防的对策；及时解答群众关心的治安问题，如儿童拐卖问题；公开重大刑事案件的侦破情况；新型违法犯罪侵害的对象、形式、衍生的侵害后果以及防范方法和举报方式；警民共建取得的成效；信息化警务为群众带来的惠民新政策。

（四）弘扬社会主义道德

社会主义道德在社会发展的各个时期，都是保持社会秩序良好的重要因素。人民警察在宣传教育的过程中，要弘扬爱岗敬业、尊老爱幼、助人为乐、路不拾遗、遵纪守法等优秀品质，积极宣传群众的见义勇为、参与公益等优秀事例，不断向群众传递正能量，促进社会文明发展，从而减少违反犯罪。

（五）宣传公安形象

公安形象宣传是公安机关通过各种媒介，将人民警察工作中的真实情况向群众展示，是向群众定期汇报公安工作成果的宣传工作。公安工作需要百姓的认可，公安工作的成果也要同群众分享。公安形象宣传是公安群众工作的加分项，坚持实事求是，坚决杜绝虚假宣传、夸大宣传，争取得到群众的拥护和支持。

（六）对其他相关知识的普及

由于人民警察面对的广大老百姓的需求不同，人民警察也要掌握一些其他知识，以备不时之需。在有必要时，将知识传递给有需要的群众，以期解决群众的问题。

二、宣传教育的基本方法

公安机关及人民警察在宣传教育的过程中要讲究方法，让群众更直观、更便捷、更高效、更主动地接受宣传教育。

（一）借助新闻媒体宣传

自新中国成立以来，新闻媒体对公安工作的宣传起到了其他宣传不可替代的效果。

人民警察要依靠新闻媒体做好主流的宣传工作。争取社会各类媒体的支持，在对不同地区、不同类型的群众宣传时，选择不同的媒介。如针对老年人可选择报纸、收音机、电视；针对学生可选择杂志、校报、校园广播；针对上班族可选择公交媒体、新闻手机 APP；等等。新闻媒体宣传的重点应该以公安形象、治安动态报告等为主要内容。借助新闻媒体宣传要求民警具有较强的公关能力，能够与媒体进行沟通，并建立长期的沟通机制。要充分利用新闻媒体的及时、高效、范围广等特点，开展好宣传教育工作。

（二）发放宣传手册、张贴告示

发放宣传手册是在宣传教育过程中民警常用的方法，它的特点是送"教"到家，民警可以将宣传的内容简练地印刷在宣传手册当中，方便群众携带，随时拿出来反复学习。张贴告示是公安机关及人民警察告知公民公安机关的某些具体事项或重要决定，它的特点是张贴醒目，方便来往群众驻足观看，起到广而告之的效果。发放宣传手册、张贴告示时要注意观察群众的反应，避免影响群众的正常工作和生活，避免让群众反感，否则，强行发放会适得其反。

（三）体现地域特色宣传

我国是拥有 56 个民族的典型多民族国家。在传统延续的历史背景下，不同民族、不同地域有着不同的民族特点和民族禁忌。在宣传过程中，无法做到整齐划一。人民警察要发动公安机关集体的智慧，制定有针对性并体现地域特色的宣传方式，如将宣传内容结合到民歌、童谣、舞蹈等形式中；在特殊民族节日时开展宣传教育等。宣传过程中，民警切记不要伤害到民族关系，不要触碰民族禁忌。因此民警要具备了解地域特色，通晓地方文化并且能够将其结合在宣传工作中的能力。

（四）创新形式宣传

随着时代的不断发展，人们的生活习惯已经有所改变。宣传教育工作要结合群众生活习惯的转变而有所创新，以更新颖、更简洁、更易懂、更高效、更环保的方式进行宣传工作。如，吉林省"互联网＋公安"平台的建设、网红民警、直播警务工作、萌警团等，都是利用了网络时代的特点从而创新出来的宣传教育群众、服务群众的新形式，值得推广。在导入案例中，博乐市公安局民警就运用了多种宣传手段和宣传方式，将预防拐骗、拐卖的知识和如何自救的方法，成功地传递给了社会各界，其反响较好。

📖 **真题链接**

1. 某市公安局在全面消防日来临之际，决定在全市开展一次消防宣传活动，要求各社区民警结合本辖区实际情况因地制宜地组织进行，社区民警小张想用多种形式开展宣传。下面宣传形式不妥的是（　　）。（单选题）

A. 开通社区微博，推送消防专题信息

B. 制作消防知识宣传板在小区内宣传

C. 为群众做有关消防安全知识的讲座

D. 在社区内用宣传车巡回高声播放消防宣传片

2. 某社区街面"两抢"案件频发，道路沿途视频探头损坏后没有及时维修，难以应对防控需要。派出所领导要求社区民警动员该路段沿途商户，在临街店面门口安装摄像头，社区民警与商户沟通的恰当方式是（　　）。（单选题）

A. 根据派出所领导指示，要求商户甲限期加装监控探头

B. 利用微博公布辖区内街面上"两抢"案件的发生和侦察情况，呼吁商家加装监控探头

C. 因商户信奉佛教，从做好事积功德的角度劝其加装监控探头

D. 将商户乙多次叫到派出所进行劝说，直至其同意加装监控探头

第五节　组织动员的能力

案例导入

北京市副市长、公安局局长王小洪在"平安中国"网络访谈活动中表示，2015年，首都群众安全感创2008年以来最高点；在北京市政府年度绩效考评中，北京市公安局在51个市级行政机关中综合成绩总分排名第二，是自2009年开展绩效考评以来的最好成绩。王小洪表示，首都公安机关始终把群众满意作为第一追求，准确把握动态、开放环境下社会治安规律，紧紧围绕严重影响群众安全感的各类突出问题，强化立体设防、合成作战，深入开展"打防管控"专项行动和多波次"平安行动"，驾驭复杂社会治安局势的能力和水平得到了新提升，保持了首都社会治安的持续稳定，全年接报违法犯罪警情同比下降4.1%。创新群防群治组织发动形式，叫响"西城大妈""朝阳群众""海淀网友""丰台劝导队""网警志愿者"等群众组织品牌，形成了警民携手、共保平安的强大合力。针对盗销非机动车日益突出的现实问题，研究推动非机动车实名登记，推广应用GPS定位技术，初步破解了打防瓶颈难题，有力回应了群众普遍关切。王小洪还提出，下一步，首都公安机关将继续坚持做好三个方面工作。一是坚持打重大与打多发并重、抓平台与建机制并重、传统方法与现代技术并重，抓好合成化打击犯罪。二是强化系统牵动，突出实战指挥的龙头作用，推动区域警务深度合作，提升立体化治安防控效能。三是完善群防群治力量组织动员机制，充分利用新经济组织、新社会组织和"互联网＋"等新业态资源力量，打造社会治理力量新的增长点。

📝 **知识目标**

1. 组织动员的对象。
2. 组织动员的方法。

📝 **能力目标**

1. 思考如何领导基层保卫组织。
2. 思考如何在案件办理过程中组织动员群众。

✏️ **基本理论**

组织动员能力是指，公安机关及人民警察在取得群众信任后，组织领导基层保卫组织，深入开展警民共建活动，依靠群众的力量完成发现情况、寻找线索、调查取证、抓捕嫌犯，侦破案件等一系列警务工作的能力。基层保卫组织包括：治保会、保安服务公司、物业管理公司、治安义务巡防队、单位内部保卫等组织。警力有限、民力无穷。公安机关及人民警察要紧紧依靠群众的力量，才能完成自身的法定职责，动员群众以无穷的民力，补充到有限的警力当中去，助力警察清除滋生违法犯罪的土壤，制止违法犯罪行为，惩治违法犯罪人员。

一、组织动员的对象

（一）治安保卫委员会

治安保卫委员会，简称治保会，是群众自行组织的设置在基层单位的群众性的治安保卫组织，是党和政府动员组织群众维护社会治安秩序的群众积极分子队伍。治保的法定职责权限包括：①扭送违法犯罪嫌疑人；②检举、揭发违法犯罪嫌疑人；③保护现场和协助破案；④监督考察；⑤制止违法行为。需要强调的是治保会及成员在履行职责权限时，没有公安机关的逮捕、拘留、羁押、传讯、搜查、没收财产、罚款等行政执法和刑事执法权。

（二）保安服务公司

保安服务公司，是指有偿为单位、集体或个人提供安全防范服务的，具有独立财力的经营性单位。保安公司经营的范围即是其服务范围，包括：①为机关团体企业事业单位、居民住宅区以及公共场所提供的安全守护；②对货币、有价证券、首饰、文物、艺术品等贵重物品和危害性较大、易燃易爆、易泄露的危险物品进行押运；③对大型展览、演出、赛事、商业等活动提供安保服务；④对安全技术防范产品进行推广、售卖；⑤提供安全防范咨询服务。需要强调，法律对保安服务公司和保安人员有一定的约束：一是保安服务公司不能提供个人安保服务；不可经营售卖枪支、弹药、管制刀具等器具；禁止非法售卖警务用品；不得从事非保安业务，不得进行生产和商贸活动，不允许其他企业挂靠，不得延伸办其他企业。二是保安人员在执勤时没有剥夺、限制公民人身自由的权利；没有搜身和扣押他人财物的权利；不可殴打（教唆殴打）和辱骂他人；不得擅自为他人提供保安服务；严禁阻碍国家公务人员依法执行公务；禁止提供追索债务或解决劳务纠纷服务等其他违法违规行为。

（三）单位内部保卫组织

单位内部保卫组织，是指机关、团体、企业、事业单位为加强单位内部的治安保卫工作，维护单位的生产秩序、工作秩序、教学和科研秩序而依法设置的内部治安保卫机构。《企业事业单位内部治安保卫条例》第 11 条规定：单位内部治安保卫机构、治安保卫人员应当履行的职责包括：①开展治安防范宣传教育，并落实本单位的内部治安保卫制度和治安防范措施；②根据需要，检查进入本单位人员的证件，登记出入的物品和车辆；③在单位范围内进行治安防范巡逻和检查，建立巡逻、检查和治安隐患整改记录；④维护单位内部的治安秩序，制止发生在本单位的违法行为，对难以制止的违法行为以及发生的治安案件、涉嫌刑事犯罪案件应当立即报警，并采取措施保护现场，配合公安机关的侦查、处置工作；⑤督促落实单位内部治安防范设施的建设和维护。

（四）物业管理公司

《物业管理条例》第 2 条规定，物业管理，是指业主通过选聘物业服务企业，由业主和物业服务企业按照物业服务合同约定，对房屋及配套的设施设备和相关场地进行维修、养护、管理，维护物业管理区域内的环境卫生和相关秩序的活动。物业服务区域的安全防范工作是通过工作人员值班、看守和巡逻，达到防盗、防火、防事故的目的。公安机关及人民警察充分利用物业管理的优势，能够有效抑制和消除管理区域内的违法犯罪的诱因，捣毁滋生违法犯罪的土壤，维护各个物业管理区域的良好治安秩序。

（五）治安联防组织

治安联防组织是协助公安机关预防打击违法犯罪活动，维护社会治安秩序的区域性群众治安防范组织，包括治安队、治安联防队、巡防队、协警等其他队伍。治安联防组织是自治性、区域性的群众治安防范队伍，是重要的辅助警察的力量。

（六）其他群众

随着时代的发展、社会的进步，人民群众自防自治的意识不断提高，社会各界人士都提高了安全防范意识，如"西城大妈""朝阳群众"等热心的志愿者，在公安机关及人民警察组织动员的过程中，成为无形但强有力的社会治安防范力量。

二、组织动员的方法

（一）组织保卫组织，做好群防群治

人民警察要组织好社会中的众多保卫组织，指导各保卫组织各司其职，各尽其责。

积极履行自身职责，将基础防范工作在日常的保卫工作中落实到位。实际保卫工作中不乏精神涣散的基层保卫组织成员，人民警察应该通过建立培训、管理、监督、奖惩、抚恤等制度，并落实到基层保卫组织的运行中，促进群防群治组织规范建立，持续发展，高效应用。动员保卫组织组成自觉有效的巡逻队成为单位和群众的"守护神"。

（二）发挥群众特长，参与治安维护

"警力有限，民力无穷"，群众的能量给予公安机关及人民警察的支持体现在公安工作中的各个环节。群众中有科学家、个人经营者、银行职员、运动员、农民，他们拥有警察不具备的特长和优势，如个体经营者可以频繁接触到附近的居民，掌握人员的部分情况；金融工作者能够了解近期金融违法行为的特点；影视工作人员可以帮助公安机关做宣传工作，有他们参与到治安维护中来，能够在第一时间发现社会不稳定因素，并及时报告公安机关，通过群众的力量，将违法犯罪扼杀在萌芽之中。群众是公安工作的"眼睛"和"耳朵"，能够帮公安机关收集社会各界信息，让我们发现警情，及时处理。群众是公安工作的"喇叭"，能够帮助公安机关宣传法律、政策，能够传递公安正能量，树立公安新形象，能够创新方法，推进公安文化、技术，公安业务能力等发展。只有组织发动群众到警务工作中来，共同参与维护社会治安秩序，才能够真正地改变执法环境，震慑违法人员，捣毁犯罪土壤，击垮犯罪分子。

（三）指导法治教育，重视学生发展

学生是国家的未来，民族的希望，是需要社会各界重点保护的群体。对学生进行法治教育，是培养学生拥有法律意识的基础工作。人民警察在工作过程中，要重视学生的发展。因此，公安机关及人民警察应该与学校及老师主动进行沟通，组织学生学习法律知识，掌握自我防范技能，参与公安社会实践，体验警民文化。潜移默化地引导学生建立正确的道德观念、法律意识，自觉遵守法律，远离违法犯罪，巧妙应对不法侵害，识别危险人员及环境，培养有效的报警求助意识。逐渐让学生拥有参与公益活动，自觉维护社会治安秩序的能力和主动性。

（四）推进警民共建，共同完成帮教

社区矫正人员、刑满释放不满5年的人员、存在不良行为的少年、吸毒人员、精神病人、重点信访人员、有"报复社会"心态人员以及其他影响社会和谐稳定发展的特殊群体是社会帮教的对象。这些人员散布在社会各个角落，他们不仅需要被教育，同时也需要社会各界的原谅、认可、帮助和挽救。当他们被社会接受或重新接纳时，才能有信心面对生活。习近平同志说："坚持共享发展，必须坚持发展为了人民、发展依靠人民、发展成果由人民共享，作出更有效的制度安排，使全体人民在共建共享发展中有更多获得感，增强发展动力，增进人民团结，朝着共同富裕方向稳步前进。"帮教对象也是我们在发展过程中不可忽略的群体。文明和法治的社会，不可以孤立谁，也不会放弃谁，因此，公安机关及人民警察对他们进行帮教的同时，也要组织和动员广大人民群众参与到对他们的帮教之中。在情况和条件允许的情况下，人民警察应该联合群众，定期以多种形式关心、关爱帮教对象，倾听他们的内心真实想法，摆正他们错误的价值观念，尽可能地提供机会让他们发现自己的优点和优势，让他们在具体事项中，找到属于自己的自信，当他们融入社会或重返社会时，要给予平等的机会和平等的对待。

（五）发动群众力量，完成案件查处

公安机关办理治安案件和刑事案件的过程中，离不开群众的支持和帮助。从报警开始，群众就扮演着辅助公安机关对案件进行了解、分析、调查、取证、核实等工作的角色。为了让群众更有效地成为公安机关及人民警察案件办理和案件侦查强有力的依靠，民警要做到：①丰富与群众沟通的方式方法。要想听到群众更多的检举、揭发的声音，必须为群众提供更多、快捷、便利的沟通方式和方法。如利用微博、微信等即时沟通平台远程报警；发送视频或声音给民警，直观、客观、真实地录下案件、事件现场情况等。②对有重要贡献的群众给予适当奖励。公安机关一直鼓励群众积极主动为公安机关提供破案线索。但部分知情群众，对提供线索有所顾忌，有的害怕惹"麻烦"；有的害怕被打击报复；有的没有掌握事情的来龙去脉，只知道一部分信息，导致怕自己"说错话"，而不敢说。为群众设置适当的奖励机制（奖金、荣誉）有两方面示意：一是感谢群众为公安机关主动提供线索，帮助公安机关破案；二是鼓励和激励其他群众将自己所掌握的与查处、侦破违法案件相关的线索，提供给公安机关。③保护举报人、证人、受害人的人身安全。保护公民的人身安全是公安机关的职责，但是部分群众对违法犯罪行为和行为人过分恐惧，导致他们不能、不敢向公安机关提供破案情报信息。人民警察要做好对举报人、证人、受害人的心理疏导，在取得情报信息后，有责任和义务保护举报人、证人、受害人的人身安全，防止被违法犯罪嫌疑人或别有用心的人员打击报复。

真题链接

1. 某派出所为了维护辖区治安，组织社区群众参与治安防控工作，创新了很多好的方法和措施。下类做法不属于群防群治工作的是（　　）。（单选题）

A. 组织"平安志愿者"开展社区巡逻

B. 申请奖励资金鼓励群众见义勇为

C. 为丰富群众业余生活开展文化活动

D. 开展社区居民安全防范宣传教育

2. 社区民警小周从事社区警务工作时间不长，工作热情高，派出所领导告诉他在社区要注意做好群众工作，赢得群众的支持，民警小周到社区后，放手开展工作，在很短时间内，与群众建立了良好关系，得到了社区群众的普遍认可。小周开展下列工作属于群众组织动员的是（　　）。（单选题）

A. 收集其他社区民警开展群众工作的经验材料

B. 对居民安装的防护门、安全锁、报警器等设施的安全性能进行调查

C. 对辖区的娱乐场所进行检查，及时发现和消除安全隐患

D. 成立社区义务巡逻队，做好日常巡逻、看护工作

3. 小李是社区民警，通过运用治安简报的方式向社区群众发布了社区治安的新情况、新问题、新特点以及最近发生的治安案件和刑事案件情况、相应的防范措施等。小李在治安简报中所发布的内容属于（　　　）。（单选题）

A. 案件剖析 　　　　B. 警情通报 　　　　C. 形势分析 　　　　D. 治安预警

 拓展阅读

四川成都市公安局武侯分局机投派出所果堰社区的社区民警——余东，用微信架起了警民之间的"连心桥"，解了百姓的难，撑起平安的天。

果堰社区是城乡接合部，紧挨着成都市西三环，面积 1.7 平方公里，人口约 4 万。余东围着辖区走一圈要半个多小时，"这么多人如果一个个去见、一个个来咨询问题，啥时候才能跑得过来、解决得完啊。"刚到果堰社区时，余东面对眼前"惊人"的工作量有些不知所措。为了尽可能多地帮助社区群众，同时又不给大家增添麻烦，余东想了一个简单又好用的巧办法，申请一个专门用于社区警务工作的微信号——"余警官在线"。有微信号后，余东将自己微笑时一团和气的圆脸印在小卡片和立式海报上"余警官在线"的微信二维码的旁边，并将卡片分发到辖区内几家连锁超市的柜台上。为了让更多人知道，下班后余东又穿着制服举着海报站在小区门口，请路过的居民"扫一扫"。

卡片发出去两天不到，"余警官在线"的好友就超过了 100 人，两周过后就超过了1000 人。"余警官在线"开通后，余东成了社区"名人"。不论是附近小区施工扰民的抱怨，还是前男友欠钱不还的烦恼，只要是社区里出现的大事小情，都被余东用微信拢在了一块儿，收进了手机里，压到了自己肩上。一次，有位经济上遭遇挫折的年轻人，给余东发来了准备轻生的微信。余东吓了一跳，赶紧一边开导对方，一边想尽办法了解他的位置信息。从晚上 8 点多一直聊到 11 点多，余东耐心的劝导终于化解了对方轻生的念头。后来又有一个小偷在菜市场里行窃，一位目击者悄悄拍下了照片，连着定位一起发给"余警官在线"。余东收到信息后，迅速通知附近派出所出警逮捕了小偷。小偷直到被抓后还在纳闷："咋抓到我的？"还有一次，一位居民给余东悄悄发来了一条毒贩的线索。余东不敢掉以轻心，立即上报。随后警方"顺藤摸瓜"，前往外地成功抓获了犯罪嫌疑人，搜查到的毒品足足有 5 公斤。

"社区民警的工作不好做。"尤其是在城乡接合部，很多社区的"安全系数很低"。老小区里的消防通道时常被违停车辆塞满，居民楼旁边的煤气管道也很容易被人踩着攀爬。外来务工人员起早贪黑去打工，财物就放在出租屋里，"锁一砸就开"，也很少

有房东会在门口安装监控。"怎样才能有效地提醒居民，避免此类案件的发生？"余东又当起了"安全宣传员"，选中微信中好友列表挨个提醒：贵重物品要随身携带，老旧门锁要及时更换。《这么做可能追回被骗的钱》《重要证件丢失补办方法》……他的朋友圈里更随处可见辟谣信息、防盗措施和新出台的政策法规。而当有老人或孩子走失，他的朋友圈又成了寻人平台。"账号开通一年，犯罪率下降了八成。"说到"余警官在线"发挥的作用，余东脸上露出了掩藏不住的自豪。

余东为社区纠纷双方群众耐心调解。他说："这是我作为一名社区民警的存在价值。"随着"知名度"越来越高，居民发来的求助信息也越来越多。在许多居民眼里，"余警官在线"已经成了"百事通"，涉及公安业务的线上求助咨询很快就能得到答复，并在线下得到妥善解决。余东的工作时间也因此超出了朝九晚五的范围，时常有人在非工作时间发来信息，有时甚至是在半夜，但余东每次都耐心细致地解答。他说："我不想让任何一个求助者失望。比起很多不熟悉网络的中老年居民，我获取各类解决问题信息的渠道更方便些。""余警官在线"开通一年多时间里，帮助辖区居民解决困难事多达上千起。媒体为此给余东颁发了一个"2017暖心成都人"的荣誉证书。

……

目前，"余警官在线"的微信号好友列表里已有4600多个，这个数字还在增长，眼看就要达到个人微信好友的人数上限。但余东并不想让它"停"下来，他打算申请把上限调高。添加好友容易，锲而不舍很难。百姓的赞点在朋友圈，密密麻麻；警民的情沉淀在心间，润物无声。

综合练习

1. 近日，在社区民警主持下，由律师通过微信群进行协调，完成了涉及居民李某、项某民事纠纷的治安调解。在进行调解中，社区民警做法不恰当的是（　　）。（单选题）

A. 调解前做深入细致的调查取证工作

B. 邀请双方当事人的亲友参与调解

C. 请律师全程主持并提供咨询

D. 通过微信支付赔偿款

2. 近日，"大V"戴某在微博上发布消息称："科学研究证实转基因大米对人体有危害，我国一产粮大省粮仓储备半数以上为转基因大米。"作为一名民警，看到这条消息后，恰当的反应有（　　）。（多选题）

A. 鉴于该消息的扩散可能引发社会问题，立即上报

B. 觉得这条消息可能是境外敌对势力的造谣，请有关部门辟谣

C. 将这一情况通报给粮食安全主管部门，提醒及时应对

D. 在朋友圈转发，告知亲友勿信谣言

3. 社区民警许某晚饭后到小区广场锻炼，看到众多居民在议论微信朋友圈发布的一则消息，说政府要拆除一标志性建筑物改作超五星级酒店，有人生气地指责政府官员不顾老百姓感受，浪费纳税人钱财。许某知道这是谣言，其正确做法有（　　　）。（多选题）

A. 将真实情况跟大家讲明，防止谣言进一步传播

B. 联络社区居民座谈，让他们了解政府的真实想法

C. 在小区网络论坛上转发政府官方微博发布的真实信息

D. 告诉大家不要信谣、不传播，并且教给大家识别谣言的方法

4. 李某（17周岁）因陈某学习成绩一直比自己好而心生嫉妒，借故殴打陈某并致其微伤。陈某报警，公安机关受理了案件，以下关于本案处理说法正确的是（　　　）。（单选题）

A. 殴打他人不适用调解结案，该案不能调解处理

B. 因李某系未成年人，故对其可以不予处罚，责令监护人严加管教

C. 如果李某系初次违反治安管理且无犯罪记录，则对李某给予的行政拘留应不予执行

D. 因联系不上李某父亲，公安机关可马上询问李某

5. 某派出所警察接到游客报警，辖区内的一条商业街多次发生扒窃案件，有小偷趁游客购物时偷窃其随身携带的贵重物品。派出所要加强商业街的治安防范，不恰当的做法是（　　　）。（单选题）

A. 组织专业反扒队伍　　　　　　　B. 加强治安岗亭守望

C. 加固居民小区门窗　　　　　　　D. 张贴防盗反扒警示语

6. 某市公安局为配合国际禁毒日的到来，决定在全市范围内开展一次禁毒宣传活动。社区民警开展宣传活动恰当的方式有（　　　）。（多选题）

A. 在辖区高中悬挂各种横幅标语

B. 在中小学和幼儿园中布置动画展板

C. 在迪厅、酒吧、KTV 等娱乐场所发放广告传单

D. 在火车站等公共场所利用更大屏幕播放禁毒宣传短片

7. 某市酒吧一条街位于该市老城区，酒吧所租用的房屋都是原街道两侧带有当地传统建筑风格的民房，是该市有名的景点。一到晚上，当地休闲娱乐的人和外地游客蜂拥而至，热闹非凡，特别是夏季旅游高峰季节。整条街更是人山人海，也带来了各种治安风险，辖区派出所民警以下的工作恰当的有（　　　）。（多选题）

A. 协调基层组织、商户出资为整条街安装摄像头

B. 组织建立商户志愿者巡逻队，加强街区巡逻

C. 与商户签订治安责任书，加强对酗酒、醉酒人员的劝导

D. 指令基层组织、商户负责净化、美化酒吧一条街环境

8. 社区民警小马针对近期有群众受到电信诈骗侵害的情况，积极开展社区群众防范电信诈骗宣传。下面正确的做法有（ ）。（多选题）

A. 上门宣传防电信诈骗知识，重点提醒老人防骗

B. 以居民楼为单位，建立多个公众微信群

C. 组织热心的居民组成义务巡逻队，开展社区巡防

D. 做专题讲座，讲解预防电信诈骗技巧

9. 根据以下情景材料，回答（1）～（4）题。

铁路线路安全是铁路运输安全的基础。由于铁路穿越田野、山区、林地、草地，跨越河流、沟壑，路线漫长，影响铁路线路安全以及列车在线路运行区间安全的因素，不仅有各种治安问题，也有自然灾害。比如在没有安装防护网的线路区段，火车撞轧人员、畜牧的铁路交通事故时有发生，而山体滑坡、沙尘暴、台风、冰冻雪灾也会影响行车安全。铁路公安机关为了加强线路治安防控，在线路车站设警务区，派驻站民警也配备了一定数量的警务辅助人员，对所在车站治安秩序进行管理，开展线路巡逻防控。

（1）驻站民警小李要到车站附近的村庄与有耕牛的农户逐一签订安全合约。下列做法不利于完成此项任务的有（ ）。（多选题）

A. 组织人员及时驱赶耕牛 　　 B. 请求村干部配合协助

C. 从严处理不服管理的农户 　　 D. 强制农户签订安全合约

（2）在山区铁路沿线工作的民警小李接所长通知，由于近日连降暴雨，容易引发次生灾害，要注意现场情况，妥善采取措施，保证过往列车安全。小李接到通知后应重点做好哪项工作？（ ）（单选题）

A. 启动实时监控的联动机制

B. 强化辖区治安防范措施

C. 组织村民做好防洪排涝

D. 要求铁路职工提高安全意识

（3）2015 年 6 月某日，该所管辖路线发生了一起火车撞死附近村民的事故，死者的十几名亲属闻讯赶到现场，情绪激动，扬言处理不好就拦车断道。接警后赶到现场的警务区民警，应着力做好（ ）。（多选题）

A. 明确事故责任，提出处理建议

B. 安抚家属情绪，及时报告上级

C. 进行法制宣传，配合铁路部门处理

D. 责成铁路部门及时给予赔偿

（4）新录用民警小王被派到沿线警务区工作。一段时间后小王发现警务辅助人员老刘看其年轻，对安排的工作经常敷衍应付，影响了工作进度。为扭转这种工作局面，小王可采取的正确做法有（ ）。（多选题）

A. 对老刘管理更加严格，从严落实工作责任

B. 请与老刘关系好的队员帮助做思想工作

C. 了解老刘个人情况，帮助解决实际困难

D. 故意不给老刘安排工作，让其无事可做

10. 根据以下情境材料，回答（1）～（4）题。

长城社区是位于城乡接合部的老社区，治安环境较为复杂。小区内有一大型休闲健身广场，每天早晚总会有十几二十几个小区居民聚集在一起，谈论一些时事政治和社会现象，其中也夹杂着各种抱怨、失望和不满。比如"民警出警速度很慢""小区自行车和电动车经常被盗""小区经常出现表情和行为比较怪异，疑似吸毒的人"等，有时也会表现出对北京"朝阳群众"做法的赞成，总之更多的是对社会治安状况的担忧，让大家觉得没有安全感。对新分配到社区工作的民警小白也表现出漠视，常常将小白发放的警民联系卡随手丢掉。小白决心要打开工作局面，重新找回大家对公安机关的信任。

（1）小白想尽快获得更多居民的熟悉和认同，以下途径可行的有（   ）。（多选题）

A. 将自己的电话、微博、微信、QQ 张贴在健身广场公告栏中，方便大家随时联系

B. 利用早晚空闲时间着便装到健身广场锻炼，熟络社区群众，参与社会讨论

C. 利用休息时间开展入户走访、法制培训、警民联谊等活动

D. 召集小区居民到物业开会相互认识

（2）小白决定首先从解决大家比较关心的"自行车和电动车经常被盗"和"经常出现表情和行为比较怪异，疑似吸毒的人"的问题入手，改善长城社区治安状况，以下做法不宜采取的是（   ）。（单选题）

A. 在公告栏张贴毒品识别及危害的宣传海报

B. 加强巡逻，加大技术防范手段的应用

C. 在小区居民的自行车和电动车上喷涂特有明显标志

D. 要求居民在自行车和电动车上加装防盗报警装置

（3）经过一段时间努力后，长城社区的治安状况有了很大的好转，小区居民对小白的好感与日俱增，同时也表示愿意支持小白的公安工作，并要学习北京"朝阳群众"，成立自己的"长城群众"，共同维护自己家园的社会治安。那么小白应给予"长城群众"哪些支持和帮助？（   ）（多选题）

A. 组织群众学习有关互联网管理方面法律知识

B. 向群众宣传当今社会治安形势，提供安全防范意识方面的培训

C. 发动群众积极参加各类社会治安活动，并深入了解公安工作

D. 鼓励群众积极参与公安机关抓捕行动

（4）为进一步巩固小区居民对公安机关的信任，让更多的群众体验到"获得感""幸福感""安全感"，小白又对自己的工作提出更高的要求，下列不恰当的做法是（　　）。（单选题）

A. 组建长城社区"治保会"，维护好小区治安状况

B. 利用"互联网服务"，实现公安业务在线服务，让群众少跑腿

C. 定期召开"警民恳谈会"，征求居民对公安工作的意见和建议

D. 加强对小区保安的培训，帮助小区物业实行封闭化管理

第 十 三 章

管理服务能力

知识结构图

$$
\text{管理服务能力}
\begin{cases}
\text{公安管理服务概述}
\begin{cases}
\text{公安管理与公安服务的关系} \\
\text{公安管理服务的正确解读}
\end{cases} \\
\\
\text{公安管理服务的要求}
\begin{cases}
\text{有限警务} \\
\text{有效警务}
\end{cases} \\
\\
\text{管理服务的常用措施}
\begin{cases}
\text{治安调查} \\
\text{案件调查} \\
\text{纠纷化解}
\end{cases}
\end{cases}
$$

案例导入

下午五点，民警小张到辖区某居民区开展走访调查工作。当他正在小区内与群众访谈时，突然听到有人喊："杀人了"。小张从声音判定了出事的大致方位。根据小区的道路情况，小张抄近路跑向案发处。这时小张看到一男子手持尖刀向自己冲过来，小张一边向周围群众大声呼喊"赶快躲开！报警！"一边自己迎向持刀男子。双方即将接近时，该男子举刀砍向小张，小张躲闪不及右手受伤，但仍坚持与之搏斗。后在周围群众的协助下，小张最终将持刀男子制服。

第一节　公安管理服务概述

知识目标

公安管理与公安服务的关系。

能力目标

1. 对"有求必应"的理性思考。

2. 准确把握公安管理服务的内涵外延。

基本理论

世界上所有国家的警察机关都是国家机器的重要组成部分，都具有政治职能、社会管理职能与服务职能，都通过各种手段来维护特定社会制度下的社会秩序，为社会公众提供服务。

一、公安管理与公安服务的关系

从语言释义的角度看，管理即管辖、治理，是国家机关的天职；服务即为他人提供帮助，是现代社会赋予国家机关的新理念。虽然管理与服务运用的手段、方式不同以及管理者与管理对象、服务者与服务对象所处地位不同，但从一定程度上看，管理者即服务者，管理对象即服务对象，管理与服务的最终目的都是保障国家安全，维护社会秩序，实现经济社会的可持续发展，实现经济效益、社会效益的统一。

以美国为例，通常警察最后的行动决定了警察是在管理社会，还是在提供服务。如警察接警处理家庭争吵或邻里之间的争吵，出警警官逮捕争吵者，这就说明警察是通过处理某种违法行为而在管理社会。如果不实施逮捕，警察进行调解，或对双方提出劝告、警告，在这种情况下，警察的行为被认定为提供服务。

在我国，社会性质决定了公安机关的任务就是"执法为民"。"执法为民"即表现为公安机关管理职能与服务职能相互融会贯通。现阶段，公安工作应以"权为民所用，情为民所系，利为民所谋"为执法指导理念，真正处理好管理与服务的关系，在服务工作中体现管理水平，深刻明确打击违法犯罪、维护社会治安稳定的最终目的是为人民创造一个和谐安宁的社会环境，实现全心全意为人民服务的最高宗旨。

二、公安管理服务的正确解读

（一）对"有求必应"的理性思考

1986 年，广州市公安局率先在原来的"110"匪警电话的基础上，建成开通了"110"报警台。1996 年，公安部在福建省漳州市召开了"110"报警服务工作现场会，将"110"报警台统一改称为"110"报警服务台。1997 年前后，全国县级以上公安机关的"110"报警服务台相继开通，并蓬勃发展起来。各地认真履行由公安部认可并推广的、漳州"110"率先实行的"有警必接、有难必帮、有险必救、有求必应"的承诺。由此发展，"四有四必"既成为公安机关服务社会的重要范围依据，又成为公安机关服务承诺的质量标准，还成为社会评判公安工作和公安民警的重要指标及上级公安机关考核下级公安机关的重要尺度。

"四有四必"的承诺和践行极大地为人民群众提供了便利，解决了人民群众最迫切、最直接、最现实的问题，弥补了政府对公众服务的职能缺位和不足。同时，在改善民警关系、塑造警察正面形象、增强警察队伍的凝聚力等方面也发挥了重要的作用。"人民的110""群众的保护神""远亲不如近邻，近邻不如110"，"110"已成为公安机关的一面旗帜、一个品牌、一种精神，更成为百姓心目中警察的代名词、安全的符号。

但是，随着"110"影响力的不断提升，"110"的服务范围也不断扩大，其倡导理念、服务范围、职责界限等变得越来越模糊，而群众也开始无规范、无限制地使用"110"，"110"成为百分之百的免费服务产品，以致许多公安机关为履行"有求必应"的承诺而超负荷地工作，结果不堪重负。

"有求必应"是公安机关在一定的时代背景下做出的对公共服务的承诺，并作为其业绩的评价标准和追求目标，但是随着这个承诺的推行，逐渐滋生出一系列新问题：

1. 有求必应的愿望和事无巨细需求之间的矛盾。群众的需求是多方面的，期望也是不同的，因此，公安机关不仅提供法律规定的公共安全服务，而且还要解决群众的各种各样的需求和困难，充当着"社会保姆"的角色，履行着有求必应的承诺。

2. 警察职能的泛化与警力资源的不足之间的矛盾。"有求必应"不仅分散了有限的警力资源，而且，阻碍了警察有效地履行自己的法定职责。根据法律规定，警察的核心职责和职能在于维护国家安全，维护社会治安秩序，警察的服务职能应该建立在其核心职能的基础上，而不能使职能泛化。群众对公安机关超限度的依赖和奢望与有限警力资源产生了新矛盾，使警察成为社会矛盾的直接指向。

总之，"有求必应""四有四必"的承诺表现出公安机关为民服务的意识和初衷，但是在实践中，民众对这些承诺的误读和误解将警察置于两难和尴尬境地，不仅影响了警察的形象，破坏了警民关系，而且也影响了警察核心职能和职责的履行。

（二）准确把握公安管理服务的内涵外延

1. 公安管理服务的内涵。公安管理服务的基本内涵可以概括为：执行法律、维护秩序和公共服务。执行法律是核心职能。公安机关运用法律赋予的权力预防、打击犯罪行为，管理社会治安秩序、巩固国家政权。维护秩序是一项基本职能。公安机关维护社会秩序就是要保护宪法和法律规定的社会秩序，既要保障国家在管理社会时有序进行，使社会在法定的框架内有序运转，又要保障公民的合法权利得到有效实现，使整个社会处于公平、公正与和谐之中。公共服务，就是要求公安机关及其警察为社会提供公共安全服务。三项内涵相互依存、相互渗透、相互促进。

2. 公安管理服务的外延尺度。一是有限性的服务。为人民服务是公安机关及其人民警察的宗旨和归宿，但又必须正确理解和把握警察的工作职责和职业道德。警察的服务是有限的，如果将警察向社会提供服务的范围无限扩大，社会上的所有事务都要警察亲力亲为，其后果必然是既不可能、也做不好的，更易把警察游离于提供公共安全服务的主战场。二是参与性的服务。公安职能具有法定性、权威性和专属性，但不应该是垄断性。随着社会的发展，社会的治理已经形成了多元化，社会公共安全服务的需求在不断增长，其服务体系的构建和服务力量的支撑，同样需要多元化的模式和社会化的格局，"警察包打天下"既不可能实现，也难以做到。

真题链接

1. 某地公安机关努力将"民意导向""现代警务立体化治安防控"等理念渗透到每一项公安工作和决策中。考虑到群众普遍要求进一步强化社会面特别是对路面治安和住宅区治安的管理，该公安机关便对巡逻勤务管理工作进行重大调整改革，固化动态警务机制，全面推行社会面巡逻防控勤务模式。该公安机关的做法与下列哪一说法最相符合？（　　）（单选题）

A. 坚持了党的绝对领导　　　　　　B. 贯彻了公安工作的群众路线

C. 实现了警务工作现代化　　　　　D. 落实了立体化治安防控

2. 根据《公安机关人民警察职业道德规范》，人民警察应当遵循"服务人民"等十个方面的道德规则。以下不属于"服务人民"具体要求的是（　　）。（单选题）

A. 热爱人民　　　B. 甘当公仆　　　C. 除害安良　　　D. 顾全大局

第二节　公安管理服务的要求

知识目标

有限警务与有效警务的内涵。

能力目标

1. 掌握有限警务的要求。

2. 掌握实现有效警务的途径。

基本理论

一、有限警务

有限警务主要来源于有限政府的理念，是有限政府理念在公安机关的体现，表现在警力、职能、权力等方面的有限性和受监督性，不能超越其法定的界限。

（一）有限警务的内涵

1. 警力有限。从目前的经济实力来看，大规模扩充警力是不现实的。从长远来看，将警察的数量限制在一定范围内，将有助于维护和提高警察的职业神圣感和使命感。

然而，"警力有限，民力无穷"。有限警力需要借力于无穷民力，将警务工作扎根于人民群众，走群众路线，充分利用广大民众资源，将传统的警民结合治安防控方式发展和创新，通过社会力量进行维护社会秩序，处理人民内部矛盾。

2. 职能有限。公安民警的职能主要体现在专政职能和社会管理职能方面，具有权威性和专属性，但是除此以外的服务职能并非需要公安机关垄断占有。可以将管理服务引入市场规则，推行公共服务市场化、委托化、社会化，发挥各种社会力量的价值，同时缓解公安管理服务的压力。

3. 权力有限。公安民警的权力是有限的。警察权力大小与一个国家的法治程度是成反比的，法治文明程度越高，警察权力就应越小，反之亦然。一个有限行政、透明行政、责任行政、法治行政的政府，绝不会过分借助警察的强制力量来维持社会秩序和权力运行。警察权力有限意味着权力介入范围有限，警务活动范围受到法律的严格限制。

（二）有限警务的要求

有限警务要求公安民警要有所为而有所不为，要正确处理好核心职责、法定职责和泛化职责的关系。当前，警力资源不足，民警工作任务繁重、体力透支，这些成了当前基层公安机关的普遍现象。有求必应的承诺强化了公安机关的服务意识，但是并不意味着公安民警万事都管。而是公安民警需要依法履行职责，对一些与法定职责无关的工作和任务必须抛开，应该管的坚决管好，不该管的坚决不管，只有有所不为，才能有所为，将有限警力用在核心任务上，才能提高警务工作效率。

二、有效警务

（一）有效警务的内涵

现代西方经济学研究表明，政府的运作需要付出一定的社会成本，当我们在衡量这种成本与政府工作所带来的社会收益之间的关系时，便产生了有效政府或无效政府的概念。有效警务的内涵是与有效政府相联系的。所谓有效警务，就是警务活动的低成本而高收益。有效警务的内涵主要反映在以下几个方面：

1. 公安民警角色的清晰。有效警务首先取决于公安民警是否清楚和明晰自己的角色和法定职责，只有知道自己该干什么，该履行什么职责；不该干什么，不需要履行什么泛化的职责，才能保证警务活动的有效性。根据《人民警察法》的规定，公安民警应当充当服务者、执法者、秩序维护者等角色。在不同时期和不同环境下，对这些角色的要求是不同的，评价标准也是不同的，这些角色的合理转换和组合是有效警务实施的保障。

2. 公安民警执法的有效性。有效警务的核心内容应该表现在公安民警执法的有效性。首先，应当具备执法为民的思想，严格、公正、文明地执法，依法履行职责，将公平和正义落实到每一个执法环节中。其次，要求公安民警快速反应能力强，面对应急任务和警务活动，快速获得信息、快速掌握情况、快速调整方案、快速进行决策、快速实施行动等一系列行为将能最大限度地提高和保证执法的时效性和有效性。再次，规范性执法是执法有效性的有力保障。执法规范化建设要求将公正执法理念与公安民警权力限制，通过法律性、制度性、技术性的操作，设计规范化和标准化的执法程序，让公安警务活动在法律的规范和范围内展开。

3. 公安民警服务的有效性。随着社会的发展，公安警务的社会服务职能越来越得到群众认可。同时，由于社会服务内容主要是群众的日常生活，因而群众对公安民警的服务水平、服务的有效性有更高的期待和评价标准。这就要求公安民警能积极深入民众，及时了解和把握民意，不断改进服务方式、服务内容、服务重点等，有效地为民众提供社会服务，扎扎实实地走群众路线。

（二）有效警务的途径

做到有效警务要有力为与借力为两手抓。如今，"110"已成为公安机关的一个品牌、一种信念、一个支柱，更成为人民群众心目中人民警察的代名词。但是，近年来有限的警力资源无法满足群众日益增多的服务需求，面对这种尴尬的局面，公安机关应当改变服务方式，需要厘清自身的核心职能，认真处理好有力为与借力为的关系，提高警力资源利用率和效率。

公安机关要弱化和消弭大而化之的"有求必应"的形象，就要善于借力打力。美国 2000 年度有 59% 的警察机构将非警务求助转接到其他更为适当的机构，借力于政府社会服务联动组织，如借助民政部门开展救助工作；借力于其他社会力量，如借助妇联、工会等社团组织开展家庭暴力的处置；借力于其他社会管理辅助力量，如借助社区志愿者处理纠纷、进行巡逻；等等。我国公安机关需要处理好有力为和借力为的关系，推动建立完善的社会管理联动机制，使社会各职能部门以及社会团体力量同心协力，共同承担社会管理任务，实现管理服务效能的最大化。

真题链接

1. 社区民警小周从事社区警务工作时间不长，工作热情高，派出所领导告诉他在社区要注意做好群众工作，赢得群众的支持。民警小周到社区后放手开展工作，在很短时间内，与群众建立了良好关系，得到了社区群众的普遍认可。小周开展的下列工作属于群众组织动员的是（　　）。（单选题）

A. 收集其他社区民警开展群众工作的经验材料

B. 对居民安装的防护门、安全锁、报警器等设施的安全性能进行调查

C. 对辖区的娱乐场所进行检查，及时发现和消除安全隐患

D. 成立社区义务巡逻队，做好日常巡逻、看护工作

2. 李某因偷盗被抓，派出所民警将其带回继续盘问，李某告诉民警家中还有 80 岁

卧病在床的老母亲无人照顾。民警随即联系李某的亲友王某，王某答应照顾李某母亲，民警将安排情况告诉李某。下列有关该民警行为性质的表述最准确的是（　　）。（单选题）

A. 实施帮助行为   B. 体现热情服务

C. 履行法定义务   D. 遵守职业道德

第三节　管理服务的常用措施

知识目标

1. 治安调查的基本内容。

2. 案件调查的基本原则。

3. 纠纷化解的程序。

能力目标

1. 明确现场勘查的程序。

2. 熟记调查访问的内容。

3. 熟练掌握纠纷化解的方法。

基本理论

一、治安调查

（一）治安调查的概念

治安调查也称为治安防范调查，是治安管理的基本措施之一，是客观了解和科学分析某一领域治安管理的现状、问题，为治安管理的科学决策和有效实施提供依据的一种认知活动。治安调查不像案件调查那样有对象确定性、程序法定性、内容精确性，而是一种相对宏观、泛化、灵活、多样性的调查、分析研究活动和过程。

治安调查可以对治安管理工作进行全面的检验和客观的评判，能为治安管理科学决策提供必不可少的依据，可以为治安管理决策的正确实施提供有益的参照，能提高公安机关的治安调控能力和治安民警的综合素质。

（二）治安调查的基本内容

1. 治安管理的常态与异常情况。调查的目的首先是发现现实情况中那些与我们设计的、希望的正常状态不一样的异常状态和存在的问题，而对异常状态和问题的发现、认定，需要通过各种日常工作资料与正常状态进行参照、对比。因此，治安调查能否科学有效，首先决定于能否科学运用确实有用的日常管理资料。

2. 公众的安全感受与安全要求。治安，在很大程度上是一种享受治安服务的社区单位和居民的心理感受，治安状况好与坏、问题在哪里，群众来自于切身感受的判断，甚至比警察的判断更正确、准确、具体。因此，治安调查要广泛、具体，详尽地了解、汇总、分析这些感受，才可能得出正确且有实效的结论。

3. 治安管理的新问题、新领域。社会的变化发展直接影响甚至决定着治安状况、治安行为的变化发展。开放、改革的深入与发展的加速，使中国社会正处于巨大而快速变革的历史时期，各种意想不到的新情况、新问题，都可能出现。能否及时发现各种新情况甚至是新领域，及时关注各种潜在性、萌芽性、倾向性的治安问题，是公安干警能否立足于主动、先机制敌，从而有效掌控社会治安的关键。

4. 违法犯罪与灾害事故的特点与规律。案件、事件与事故是社会治安的大敌，是治安管理应严密防范、及时发现、有效处置的关键问题。具体的案件、事件和事故的发生，当然有其偶然性和不可预见性，但某类违法犯罪、某类灾害事故，却都是有其规律可循、有特点可辨、有过程可控的，搞好治安调查探寻这些案件、事件、事故过程、特点和规律，公安干警才能采取有针对性的对策，有效解决问题。

5. 重大变动的社会动态与公众心态。治安管理本身是一种相对开放的系统，又客观存在于社会这个更大的开放性系统中。社会各个层次、各个方面的重大变动都会或直接或间接、或大或小地对治安产生影响。因此，关注国际国内社会形势的重大变动及其对公众心态、行为的影响，是治安调查的基本内容之一，尤其是党和国家、各级党委和政府各种政策、法律和重大措施出台后，社会各阶层、各方面的动态与反映，不仅是党委和政府社会管理的重要依据，更是公安机关社会治安管理的重要依据，更需要全面调查、准确掌握、及时报告。

✎ 拓展阅读

治安重点地区是公安工作实践中约定俗成的一个新名词、新概念。目前，词义上尚无确定之规，标准上亦无明确界定，它通常是指治安问题突出，秩序混乱，违法犯罪活动猖獗，群众反映强烈的地区、单位、部位、路段、行业和场所。比如具有黑恶势力特点的严重犯罪区域；流动人口聚居区；刑事案件上升、治安案件高发、"两抢一盗"等侵财性案件多发的区域；拐卖儿童妇女犯罪案件多发区域；"非法组织"等邪教活动和非法宗教活动突出的区域；治安复杂的村（居）；黄赌毒等社会丑恶现象突出的区域；网吧、娱乐场所等高危重点人员经常出入的区域；治安问题突出的建筑工程工地；危险化学品生产、经营、储存、运输领域；无照经营、欺行霸市、强揽工程、非法阻挠施工、制售假冒伪劣商品及黑市交易等问题突出的区域；强买强卖、强讨强要等问题屡治不绝的区域；交通秩序混乱、事故多发的路段；严重破坏铁路运输安全的区域；学校周边治安混乱的区域；存在重大消防隐患的区域；其他群众和新闻媒体反映强烈的区域。

二、案件调查

（一）案件调查的内涵

案件调查是公安机关查清案件情况，依法处置有关人员，维护社会稳定的基本手段。案件调查主要包括现场勘查、调查访问等工作。其目的是寻找物证、发现线索、查清案件的性质和原因，查明肇事者或作案人员和造成的损失、危害情况，发现隐患、漏洞等。

（二）案件调查的基本原则

案件调查的基本原则有：及时性、合法性、全面性、客观性。及时性是指公安机关接到报案后，应立即赶赴现场，抓紧时机进行案件调查工作。合法性是指案件调查人员必须以法律为准绳，严格遵守国家的法律法规，依法办事。全面性是指人民警察在整个案件调查过程中，力求全面地把握发现的有关案件的一切物证、痕迹、人证等材料，使之充分表现出与案件原因的内在关系。客观性是指人民警察对案件原因的判断，都是建立在客观事实和证据的基础上的，不能先入为主、主观臆断、偏听偏信和感情用事。

（三）现场勘查

案件现场是反映案件发生的客观物质基础，也是获取证明案件原因证据的主要场所。现场勘查的目的是及时、准确、全面地发现案件痕迹和物证，了解事故发生的真实经过和造成的后果，为迅速查明案件发生的原因、证实案件的责任人以及确定犯罪者提供充分的证据。现场勘查的质量如何，直接关系到案件调查的成败。

现场勘查的程序如下：

1. 现场概览勘查。现场勘查人员到达现场后，首先应向报案人、发现人、事主、现场保护人员及发案单位负责人等了解案件发生过程和发现经过等简要情况，然后进行现场概览勘查。概览勘查是为了弄清现场的全貌，为组织现场细目勘查做好准备。概览勘查目的是：确定现场中心部位，确定勘查的重点部位，合理划定勘查范围；发现危险隐患，采取应急措施；确定物证、痕迹的重点保护地段；等等。

现场概览勘查的方法包括环境勘查和初步勘查。环境勘查是指现场勘查人员主要观察案件发生地周围的环境，收集现场外围的可疑痕迹和物证。初步勘查即静态勘查，就是不移动现场的任何东西，从各个不同角度对现场进行观察，弄清现场全貌和各种物体之间的相互关系。如需进入中心现场，所有人应沿统一的路线前进，对发现的可疑痕迹、物品等要作出标记，防止被后人践踏破坏。

2. 现场细目勘查。现场细目勘查主要是针对发现的每个疑点和初步认定的案件中心地带进行重点勘查。这时可以搬动或处理现场的物体、痕迹，深入分析各种痕迹、残留物，弄清事故的起因和发展情况，同时提取现场残留物和痕迹，并详细做好提取物的名称、地点、数量和时间的记录。

3. 物证收集。现场收集到的所有物证，均应装在透明的塑料袋中，并保持原样，不可冲洗擦拭。所有物证均需贴上标签，标明提取的地点、时间、方位与距离，提取人的姓名等。对于那些有碍人身健康或有起火、爆炸、毒害、放射等危险的物品，要采取相应的安全措施，也应尽量不损坏原物。对于那些无法提取的事故痕迹，应当用照相、录像、制图等手段进行固定。

4. 现场记录。现场记录包括现场笔录、现场拍照和录像、现场图三个部分。现场笔录是利用文字的形式，客观地记载现场状况和勘查情况的法律文书材料。现场拍照和录像是在勘查过程中，对现场概貌、重点部位和细目进行照相和录像。绘制现场图是指勘查中要绘制现场方位图和局部图，现场方位图反应现场和周围环境的关系，现场局部图反应现场中各个物品、痕迹之间的关系。

（四）调查访问

调查访问的主要目的是通过询问掌握案件发生前后的情况，并与现场勘查所得的信息结合起来，相互印证、相互补充，使案件原因的分析更加可靠和准确。调查访问包括个别访问和集体访问两种。一般来说，个别访问除被访问人以外，不宜有其他人在场，以免泄露或影响被访问人如实陈述。集体访问的形式是召开案件座谈会，目的是为了集思广益进行头脑风暴，尽可能地收集与案件有关的材料，发现新的线索。

现场调查要依法进行，同时要做好询问和讯问笔录，把被访人所谈的主要情况如实记录下来。笔录中应写清楚被访问人的姓名、性别、年龄、职务、住址、工作单位、访问时间，被访问人反映的具体情况以及所叙述情况的来源、时间、地点等事项。

三、纠纷化解

（一）纠纷化解概述

纠纷化解，是指在第三人的主持和疏导下，使双方当事人以一定的条件达成和解，通过合意解决纠纷和矛盾的一种方法。纠纷化解的基本特征是双方当事人的合意，即是否进行调解处理、如何调解处理、是否接受调解处理的结果都依赖双方当事人的自愿选择。公安机关调解和处理纠纷应当遵循合法、公正、公开、自愿、及时和教育的原则。

纠纷化解分为治安调解与民事调解。治安调解主要化解治安纠纷及其与治安纠纷相关联的民事纠纷，主要处理因民间纠纷引起的打架斗殴或者损毁他人财物等违反治安管理、情节较轻的治安案件。在公安机关的主持下，以国家法律、法规和规章为依据，在查清事实、分清责任的基础上，劝说、教育并促使双方交换意见，达成协议，对违反治安管理做出的一种非处罚性处理活动。治安调解一般为一次，必要时可以增加一次。民事调解化解普通的民事纠纷，包括实质调处与非实质调处。实质调处是公安机关通过调处，使当事人各方的实体权益争议得以解决，从而化解矛盾。非实质调处是指对有些纠纷，公安机关不便或难以处理，而是仅作一般性的劝说，帮助当事人暂时缓和矛盾，平息当场纠纷，为当事人提供必要的咨询，并为当事人指明或联络解决纠纷的渠道。

（二）纠纷化解的程序

根据《公安机关办理行政案件程序规定》《公安机关治安调解工作规范》等规定，纠纷化解要遵循以下步骤：①向双方当事人了解情况，主要是双方当事人的基本情况和案件发生经过等，做好调查取证工作，这是调解的前提和基础。②对双方当事人进行说服教育，做好法律宣传工作。③征求双方当事人对案件处理的态度和意见，是否接受调解、调解的要求等。④在公安机关办案民警的主持下，说服当事人自愿达成调解协议。⑤按法律要求规范制作治安调解协议书。

（三）纠纷化解的方法

1. 亲情疏导法。亲情疏导法指用亲情、友情加法律手段对纠纷当事人进行攻心疏导，在亲情友情的感化下实现成功调处。调解处理时，民警可邀请纠纷者的亲朋好友，对其进行劝解、感化。该方法适用于纠纷当事人有近亲属或邻里关系，平时关系较好，一时冲动造成后果的案件。

2. 换位思考法。在纠纷调解处理中，双方当事人由于只考虑自身利益，跳不出个人圈子，好钻"牛角尖"。民警就应启发双方当事人转换角色，换位思考。引导他们在考虑个人得失的同时，也要替对方着想。然后再循循善诱，因势利导进行调处。该方法适用于当事人以自我为主，看重个人利益，计较个人得失的案件。

3. 逆向思维法。逆向思维法是指运用逆向思维的方式，转换思考问题的角度，让双方当事人重新思考纠纷的过程、造成的后果、对双方造成的影响等，从而趋于冷静，端正态度，以达到调解之目的。该方法适用于当事人均认为自己有理，对事件中谁对谁错问题纠缠不清，正面工作受到阻碍的案件。

4. 冷却降温法。在纠纷激化，双方争吵不休的情况下，民警可将双方当事人暂时隔离，不去过问，待双方冷静下来后，再抓住有利时机，及时进行调解和处理。该方法适用于当事人脾气暴躁，容易冲动，失去理智的案件。

5. 案例引导法。案例引导法是运用调解成功的相似案例，以案说法进行剖析，让双方当事人结合案例对纠纷重新思考，计算纠纷的成本，以他人之事为借鉴，最终达成调解协议的方法。该方法适用于当事人文化程度较低，声称不懂法，固执己见，不肯让步的案件。

6. "四宜四不宜"。"四宜四不宜"的具体内容如下：①宜解不宜结：从解决双方当事人的矛盾入手，通过调处进行教育、疏导，促使双方当事人重归于好。②宜和不宜激：在调处时，要努力缓和双方的对立情绪，然后再讲法，分清是非，使矛盾得到解决。③宜缓不宜急：在处理时不急于下结论。④宜宽不宜严：当案件调处不成，需要对违反治安管理行为人进行处理时，要尽量依法从轻处理，避免矛盾再次激化。

（四）调解的法律效力

当事人达成的协议不具有强制执行的效力，当事人双方或一方反悔不履行的，公安机关不能强制其履行调解协议。调解不成或者不履行调解的，公安机关应当对违反治安管理行为人依法予以处罚，对违法行为造成的损害赔偿，应告知当事人向人民法院提起民事诉讼。调解达成协议并履行的，公安机关对违反治安管理的行为不再处罚。双方当事人自愿达成调解协议并在期限内履行完毕的，公安机关应当予以结案，不能再就同一事实进行查处，当事人一方也不能就同一事项要求公安机关对违法行为的人作出处罚。

真题链接

1. 下列治安调查研究中不符合要求的是（　　　）。（单选题）

A. 派出所民警到居民刘某家走访，征求对其社区治安状况的意见和改进建议

B. 市局民警与市内某学校保卫工作人员交谈，并了解该校发生警情的特点

C. 市局民警暗访某城区洗浴城，向服务人员了解其服务情况

D. 派出所民警到居民金某家走访，调查其离婚情况

2. 下列属于公安机关调解范围的是（　　　）。（多选题）

A. 张某和吴某因排水问题殴打起来，张某将吴某打成重伤

B. 李某开车不慎将王某家的狗轧死，引起两家纠纷

C. 赵某和钱某平素有仇，遂放火烧了钱某的房子

D. 刘某说周某借钱不还，周某说已还，双方争吵不休

综合练习

1. 李某和邻居张某打架造成张某轻微伤。在民警的主持下，双方自愿达成了调解协议，张某拿到了李某赔偿的医药费 500 元。事后，张某觉得吃亏了，又到派出所要求重新处理，对此办案民警应该（　　　）。（单选题）

A. 再次调解

B. 告知张某只能对李某提起民事诉讼

C. 不能对李某作出治安处罚

D. 告知张某可申请行政复议或提起行政诉讼

2. 2015 年 6 月 21 日早晨，某市某小区 2 号楼 3 单元 503 室女子李某出外遛狗，行至该单元三层时，狗叫惊吓到正在上楼的女子刘某（402 住户），李某和刘某互骂互殴，造成刘某轻微伤。公安民警接报警后赶到现场，了解到以下情况：刘某称三楼住户张某看见双方互殴，但张某不予证实；二楼住户徐某听见双方互骂，并上楼劝架，

但未看见双方动手；李某也不承认案发当日与刘某见过面。下列关于民警后续调查工作不正确的说法是（　　）。（单选题）

A. 可以查询犬类登记，确认李某是否依法养犬

B. 应当走访临近的二层、四层的居民，了解案发时的情况

C. 可以要求居委会调取当日周边私人视频资料

D. 可以走访居委会，了解双方日常关系

3. 社区民警既是社区治安管理者，更是服务群众的社区工作者。以下是社区民警小马开展的工作，其中不属于直接服务群众的是（　　）。（单选题）

A. 在社区警务室定期接待群众咨询，提供解决方案

B. 通过建立社区民警微信群收集社区治安信息

C. 建立网上警务室，为群众提供帮助或办理有关事项

D. 采取登门服务的方式办理户口

4. 大东派出所的社区民警小刘负责社区日常管理和情报信息收集工作。近期派出所为了配合市公安局的清理整治工作，提出了"平安大东，和谐大东"的建设目标。小刘的任务是尽可能多地发现和收集苗头性的信息，及时化解社区内的安全风险。小刘在走访过程中，听到社区群众议论：住在该社区的刑满释放人员杜某没有什么正经工作，天天闲逛，常与以前的一帮狐朋狗友混在一起。关于民警小刘是否应该收集上述信息的说法，正确的是（　　）。（单选题）

A. 不用收集，因为社区群众的议论往往不够全面客观

B. 不用收集，因为杜某并没有产生现实危害

C. 应该收集，因为社区群众对杜某的议论较多

D. 应该收集，因为杜某有潜在的社会危害性

5. 民警小李为了加强对辖区治安重点地区的管理，要对这些地区的情况进行调查了解。下面关于治安重点地区表述错误的是（　　）。（单选题）

A. 常住人口多的地方就是治安重点地区

B. 发案率高的地方就是治安重点地区

C. 出租屋集中的地方就是治安重点地区

D. 公交枢纽站就是治安重点地区

6. 新入警的小胡按公安派出所所长的要求，去街面、社区、单位进行调查研究，熟悉相关情况。下列属于治安状况调查的是（　　）。（多选题）

A. 小胡到居民张某家访谈，调查了解社区群防群治工作

B. 小胡与超市收银员谈话，调查最近商场的销售情况

C. 小胡与商场治安志愿者林某聊天，调查其最近的巡逻值守情况

D. 小胡与网吧老板聊天，了解上网人员情况

第 十 四 章

信息工作能力

知识结构图

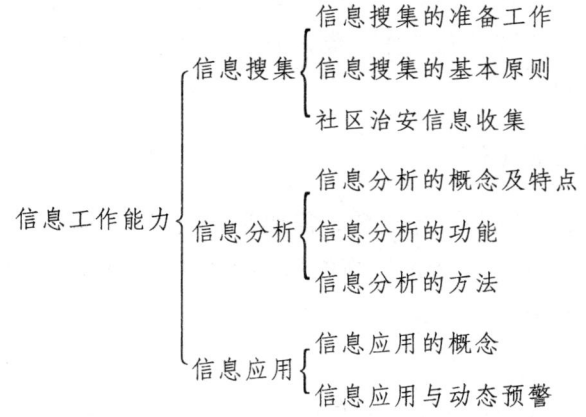

信息工作能力
- 信息搜集
  - 信息搜集的准备工作
  - 信息搜集的基本原则
  - 社区治安信息收集
- 信息分析
  - 信息分析的概念及特点
  - 信息分析的功能
  - 信息分析的方法
- 信息应用
  - 信息应用的概念
  - 信息应用与动态预警

案例导入

2014年8月，某省某市市局网安支队通过网络安全监控发现在互联网上某犯罪嫌疑人使用江苏南京、扬州、淮安等地的三个无线上网卡登录维护管理"上海城市建筑大学"等46所虚假高等教育院校网站，涉及14个省、直辖市，并伪造该批虚假高等教育院校学历证书、学位证书在网上进行兜售，涉嫌诈骗犯罪。经过前期大量细致的调查摸排和线索查证工作，专案组先后派出21个抓捕小组、110余名警力分赴全国11省24市开展抓捕工作。先后抓获岳某力、程某、杜某林等犯罪嫌疑人50名，上网追逃4人，扣押涉案车辆7辆、电脑45台、手机51部、银行卡100余张以及各类资质证书、学历证书成品、半成品1200余份。另捣毁制假证窝点一处，扣押打印机9台，电脑4台，刻章设备1套，各类假大学印章、签名章700余枚。在抓捕工作的同时，专案组还抽调人员梳理出全国"虚假大学"945所，涉嫌办假证人员25 626人，通过"民教网"后台审批通过学生信息248 073条，毕业证书号247 578条，涉及的高等教育院校共有1667所（其中727所有备案号）。

第一节　信息搜集

📝 **知识目标**

信息搜集的基本原则。

📝 **能力目标**

掌握社区治安信息搜集的相关内容。

✎ **基本理论**

信息搜集是公安工作的基础，所获信息的数量与质量也关系公安决策的科学性，因此在信息社会之下，重视信息工作，提升公安干警信息工作能力是提高公安工作效率与正确性的重要举措。

一、信息搜集的准备工作

公安民警在进行信息搜集工作之前，需要了解信息搜集相关的基本情况，确定案件搜集的范围与方向，进一步选择适当的搜集途径，做到公安工作有方向、有目标，准备工作越充分，信息搜集才会越充分。

（一）了解基本情况

基本情况指与案件或事件相关的背景信息和本案信息，包括党政方针、刑事政策、相关法律法规、工作部署等。公安民警在搜集信息之前，首先要认真学习党的方针政策，以及上级领导、公安机关的指示、工作部署和思想意图；其次要了解与此相关的公安工作计划、进展情况和当前社会的治安形势；最后要知晓与案件或事件相关的各级公安工作的现状及发展趋势，通过全面分析，制定具有针对性和可行性的工作计划。

（二）确定搜集内容

信息服务对象的需要决定着信息收集的内容。公安民警需要根据不同层级、不同服务对象来确定不同内容、不同质量的信息，从而进一步确定信息收集的重点和难点，只有具有针对性和目的性的信息收集，才能提高公安工作的效率，为公安工作提供更准确和充分的信息线索。

（三）选择搜集途径

信息内容的确定是选择搜集途径的前提，不同的信息内容，对搜集途径和收集范围的要求必然不一致。同一信息内容可能来自于不同的信息搜索途径，因此公安机关需要对各个途径进行比较与分析，从而选择覆盖面广、准确率高的信息来源渠道，提高信息搜集的全面性、准确性与及时性。同时各级公安机关在情报搜集中要充分发挥依靠群众原则，利用职业优势，深入群众，全方位、多渠道地拓宽搜集途径，提高信息搜索的深度与广度。

二、信息搜集的基本原则

（一）坚持目的性

公安信息搜集是为公安工作服务的，因此信息工作的服务性要求信息搜集必须根据当前公安工作的要求进行，首先要明确搜集信息的服务对象，确定信息搜集的途径，进而具有目的性与针对性地展开信息搜集工作。公安信息工作的宏观目的在于为各级党政领导全面知悉社会治安状况、制定相关政策提供信息支持，同时也为基层公安决策提供依据。公安信息工作应以目的性为第一原则，信息搜集工作要紧密围绕这一原则。

（二）保证真实性

真实性即具体事实必须符合客观实际，因此公安信息要与事实相一致，能够反映事实真相。只有真实、准确的信息才能为公安领导者作出正确的决策提供依据，而错误或不客观的信息则会影响公安领导者的判断，从而作出错误的决策。在公安信息搜集中，要坚持事物的客观本质。

（三）注重时效性

时效性即公安信息的效用与获取时间的早晚成反比，距离事件发生最近的信息往往最有价值。因此在信息搜集过程中，要坚持迅速及时原则，敏锐迅速地发现、捕捉、搜集有效信息，因为部分信息可能因为时间原因而失去效用。

（四）完善系统性

系统性即单个信息之间是相互关联的，某个信息的发生变化会引起其他信息的变动，同时信息之间也具有一定的有序性、层次性，完整的信息链犹如一个系统。因此在信息搜集时，要坚持系统性原则，充分发挥公安信息的潜在功能，对所获信息进行全面分析，研究事实规律，预测和推断事件的发展方向，形成具有价值的预警信息。在公安决策中，预警性信息为公安领导者分析、预测案件事实与发展，拟订工作对策提供帮助。

（五）关注全面性

全面性即公安信息搜集应该是多渠道的，所获信息应该能够使公安领导者全面了解某事件或某事物，因此在信息搜集中要拓宽搜集途径，深挖信息搜集中的制约性因素，只有加强信息搜集的广度与深度才能客观反映事物的全貌与本质特征，充分发挥信息价值。

三、社区治安信息收集

（一）社区治安信息与信息收集

社区治安信息指能够反映社区治安状况、治安环境、治安防控以及其他相关因素产生、发展和变化规律的一切线索、消息、情报资料、数据的总称；也指与社会治安状况、治安环境、治安防控等密切相关的一切人、事、物的情况。

社区治安信息的收集是社区警务组织即公安机关的派出机构基层派出所为了加强社区治安防控与管理工作，及时掌握社区治安状况及其发展变化，以社区治安状况、人口情况和治安环境条件为重点展开调查。

（二）社区治安信息收集的内容

信息收集的内容指能够与治安状况、治安环境、治安防控相关的资料、数据等的总称，根据信息收集所指向的治安目的主要分为以下几种：

1. 社会治安状况。社会治安指在法律法规和社会规章制度的约束下社会所表现出来的有秩序和安定的自然状态。而社会治安状况是指这种自然状态在一定法律法规和社会治安管理下，社会秩序所呈现出来的不断变化的综合动态，一般指一定时期内某个地区的社会治安秩序及其变动状态的具体反映。

2. 社会治安环境。社会治安环境指与社会治安秩序的状况及发展变化相关的各种条件和社会背景，其含义包括广义和狭义两部分。广义的社会治安环境指影响社会治安秩序的宏观环境，决定着社会秩序的发展变化。狭义的社会治安环境指影响社会治安秩序的微观环境，即社会因素中会对个人行为产生刺激和影响的各种条件，是社会治安秩序问题中量的变化。

表 14 -1　社区治安信息收集的内容

地域环境	包括地理位置、面积、地形、地貌、山川河流、气候条件以及各种自然资源等，也包括社区道路、街巷、车站、码头、公园、绿地、文体场所等主要公共设施。
社会环境	第一，社区各阶层人士对不同时期国家政策或发生的政治、经济、文化和自然灾害事故等重大事件的反映。 第二，周边地区违法犯罪的形势、特点对本辖区社会治安的影响和辐射情况。 第三，社区基层组织数个单位参与社区治安防范的意识以及宣传、教育和制约功能的发挥状况。 第四，社区公众的治安防范意识和社会道德、法律水平。 第五，社区居民的人际关系、邻里关系、协作关系和互助意识及发生纠纷的调解处理情况。 第六，不良家庭、缺陷家庭、破裂家庭的情况。

续表

地域环境	第七，青少年的学习、工作、恋爱、婚姻、娱乐等方面的条件和因素，特别是有轻微违法犯罪行为的青少年生活的家庭环境、街道邻里环境、人际环境、职业环境和学习环境等。 第八，社区文化阵地的占领与控制情况。 第九，犯罪亚文化环境及传播、影响情况。
治安物品调查	列入治安管理范围或与社区治安紧密相关的物品包括危险物品、违禁物品等，也包括社区治安设施建设、居民住宅防范条件等。

3. 社区人口状况。社区人口状况指在一定区域内，人口构成的数量、质量、类型、聚居程度和流向等信息内容的综合反映。社区民警在进行社区治安人口统计时，要了解和记录本辖区的实际居留人员的基本情况，其中重点人口和流动人口信息的变化是社区人口状况统计的重点。

📝 **真题链接**

1. 下图是 2016 年前 5 个月某派出所辖区行业场所案发数量统计图。

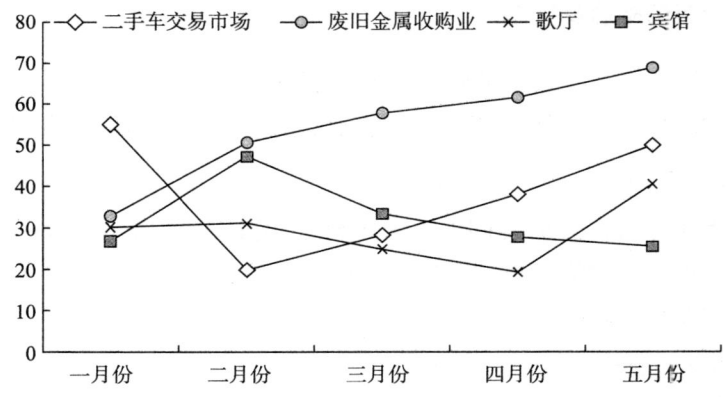

从图中所反映情况看，派出所下一步应优先收集下列哪个行业场所的信息？（　　）（单选题）

A. 二手车交易市场　　　　　　　　B. 宾馆

C. 废旧金属收购业　　　　　　　　D. 歌厅

2. 某日凌晨 3 时许，警方在迎宾路与光明路交叉口发现一辆黑色轿车，车内无人。经检查，发现左前车灯处有血迹，车内后排座位上有一黑色皮包，内有身份证、银行信用卡、数码相机、网吧会员卡等物品。除了现场信息之外，还需要开展情报信息收集的工作是（　　）。（单选题）

A. 固定和提取车内物品　　　　　　B. 加强市区道路交通管理

C. 查询在逃人员信息　　　　　　　D. 调阅周边路段卡口的监控信息

3. 某派出所想全面了解群众对社区民警工作的看法，准备开展一次专门的调查。

下面方法中不恰当的是（　　）。（单选题）

A. 召开社区群众座谈会　　　　B. 制作调查问卷

C. 通过电台广播　　　　　　　D. 所领导实地观察

第二节　信息分析

知识目标

1. 信息分析的概念、特点。

2. 信息分析的方法。

能力目标

熟悉掌握信息分析的各种方法，并能够灵活应用于公安工作实务中。

基本理论

一、信息分析的概念及特点

信息分析建立在信息收集的基础上，虽然信息的占有量与信息的质量都会对信息分析产生一定的影响，但最重要的则在于公安信息工作人员对信息的解构与关联能力。

（一）信息分析的概念

信息分析指在已有信息的基础上，采用科学的分析方法，对大量信息进行搜集、加工整理和价值评价，理清信息之间错综复杂的关系，深挖信息内容的本质，揭示事物之间的运动规律与发展趋势。

（二）信息分析的特点

1. 针对性。信息分析并不是盲目的，而是根据信息使用的目的给出具体的信息分析结果，因此信息分析具有明确的针对性，无论信息分析的来源渠道是什么，都要依据一定的工作目的进行，为各种公安工作及活动提供信息支持。

2. 系统性。任何信息都不是孤立，而是与其他信息相互联系的，形成了完整的信息网，而公安信息工作的目的就在于收集、分析、汇总这些碎片信息，并对其进行有序化、集成化的整理，使不同时空的信息系统化、整体化。

3. 科学性。信息分析虽然是公安工作人员对已知信息根据经验和直觉，佐之以对比等方法的主观选择与描述，但是信息分析是建立在大量数据资料的基础上，具有很强的关联性和证伪性，因此在分析过程中，信息工作人员通常会自觉以辩证唯物主义认识论为指导，运用实事求是和严谨缜密的科学方法来分析问题。

4. 近似性。信息分析是采用科学的方法，对未发生事物的预计与推测和对已发生事物未知状态的估计与推断。因为这些预测都是对未来可能发生情况的假设，因此建立在信息分析基础上的预测，其实质是对现实情况的一种近似反映，由于实际中会受其他因素的干扰，分析结果会存在一定的偏差，只能是接近于实际状况。

5. 局限性。信息分析是公安工作人员根据分析目标和分析对象对信息进行的加工处理，因此往往会受到工作人员专业知识、分析能力、工作经验等的限制，信息质量和数量的制约和信息处理方式的影响等导致信息分析结果具有一定的局限性。

二、信息分析的功能

（一）整理功能

信息大爆炸时代，带来的是信息数量的极速增长，在公安信息工作中，针对某项政策或者某项工作的基础信息也是冗长和复杂的，需要对这些信息根据具体内容和关联性等进行汇总、分类，使无序的信息变得有序。

（二）评价功能

各个信息对具体公安工作运行的促进作用有大有小，需要公安工作人员根据具体内容对信息进行价值大小的评价，从而提高信息筛选的速度，即实现去粗取精、去伪存真等目的。

（三）预测功能

通过对所获信息内容的整理与评价，分析事物的本质与事情发展的内在规律，预估未来的发展趋势或预测未知信息，为公安工作提供参考。

（四）反馈功能

在对信息进行去粗取精、去伪存真的筛选，以及加工之后，将其应用于公安工作实践中，根据实际效果对信息以及信息的预测结果进行审议、修改和补充。

三、信息分析的方法

定性分析和定量分析是依据所采用的分析方式不同而进行的分类，前者是依靠行为人的逻辑思维能力来分析问题，不涉及变量关系；后者则是根据数学函数的计算求解来分析问题，涉及变量关系。

（一）定性分析法

定性分析是对研究对象进行"质"的分析，即运用归纳、演绎、综合分析、抽象概括等逻辑思维分析方法，对所获得的信息进行去粗取精、去伪存真、由此及彼、由表及里的筛选与加工，从而认识事物的本质，揭示事物的内在规律。定性分析的主要用途在于研究事物有没有、是不是的问题。分析的角度是事物的性质，方法则是逻辑思维，工具则依赖于公安工作人员的总结和分析能力，需要根据经验判断事物之间的联系，以及各因素与信息之间的主次关系，并在此基础上对事物的发展方向进行预测。

（二）定量分析法

定量分析法是对能够反映事物的信息进行"量"的分析。即通过对社会现象或事物的数量特征、数量关系以及数量变化通过数学建模进行解读，其目的在于揭示和描述事物的本质、社会现象的相互作用以及未来的发展趋势。分析的角度是事物的量度，方法则是用量化的标准去分析事物，工具则依赖于统计分析与测量。主要包括以下几种具体方法：

表 14 - 2   定量分析的具体方法

统计方法	主要包括时间序列预测法、趋势外推法、回归分析、多元分析、插值等。
预测分析法	运用概率论对客观存在的大量随机事件进行分析判断，主要指根据事物的基本情况和内在规律，预测未来的发展趋势。
系统分析法	以系统论为依据，将分析对象看作是与外界关联的系统，从而对系统要素、信息结构、信息流动与控制机制进行分析，通过数学方法和信息技术建立系统的分析模型，探究各要素之间的关联，并对信息系统进行优化。

（三）定性定量结合法

定性分析是用数量语言对事物进行描述，而定量分析则是用数学语言对事物进行描述，单一的定性分析和定量分析均有不足之处，前者易受公安工作人员主观意识的影响，容易导致信息分析的偏差；后者则对信息的质量和数量有要求，且需要信息能够"量化"，不完整或不准确的信息则会导致分析结果的偏差。两者相互补充，定性分析是定量分析的基本前提，定量分析则使定性分析更加准确。

在警务工作中，公安机关工作人员往往会综合运用三种方法，从不同的角度对同一研究对象进行解读与分析，有利于充分把握信息内容以及分析对象的各种相关因素，提高信息加工的效率和信息预测的准确性。例如对社会治安动态的分析，首先要对所获得的社区治安状况的调查数据进行定量分析，总结当前社会治安的基本情况；其次，采用定量分析和定性分析相结合的方法对该地区社会治安的稳定程度以及发展趋势进行描述；最后，采用定量分析，对历年来的该地区社会治安动态进行比较，为具体的社会治安防控提供可行性的规划方案。

📝 真题链接

2015 年春节前夕，某市公安局为了维护娱乐场所的治安秩序，在全市范围内组织了一次治安大检查活动，对辖区内的 80 家娱乐场所进行了检查，检查的结果如下表所示。每个具体检查事项中，如果合格场所数量占总数量的比值超过 90%，则评定为优秀；如果比值在 80% ~ 89% 之间，则评定为较差；如果比值低于 60%，则评定为差。

每个具体检查事项的权重都一样，上述检查事项汇总后的总比值分别处于上述区间时，也给予上述相应的评价。

治安检查具体事项	合格数量（家）	不合格数量（家）
娱乐场所向公安机关备案情况	65	15
娱乐场所包厢、包间设置情况	19	61
安全检查设备配备情况	28	52
一般从业人员、保安人员的检查	43	17
对娱乐场所经营日志的检查	22	58
应急预案制订与演练情况	35	45

下列有关该辖区娱乐场所治安状况的评价正确的是（　　）。（单选题）

A. 良好　　　　　　B. 一般　　　　　　C. 较差　　　　　　D. 差

第三节　信息应用

📖 **知识目标**

信息应用与动态预警。

✍ **基本理论**

一、信息应用的概念

信息应用建立在信息收集和信息分析的基础上，将所获得的信息按照工作目的进行筛选、加工和处理，总结事物的规律性，为公安工作提供指导。

二、信息应用与动态预警

（一）社会治安动态的分析

公安机关肩负着保护公民的人身安全和人身自由、保护公共财产和公民的合法财产，预防、制止和惩治违法犯罪活动，维护国家治安秩序和国家安全的基本任务。对于社会治安动态的分析能够帮助公安人员及时了解辖区内的治安状况，并根据信息分析和预测结果，规划和调整辖区内的警力部署等工作安排。

（二）刑事案件的串并案件分析

串案指在一系列不同案件之间，通过对作案痕迹、手段、物证等现场信息的对比与分析，将具有共性的案件放在一起侦查。并案指将不同的案件，通过证据信息的对比与分析，将具有共性的案件放在一起侦查。信息分析与应用在刑事案件侦查中具有重要的作用，尤其是在串并案件中，对已有刑事案件的数据信息，可以通过计算机等智能设备与系统加快信息的比对，实现串并案件的智能化、快速化，提高刑事案件的侦查效率。

真题链接

在动态化环境下，大力推广对吸毒人员网络化管理是公安管控工作的新举措。了解吸毒人员户籍来源及现状会对管控工作有较大的帮助。根据某市吸毒人员统计图，选项正确的是（　　）。（单选题）

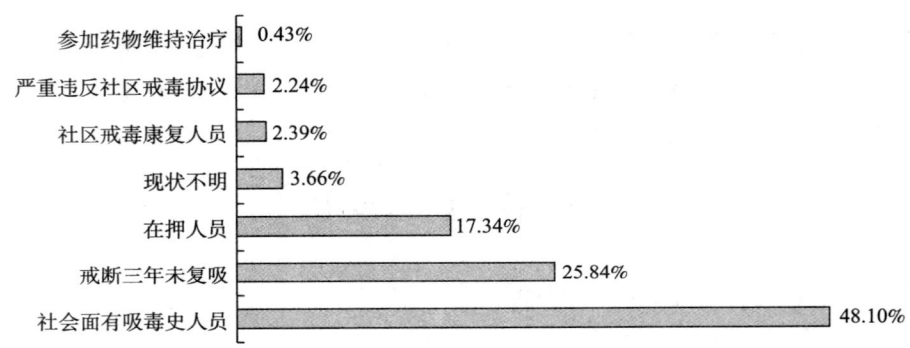

吸毒人员统计图

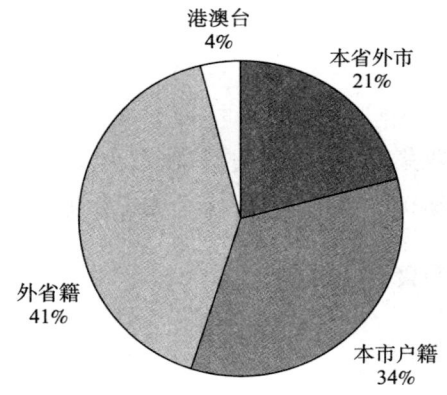

吸毒人员来源地统计

A. 该城市可能毗邻港澳

B. 正在接受社区戒毒的人员不足3%

C. 在押吸毒人员少于20%

D. 现状不明的港澳台人员占全部人员的3.66%

综合练习

2015 年 6 ~ 8 月间，甲市新城区接连发生夜间楼房入市盗窃案件，犯罪分子趁住户熟睡之机入室实施盗窃，遇有事主发觉则以暴力相威胁。该类案件使群众缺乏安全感，甲市公安局对此高度重视，组织了专项打击行动，一举抓获 4 个盗窃犯罪团伙，团伙成员均为乙市丙县籍人员。

1. 上述情况反映出，丙县籍人员的地域性流窜犯罪较为突出，市公安局情报中心对该犯罪高危人群展开研判，以提高打击和管控的针对性。如果你是研判民警，应该收集的关键信息有（　　　）。（多选题）

A. 流窜和落脚方式　　　　　　　　B. 作案目标和时机

C. 被打击处理记录　　　　　　　　C. 作案手段和方法

2. 民警抽取甲市案件信息，统计制作了被盗窃房屋类型和侵入方式关联表（案件数）。

侵入方式层数	从窗侵入	从门侵入
一层	9	8
二层	30	20
三层	10	10
四层	1	5
五层	2	25

根据上表显示的数据，在民警提出的防控措施建议中，最重要的是（　　　）。（单选题）

A. 动员一、二、三层住户安装防护栏

B. 提醒各层住户安装防盗锁

C. 告知一、二、三层住户夜间关闭窗户

D. 动员五层住户安装报警器

3. 通过回访，办案民警发现被抓获的丙县籍入室盗窃嫌疑人员中，80% 有盗窃前科、70% 有吸毒前科。同时，其中 60% 的人患有艾滋病、性病等传染性疾病。受监管条件制约，对患传染病嫌疑人关押困难，这部分人被取保后继续作案。针对这一情况，处置建议较合理的是（　　　）。（单选题）

A. 设立单独看押场所收押患病嫌疑人

B. 将抓获的丙县籍嫌疑人遣返回户籍所在地公安机关处理

C. 告知执法办案民警注意保护自身安全

D. 将嫌疑人不便关押的公诉案件转为治安案件处理

4. 针对此类警情，公安机关应对正确的有（　　）。（多选题）

A. 加强社区警务信息化管理与应对

B. 开展对入室盗窃案件数据的分析研判

C. 根据安全感调查情况，制定预防方案

D. 利用各类新媒体发布安防预警信息

第 十 五 章

勤务工作能力

知识结构图

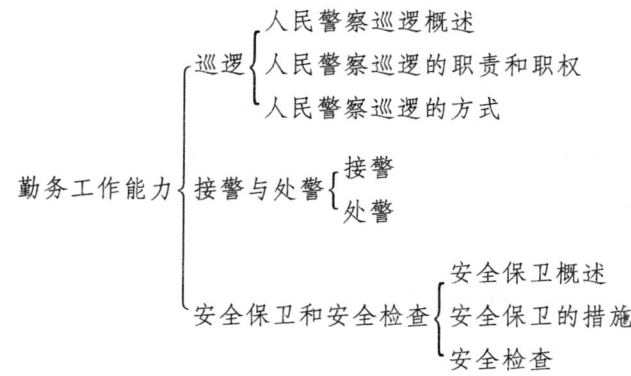

勤务工作能力
- 巡逻
  - 人民警察巡逻概述
  - 人民警察巡逻的职责和职权
  - 人民警察巡逻的方式
- 接警与处警
  - 接警
  - 处警
- 安全保卫和安全检查
  - 安全保卫概述
  - 安全保卫的措施
  - 安全检查

案例导入

南宁全面实施屯警街面战略暨社会治安巡逻防控新机制启动仪式举行。在民族广场，近百辆警用摩托车、武装"冲锋车"、特警运兵车、武警巡逻车装备精良，近千名特警、交警、巡逻民警、武警、社会治安巡防力量整装待发，在启动仪式后，他们将全力投入到治安巡逻防控中。

4月，市公安局启动构建社会治安巡逻防控新机制，并于本月起在全市铺开，由此带来一系列新变化：全天不间断的巡逻防范，精准高效的指挥研判，反应迅速的出警处警，及时有力的压案破案……成为平安防线的有力保障。

举措1　全天视频巡查，指挥调度更高效

市公安局三级指挥平台依托指挥调度"一张图"平台，对全市巡逻警车以及民警随身携带的警用对讲机、警务移动终端等进行定位追踪，实时掌握街面上警力分布动态，一旦发生警情，即可精准调度周边警力，就近处置。通过24小时不间断的视频巡查，及时发现违法犯罪行为，引导警力迅速进行打击、处置。

举措2　巡防布局更合理，出警处置更快

在全市设置多个武装定点值守点、"应急快反区"和巡逻防控处置点，在城区设置一批巡防责任区，在派出所辖区设置巡区。各巡防区域相互交织，立体重叠，由此改变了过去巡逻力量分散孤立的情况，一旦发生警情，相关人员能够按照要求迅速赶到现场进行有效处置。

举措 3　管事率最大化，实现"一警多能"

组建市局、分局、派出所巡逻防控队伍，配备了专职化巡逻警力。各级巡防警力的管事率实现最大化，最大限度实现"一警多能"：在交警执勤中，遇到街面发生的治安、刑事案（事）件等警情，进行先期处置；市局、分局的巡逻警力开展治安巡逻的同时，协助做好道路交通管理疏导工作；派出所巡逻组在指定的巡防区域内有警接警、无警巡逻，并随时协同处置责任区内街面各类突发事件。

举措 4　装备精良，违法犯罪难逃封控

在装备配备方面，武装"冲锋车"组、武装巡逻车组配备武器装备，街面巡逻民警和执勤交警全部配备单警装备，全体辅警也配备防护性和约束性装备、警械，夜间巡逻防控人员全部配备爆闪肩灯。

遍布全市中心城区的武装"冲锋车"组、武装巡逻车组动态备勤，可随时根据指令接处警情，随时做好应急处突准备；遇重大警情时，中心城区可迅速设置多道区域封控网，调动多个武装"冲锋车"组、武装巡逻车组等辖区内警力对违法犯罪嫌疑人进行围追堵截，各环城公安检查站也可以随时启动，封闭进出城市路口，实施全市"关城门"封控。

第一节　巡　逻

知识目标

人民警察巡逻的职责。

能力目标

能正确行使人民警察巡逻的职权。

基本理论

一、人民警察巡逻概述

（一）人民警察巡逻的概念

人民警察巡逻，是指人民警察采用巡回观察的工作方法，对辖区社会治安进行动态控制的一种警务活动。巡逻是警察勤务的重要组成部分，是对社会治安进行动态管理的有效方式，也是对社会进行全时空控制的主要途径。民警在巡逻过程中可以随时接受群众的咨询、反映情况、寻求帮助、报案、处置突发事件等。

（二）人民警察巡逻的特点

1. 立体覆盖，重点布防。首先，立体覆盖体现在巡逻工作上是社会治安防控的基础力量，所以巡逻的覆盖面要大，街面见警率要高，形成全天候、全方位的动态巡逻控制网络。其次，重点布防体现在巡逻工作上要重点突出、有所侧重，对案件多、安防力量薄弱的地区重点巡逻，加强该地区的治安控制力量。

2. 动态控制，相互策应。相对于门卫、守护这类"被动式守护"而言，巡逻是一种"主动进攻式"的守卫，它通过对一定范围或区域巡逻的观察，主动发现问题，消除不安全因素。同时，巡逻中的人民警察也是街道上的机动警力，必要时可以协助其他警种社会管理人员完成工作，当遇到突发事件等紧急情况时，巡逻中的人民警察也可以马上完成角色转变，投入到事件处置或抢险救灾当中。

3. 调动灵活，反应迅速。我国公安机关对社会承诺：接受报警至赶到现场的时间，市区为5分钟，农村、郊区为10~15分钟。兑现承诺就需要发挥巡逻民警的力量，110指挥中心接警后，马上通知在现场附近巡逻的民警赶赴现场。指挥中心的灵活调动、巡逻民警的迅速反应，让处警时间得到了保证。

4. 巡逻规范，装备完善。巡逻民警在佩戴装备、岗前派勤、巡逻记事、巡逻交接、巡逻路线、巡逻区域等方面都要遵守严格的程序。人民警察在巡逻时都必须按要求、按位置随身佩带对讲机、胡椒喷雾、执法记录仪、手铐等巡逻必备装备，并随时对巡逻情况进记录。

二、人民警察巡逻的职责和职权

（一）人民警察巡逻的职责

根据公安部令第17号《城市人民警察巡逻规定》第4条的规定，人民警察在巡逻执勤中履行以下职责：①维护警区内的治安秩序；②预防和制止违反治安管理的行为；③预防和制止犯罪行为；④警戒突发性治安事件现场，疏导群众，维持秩序；⑤参加处理非法集会、游行、示威活动；⑥参加处置灾害事故，维持秩序，抢救人员和财物；⑦维护交通秩序；⑧制止妨碍国家工作人员依法执行职务的行为；⑨接受公民报警；⑩劝解、制止在公共场所发生的民间纠纷；⑪制止精神病人、醉酒人的肇事行为；⑫为行人指路，救助突然受伤、患病、遇险等处于无援状态的人，帮助遇到困难的残疾人、老人和儿童；⑬受理拾遗物品，设法送还失主或送交拾物招领部门；⑭巡察警区安全防范情况，提示沿街有关单位、居民消除隐患；⑮纠察人民警察警容风纪；⑯执行法律、法规规定由人民警察执行的其他任务。

（二）人民警察巡逻的职权

根据《城市人民警察巡逻规定》第5条的规定，人民警察在巡逻执勤中依法行使以下权力：①盘查有违法犯罪嫌疑的人员，检查涉嫌车辆、物品；②查验居民身份证；③对现行犯罪人员、重大犯罪嫌疑人员或者在逃的案犯，可以依法先行拘留或者采取其他强制措施；④纠正违反道路交通管理的行为；⑤对违反治安管理的人，可以依照《治安管理处罚法》的规定执行处罚；⑥在追捕、救护、抢险等紧急情况下，经出示证件，可以优先使用机关、团体和企业、事业单位以及公民个人的交通、通讯工具。用后应当及时归还，并支付适当费用，造成损坏的应当赔偿；⑦行使法律、法规规定的其他职权。

三、人民警察巡逻的方式

《公安派出所正规化建设规范》第 55 条规定："巡逻的主要方式：①步巡与车巡相结合，以徒步和骑自行车巡逻为主，以驾驶摩托车、汽车巡逻为辅；②着装巡逻与便衣巡逻相结合，以着装巡逻为主，以便衣巡逻为辅。"

（一）徒步巡逻与机动车巡逻

1. 徒步巡逻。徒步巡逻是一种最传统、最经济、最简捷、最常用的巡逻方式。其优点是：巡行方式简单，受天气、地形的影响较小，任何崎岖、偏僻的地区都可以巡视；行动自如，能清楚地观察人、事、地、时、物的变化，更容易处理管区内的所有治安问题；能够接近群众，实际了解广大民众的需要，可以更好地服务群众、指导群众；便于更多地了解社会上的情况，成为警察机关重要的信息源；便于巡逻人员集中注意力，时时与现实环境接触，工作更有兴趣；消耗经费少。

2. 机动车巡逻。机动车巡逻是指巡逻人员驾驶机动车执行巡逻任务。机动车巡逻具有速度快、行程长、范围大、机动性、威慑性强等特点，但存在难以细致观察情况、隐蔽性不强等不足，且易受天气、道路、地形等条件限制。巡逻民警在驾车巡逻时，应当开启警灯，机动车巡逻时速一般在 40 千米左右，沿公路右侧行驶，巡逻车辆的停放不得妨碍交通；下车巡查时，车上或者车侧应当留一人，保护车辆安全、负责通讯联络和必要时请求支援。

（二）着装巡逻与便衣巡逻

1. 着装巡逻。着装巡逻就是人民警察采取身着制式警服公开进行巡逻的方式。着装巡逻便于公众在人多的场合发现人民警察，使警察能够及时接受群众询问及口头报案，及时进行现场处置，调解矛盾纠纷，便于依法公开盘问犯罪嫌疑人。着装巡逻能对潜在犯罪分子起到震慑作用，使公众产生安全感，达到维护社会治安的目的。

2. 便衣巡逻。便衣巡逻就是人民警察身着便装进行秘密巡逻。其目的是发现和抓获现行违法犯罪活动或控制犯罪嫌疑人，观察群体性事件的酝酿发展趋势。人民警察在执行便衣巡逻时应随身携带工作证件，如携带警械和武器装备，则要进行隐蔽或伪装，防止暴露身份。采取便衣巡逻方式必须报经公安派出所所长批准并进行备案。

真题链接

1. 公安机关的警车是"流动的公安机关"。公安民警小刘乘警车执行任务，下列说法正确的是（　　）。（单选题）

A. 临时停靠时民警小刘应随时接受报警

B. 临时停靠时民警小刘不必接受报警

C. 行驶中遇紧急的报警民警小刘才可接受

D. 行驶中民警小刘对一般的报警可不接受

2. 执勤民警石某在闹市区巡逻过程中接到妇女陆某的求助，称其5岁儿子走失，到处找寻未果。针对该情形，石某恰当的工作步骤是（　　）。（单选题）

①调取证据　②搜索寻找　③现场询问　④寻求协助

A. ①②③④　　　　B. ②①③④　　　　C. ③②①④　　　　D. ④①③②

3. 某日，派出所民警在巡逻中，发现一名形迹可疑的男子，推着一辆自行车走得很吃力，自行车尾架上放着一个明显很重的麻布袋。民警上前把该男子叫停，对其进行了当场盘查。假如你是派出所民警，对该名男子进行盘查时做法正确的有（　　）。（多选题）

A. 应当就近选择光线较好、场地开阔、容易相互支援的场地

B. 由于该男子违法嫌疑较大，应先对其人身检查

C. 责令该男子将麻布袋放在适当位置，不得让其自行翻拿

D. 由一名民警负责检查麻布袋，其他民警负责监控该男子

第二节　接警与处警

知识目标

1. 接警的范围。

2. 现场处置的要求。

能力目标

1. 掌握接警的程序。

2. 掌握处警的程序。

3. 践行处警艺术。

基本理论

一、接警

报警是法律赋予公民的一种权利，接受群众报警是公安机关维护社会治安秩序，

打击违法犯罪活动的一项有效手段，也是人民警察的责任和义务。接警是110报警服务和公安机关快速反应的第一个环节。接警的快速与准确，是正确指挥，快速处警的前提，是有效打击、制止犯罪活动，及时帮助人民群众排忧解难的保证。

（一）接警的范围

1. 报警。报警案件是指公民本人或他人的人身、财产或其他合法权益以及国家的安全、利益、公共财产、公共安全等受到违法犯罪分子的侵害，或即将受到侵害，请求公安机关查处的行为。

2. 求助。群众求助是指群众在受到来自自然灾害、灾害事故等各类使其生命、财产安全受到威胁或处于危难境地，以及需公安机关帮助解决的各种难题时，向公安机关请求紧急求助的行为。主要包括下列情况：①发生溺水、坠楼、自杀等状况，需要公安机关紧急救助的；②老人、儿童以及智障人员、精神疾病患者等人员走失，需要公安机关在一定范围内帮助查找的；③公众遇到危难，处于孤立无援状况，需要立即救助的；④涉及水、电、气、热等公共设施出现险情，威胁公共安全、人身或者财产安全和工作、学习、生活秩序，需要公安机关先期紧急处置的；⑤需要公安机关处理的其他紧急求助事项。

3. 投诉。投诉的范围是公安机关及其人民警察违反《人民警察法》等法律、法规和人民警察各项纪律规定，违法行使职权，不履行法定职责，不遵守各项执法、服务、组织、管理制度和职业道德的各种行为。

（二）接警的程序

1. 询问记录。通过接警人员的询问记录，可以对报警人员表达不清、表述不准确的情况了解清楚，为出警人员迅速准确到达事件现场，进行先期处置提供有利条件。

（1）对案件情况的询问。询问时，关键是要把握警情的七个要素，即何时、何地、何事、何人、何因、何物、何果。一般来讲，遵循了"七何要素"，是基本可以弄清警情的前因后果和来龙去脉的。

（2）对报警者的询问。在接到报警后，对报警者的姓名、性别、年龄、职业、工作单位及家庭住址与事件的关系进行的询问，目的是在以后的办案过程中，可以通过这些情况，找到证人，提供证据。一些报警者，特别是目击证人，不愿意暴露自己的身份，对这种询问不愿回答，接警人员对此也不要勉强。对于已知身份的报警者，要注意保护其身份、住址和工作单位不被泄露。

2. 核实警情。大多数报警者是在比较紧急的情况下报警求助的，这时心理处于极度紧张的状态中，不知所措，不能准确告知详细情况，但也不排除一些人恶意捣乱或其他个人目的，打电话报假案，或有意扩大案情。所以，核实警情，可以核实确定事件的真实情况，判明事件的性质，保证接警人员快速准确下达处警指令，保证出警人员迅速及时赶赴现场，救群众于危难之中。同时，也可以判别警情的真伪，避免盲目出警，浪费警力，维护 110 报警服务工作的严肃性。

核实警情可以采取直接和间接的核实方法：直接核实警情就是接警人员通过电话，直接向报警者再次核实事件情况，确定案件的真伪。间接核实警情，就是利用电话主叫号功能、GPS 系统等手段，向有关人员核实警情。

3. 安排处警。对紧急和非紧急报警、求助的出警时限，由城市和县级公安机关根据市区或者城镇规模、警力资源和道路交通状况等情况决定并于公布，接受公众监督。接警人员应当依托当地实际情况，根据"一级处警"和"就近处警""分类处警"相结合的处警原则，快速、合理安排处警警力，确保处警民警能够及时赶到现场，并向分管负责人报告，向业务主管部门通报。

对接报的符合《110 接处警工作规则》规定的受理报警范围中的重大案件，应当根据警情的性质、事态规模、紧急程度，及时报告分管负责人，并按照工作预案和分管负责人的指示，迅速派警处置。

二、处警

处警是指接到指令或报警之后，公安部门前去现场处置紧急或危险情况，以及向报警人或当事人了解情况。

（一）处警程序

1. 核实警情。为了以最快的速度，足够的警力、装备赶赴现场，取得最佳的处警效果，处警单位在接到处警指令时，应对报警案件发生的时间、地点、案件性质、现场情况、作案人数和去向、有无作案和交通工具、财物受损情况及报案人情况等具体警情，向接警员或指挥调度员核实。在实现报警、接警和处警单位三方同时通话或接警终端能显示报警电话号码、用户姓名、地址等报警人信息资料的条件下，也可以直接向报警人反查有关情况，以核实警情的真伪及其内容。核实的时间不宜过长，情节不宜过细，以免影响到达现场的时间。

2. 快速反应。所有承担处警职责的部门和民警，都要配备必要的交通、通讯、武器警械等工具和装备，并保持性能良好。所有民警都要培养高度的快速反应意识，熟悉辖区的道路、场所、单位、建筑物的布局等环境状况，做好临战的各项准备，随时接受、自觉服从处警指令。一旦接到处警指令，必须立即出动，以最快的速度赶赴现场。为了缩短现场响应时间，提高处警力量的快速反应能力，公安部在《公安部关于加快城市 110 报警服务台建设的通知》中明确规定："凡接到处警命令的单位和民警都必须立即出动，并妥善做好处置工作。对不服从命令，贻误战机者，要严肃处理。"

3. 现场处置。处警力量到达现场后，应对违法犯罪分子实施违法犯罪活动及遗留有与违法犯罪有关的痕迹、物证的场所实行有效控制；对违法犯罪嫌疑人员开展现场调查；发现、登记目击者、证人，并作初步了解；对可能隐藏违法犯罪分子或违法犯罪证据的处所和其他有关地方进行现场搜索。

（1）现场处置的要求。首先，采取处置措施前，公安民警应当表明身份并出示执法证件，情况紧急而来不及出示执法证件的，应当先表明身份；着制式警服执行职务的，可以不出示执法证件。其次，注意限度和方法。民警现场采取处置措施，应当以制止违法犯罪行为为限度，尽量避免和减少人员伤亡、财产损失；使用较轻的处置措施足以制止违法犯罪行为的，应当尽量避免使用较重的处置措施。同时，应当注意方式方法，避免激化矛盾；发现事态有进一步扩大可能的，应当及时采取相应措施进行妥善处置。再次，公安民警到达处置现场后，应当与所属公安机关保持联络，迅速报告现场情况，接到报告的公安机关应当视情增派警力或者调整警力部署。当现场警力难以有效制止违法犯罪行为时，公安民警应当立即请求增派警力支援。增援警力到达现场后，现场公安民警应当立即向增援民警介绍情况，共同进行处置。最后，民警对现场制止违法犯罪行为等处置情况，应当按照《110接处警工作规则》做好处警记录。

（2）现场处置措施。民警现场处置措施，是指公安民警为现场制止违法犯罪行为而采取的强制手段，由轻到重依依次为：口头制止、徒手制止、使用警械制止、使用武器制止。

口头制止，是指公安民警为制止违法犯罪行为而发出强制命令。对正在以非暴力方式实施违法犯罪行为的，公安民警可以口头制止。徒手制止，是指公安民警使用身体强制力制止违法犯罪行为的强制手段。对正在以轻微暴力方式实施违法犯罪行为，尚未严重危及公民或者公安民警人身安全，经警告无效的，公安民警可以徒手制止；情况紧急，来不及警告或者警告后可能导致更为严重危害后果的，可以直接徒手制止。公安民警徒手制止，应当以违法犯罪行为人停止实施违法犯罪行为为限度；除非必要，应当避免直接击打违法犯罪行为人的头部、裆部等致命部位。当违法犯罪行为人停止实施违法犯罪行为时，公安民警应当立即停止可能造成人身伤害的徒手制止动作，并依法使用手铐、警绳等约束性警械将其约束。使用警械制止，是指公安民警使用《人民警察使用警械和武器条例》规定的驱逐性、制服性、约束性警用器械制止违法犯罪行为的强制手段。使用武器制止，是指公安民警在紧急情况下，根据《人民警察使用警械和武器条例》第9条的规定，使用武器制止暴力犯罪行为的强制手段。

4. 汇报回告。为了及时掌握接报警案件和群众求助事项的处置情况，处警力量要坚持信息反馈制度。凡是处警的部门和民警，都要及时向接警人员报告出警力量、到达现场时间、处置工作情况和处置结果。对重大出警情况要随时报告，以便领导及时掌握情况和进行决策。接警人员在接到回告后，应在当天将回告内容详细记载在值班记事簿上，并向指挥长报告。

（二）处警艺术

处警的艺术，贯穿于整个处警活动过程的各个方面，内容丰富，种类多样。在众多的处警艺术中，处警人员必须掌握和熟练以下几方面的内容：

1. 运筹时间的艺术。时间对处警服务活动来说，是十分重要的。如何在有限的时间里办更多更好的事情，如何在瞬间的情况下达到最佳的效果，这就是运筹时间的艺术。一方面，处警人员要有强烈的时间观念，要懂得向时间要效率，向时间要效益。处警活动在一定意义上说，就是跟犯罪分子争时间、抢速度，以快制快、以快取胜。另一方面，处警服务人员要科学支配时间。高明的处警人员善于在有限的时间内把握时机，提高效率。

2. 统筹兼顾的艺术。处警活动的复杂性，决定了处警人员必须具有立足全局、着眼整体的统筹驾驭能力，如果不分主次、轻重、缓急，就很容易陷入被动应付的局面。因此，我们既要能抓住重点，又要能统筹兼顾，处理好主与次的关系、轻与重的关系、缓与急的关系，使各个方面、各个部门、各个环节之间相互配合、平衡协调，使之形成一个整体，产生有节奏、有规律的运转。

3. 协调关系的艺术。处警活动，从一定意义上讲，就是协调人际关系，进而协调人与事、人与物的关系。所谓协调关系的艺术，就是改善和调整处警服务活动中的各方面关系，使之密切合作，步调一致，实现预定的目标。

4. 随机决断的艺术。随机决断是处警人员，尤其是指挥人员随机作出决定的一种快速反应能力。随机决断，就是要审时度势，随机应变。在思考问题时不局限旧框框，在处理问题时不拘泥于老套套，具有较强的独立性、灵活性和果断性。特别是在关键时刻和紧要关头，必须依靠处警服务人员自己丰富的经验和敏锐的直觉力，权衡利弊得失，迅速作出判断，当机定下决心，并坚决付诸行动。

真题链接

1. 小区居民王某养了一条大狗，一天带狗下楼去院里散步时，狗冲入了楼下范某家中撕咬家具，王某并未及时制止，范某受到惊吓被送往医院。范某女儿拨打了 110 报警。社区民警小姜到场后，对双方进行了调解，双方达成协议，由王某赔付范某医疗费等各项费用，范某不再追究王某其他责任。协议约定期限过后，经多次催促，王某仍然未支付费用。范某女儿打电话给小姜，小姜让范某女儿再催一下。范某女儿不满意答复，便打 110 投诉小姜。110 报警服务台的下列做法正确的有（　　）。（多选题）

A. 按规定将对小姜的投诉移交相关监督部门进行调查

B. 建议范某女儿向法院提起民事诉讼

C. 将对小姜的调查结果回复范某女儿

D. 责令小姜对王某作出治安处罚

2. 小张深夜下班回家，在偏僻路段背包被抢，犯罪嫌疑人驾车逃离现场。小张慌忙跑到附近小区，向保安借手机拨打了 110 报警电话。小张在报警电话中无须说明

（　　）。（单选题）

  A. 本人的基本情况   B. 直系亲属的基本情况

  C. 丢失财物的情况   D. 案件的基本情况

第三节　安全保卫和安全检查

知识目标

安全检查器材。

能力目标

1. 掌握安全保卫的措施。

2. 掌握安全检查措施。

基本理论

一、安全保卫概述

  "保卫"一词从字义理解，"保"有保护的意思，"卫"有守卫的意思，其意思是保护、守卫目标的安全，以防外来因素的侵犯。在公安保卫用语上，"保卫"一词的含义是：防止敌对势力、敌对分子和其他犯罪行为对保卫对象的侵害，保护人民民主权利和生命、财产安全，保卫国家安全，维护社会稳定，保障社会主义现代化建设事业的顺利进行。根据我国法律规定，公安机关指导、监督、检查国家机关、社会团体、企业事业组织和重点建设工程的治安保卫工作，指导治安保卫委员会等群众性组织的治安防范工作。遇有自然灾害、事故灾难、公共卫生事件、社会安全事件或者发生上述灾害、灾难、事件的紧迫危险，可以在一定的区域和时间，采取设置路障、划定警戒区，限制、禁止人员、车辆的通行、停留、出入等交通管制或者现场管制措施。必要时，经省级以上人民政府公安机关批准，可以实行网络管制。举行重大活动、大型群众性活动或者警卫国家规定的特定人员、目标时，可以采取上述措施，同时可以实施安全检查、人员审查、电子封控等措施。

二、安全保卫的措施

（一）守护巡查

  守护哨位设置通常分为固定哨、游动哨、瞭望哨三种。固定哨是指在人员、车辆流动频繁的大门口、机密要害部位的出入口以及特定的机密要害空间部位等设置的固定护卫人员；游动哨是指根据保卫工作的需要，派出一定数量的人员在指定区域内担负巡逻任务，以弥补固定哨之不足，提高安全系数；瞭望哨是指在护卫区域内选择便于观察的制高点，配置护卫人员，以便随时观察周围动静，及早发现情况和采取措施。

巡查路线是根据护卫目标特别是重点护卫目标周围的实际情况所确定的护卫区域内的巡逻路线，包括定线巡逻和乱线巡逻。定线巡逻方式通常有往返式、交叉式、循环式。乱线巡逻方式则可以自由选择可能发生安全问题的时间和地点，没有固定路线地任意往返巡逻。

同时，制定守护巡查应急方案。应急方案是根据守护巡查中可能出现的重大问题所采取的应急措施和处理方法。要根据保卫单位的实际情况、周围环境以及当时、当地的治安状况，科学预测在守护巡查中可能出现的各种问题，针对各种问题制订应急方案，并且定期演练，以便应付各种情况问题，包括应付各种突发性事件。

（二）安全检查

见下文。

三、安全检查

（一）安全检查器材

根据用途划分，安检器材可分为检查器材、防护器材和处置器材。利用安检中探测技术研发出的器材称为检查器材。检查器材主要有：①射线探测类，包括 X 射线仪、γ 射线违禁品探测仪等；②金属探测类，包括手持金属探测器、金属探测门等；③炸药探测类，包括离子迁移谱原理炸药探测器、分子共振原理炸药探测器等。防护器材主要有排爆服、防化服、防爆毯和防爆围栏、频率干扰仪等。处置器材主要有防爆罐、排爆机器人等。

（二）安全检查措施

1. 发现与识别。人民警察可根据以下三点发现可疑人员：一是反常，即存在违反常规的现象；二是矛盾，即在言行诸多方面表现出不一致性；三是疑似，即存在疑似通缉犯，携带物品疑似凶器、赃物、作案工具，身上痕迹疑似血迹、体液等。

识别的基本实战方法与技巧是"八看八对"。即看证件对姓名；看相貌对年龄；看事业对职业；看原籍对口音；看言行对学历；看衣着对身份；看物品对来历；看同伴对关系。从中观察行为和时间的差异，行为和环境的差异，行为和场合的差异，行为和目的的差异，以便发现疑点，打击犯罪。

2. 检查措施。

第一，证件检查。首先，要始终注意持证人的反应。索要证件、核查证件、退还证件，都要密切注视被检查对象，这既是文明礼貌的要求，也是发现持证人情绪变化、寻找疑点的关键。其次，要边查边问。查验证件时，视具体情形让持证人自述证件内容，边问边查。这样，持假证件的人自述的内容就有可能与证件登记项自相矛盾，暴露问题。最后，要注意安全防范。在检查证件的过程中，始终要有安全防范意识。索要证件时，要让被检查对象站在面前、明亮处，要密切注视其双手掏证的动作，发现异常，应立即阻止其动作，或先检查身份，后检查证件。查验、核对证件时，也要密切注视持证人的情绪、动作变化，一有异常，应立即控制持证人，防止低头看证时，被检查对象行凶或逃脱。

第二，人身及其携带的物品安全检查。公安民警对违法犯罪行为人的人身进行安全检查时，首先，应当选择光线较好、场地开阔、有依托或者容易得到支援的地点进行安全检查；其次，保持高度警惕，控制违法犯罪行为人，防止其反抗、逃跑、自杀、自残或者有其他危险行为；再次，不得采取侮辱人格、有伤风化的方式进行安全检查；最后，检查女性违法犯罪行为人人身的，由女民警进行，但可能危及公安民警人身安全或者直接危害公共安全的除外。

安全检查时一般从被检查人的双手开始从上至下顺序进行，对其腋下、后背、腰部等重点部位及衣服重叠之处、衣服口袋、皮带内侧、鞋里帽边等易隐藏物品的地方，应当重点检查。一般采取用手轻拍、触摸被检查人衣服外层的方法，经轻拍、触摸，怀疑违法犯罪行为人可能携带赃款赃物、作案工具或者违禁品的，可以翻开衣帽检查。

公安民警检查违法犯罪行为人的人身时，应当谨防因接触注射针筒、刀片等物品而感染疾病或者受伤。在保证安全的前提下，可以命令违法犯罪行为人将其衣服口袋翻出接受安全检查。

第三，箱包检查。首先，要人与箱包分离，控制被检查对象的物品。对物品进行检查，先令被检查对象将箱包放在适当位置，然后令其离开一段距离。其次，应按看、听、闻、摸、掂的顺序进行。看就是看物品的形状、结构、包装、质地；听就是听物品是否有声响，有什么声响；闻就是闻一下物品的气味，有无异味；摸就是摸一下物品的形状、材料质地；掂一下物品的重量。如果能够断定物品性质，就尽量不要拆开物品，以免破坏物品的性能，或破坏物品上的痕迹。最后，轻开、慢拉，谨慎开启。开启箱包之前，仔细观察开启的方式，先轻轻挪动一下拉链、纽扣，看是否方法正确，以防将其损坏，同时要注意拉链、纽扣上是否另有机关，防止箱包内有爆炸装置。

人身安全检查操作规范

人身安检分为七个岗位：指挥员、手检员、执机员、前引导员、后引导员、前传员、后传员，具体站位和岗位职责为：

指挥员：选择有利位置，在直观范围内与被检人保持 2 米左右距离，全面掌握现场情况，发现异常，立即警示安检人员，并迅速采取果断措施，必要时可依法使用警械、武器。手检员：位于安全门后，负责对被检人进行人身安检，并随时观察被检人的神态，动作，保持高度警惕，犯罪嫌疑人容易将枪支、管制刀具等危险物品随身携带，在检查时要注意个人安全。执机员：负责 X 光机的图像识别，发现可疑物时，示意后传员实施开包检查。前引导员：位于安全门前 1 米外，负责维持秩序，提示被检人接受安全检查，观察被检人的神态、动作，发现可疑人员迅速示意手检员实施重点检查；在大型活动的时候，控制人员流量，减少手检员检查压力，并将带包和不带包的被检人分流。后引导员：位于 X 光机后 1 米处，负责疏导人流，提示已通过安全检查的人员迅速离开，观察被检人的神态、动作，发现可疑人员迅速示意手检员实施重点检查，协助指挥员掌握现场情况。前传员：位于 X 光机前，负责提示、协助被检人将随身物品按顺序摆放在传送带中间，不能重叠、并排；观察被检人神态、动作，遇有可疑情况，示意执机员重点检查。后传员：位于 X 光机后，观察现场人和包裹的可疑情况，负责协助执机员进行图像识别，对执机员提示的重点物品进行开包检查，动作迅速，查找准确，提示被检人将自己的物品拿好。

检查原则：从左到右、从、上到下、从前到后、仪器与手工相结合，通过仪器报警，手的触摸，眼睛观察排除疑点。

检查顺序：安检员站在被检人侧前方 45 度角的位置，检查顺序应从左臂、左肩胛、左腋下、左前胸、腰部、左腿、左脚踝、腿内侧至右脚踝、右腿、右前胸、右腋下、右肩胛、右臂；然后请被检人转身，对其背部进行检查，依次由头部、后肩、背部、后腰、臀部、右腿后侧、右脚踝、左脚踝、左腿后侧，排除可疑点后对其放行。

真题链接

1. 某市举办青年运动会，民警参与观众进场前的安检工作，经过扫描仪检查，发现一名男子携带的单肩包内有可疑饮料一瓶，打开后带有明显的汽油味。据此情形，应当采取的处置措施是（　　）。（单选题）

A. 将瓶装可疑饮料寄存，提醒其离场时拿走

B. 将瓶装可疑饮料弃置后，对其放行进场

C. 将瓶装可疑饮料暂扣，并带其入检查室盘查

D. 将瓶装可疑饮料没收，拒绝其进场并劝离

2. 吸毒人员黄某在贩卖毒品时被民警陈某抓获，陈某对其进行人身检查时，怀疑其身上可能带有注射针筒、刀片等物品，便使用手套进行检查。民警陈某使用手套的目的是（　　）。（单选题）

A. 防止证据灭失　　　　　　　　B. 保证证据不被毁损

C. 预防受伤和感染疾病　　　　　D. 避免事后被诬告

综合练习

1.110 报警服务台接到下列电话内容时，应立即派警进行处置的有（　　）。（单

选题）

    A. 某歌厅包间内有人正在吸毒

    B. 某企业一直在违规排放废水

    C. 某小区物业将地下车库改成歌舞厅

    D. 某人举报邻居将自有住房改为群租房

2. 某新建小区业主因购房合同违约问题与开发商发生纠纷，在3月1日上午8时许，20多名业主在小区门口拉出横幅。在该事件的处置过程中，恰当的做法是（　　　　）。（单选题）

    A. 迅速对开发商进行控制

    B. 将带头的业主拘留

    C. 化解矛盾防止局势失控

    D. 用催泪瓦斯强行驱散人群

3. 下列属于公安机关人民警察受理求助范围的是（　　　　）。（单选题）

    A. 甲下夜班不敢走夜路，要求民警把他送回家

    B. 乙打电话称其男友爬上顶楼准备自杀

    C. 丙打电话求助帮其大龄女儿找对象

    D. 丁打电话请警察帮助其搬家

4. 某日凌晨1时许，火车站派出所一名民警正在站前街执勤。街边铁路招待所一名服务员向其反映，刚有一名男子在招待所寄存处寄存物品时，从提袋中掉出一把手枪，该男子将枪捡起后，匆匆离开招待所，往火车站内走去。接到服务员报警后，民警首先应（　　　　）。（单选题）

    A. 根据男子体貌特征马上开展追查

    B. 立即报告派出所值班领导和110指挥中心

    C. 将情况转告火车站管理部门

    D. 立即查看招待所视频监控图像资料

5. 派出所接到村民甲报案，称村中发生打架斗殴事件，有村民受伤。民警赶到现场后，应根据情况采取下列处置措施，流程排序正确的是（　　　　）。（单选题）

①控制现场

②向派出所报告现场情况

③开启执法记录仪

④联系120急救中心救助受伤村民

⑤在现场收集相关的物证

⑥制止村民的打架斗殴行为

⑦向报警人了解基本情况

A. ①③②⑥④⑤⑦   B. ⑦⑥③⑤①④②

C. ⑥④③②①⑦③　　　　　　　　　D. ③⑦②⑥①④⑤

6. 民警小李驾车在辖区执勤，发现有几位村民在路面上晾晒、碾压农作物，影响行车安全，于是对他们进行劝告要求他们将农作物收走。村民甲不听劝告，情绪激动，扯住小李的衣领，一边推搡一边辱骂。针对这一情况，小李做法正确的是（　　　）。（单选题）

A. 拔出手枪，持枪警告　　　　　　　B. 警告无效，徒手制止

C. 直接上铐，带回审查　　　　　　　D. 使用警械，将其制服

7. 民警陈某在外来人口聚集地核查出租屋时发现一男子神色慌张，欲从陈某身边快速走过。民警陈某立即将该男子拦下，要求其出示身份证件。民警陈某后续的做法正确的有（　　　）。（多选题）

A. 让该男子自报信息，边问边观察

B. 查看证件内容，将该男子和照片进行比对

C. 查验证件防伪标识和暗记，判定证件真伪

D. 通过公安信息系统核对身份证信息

8. 某小区保安打 110 报警，称其物业管理处因地面停车场改造问题被十余位业主围堵。110 指挥中心指令辖区派出所出警处置。辖区派出所值班民警接到指令后，反应不恰当的有（　　　）。（多选题）

A. 电话通知小区保安联系物业主任自行处理

B. 派出两名社区民警带领两名辅警到现场掌握情况，做好劝说工作

C. 派出 11 名着装民警赶赴现场处置

D. 让双方派代表到派出所接受调解

第十六章

应急处置能力

知识结构图

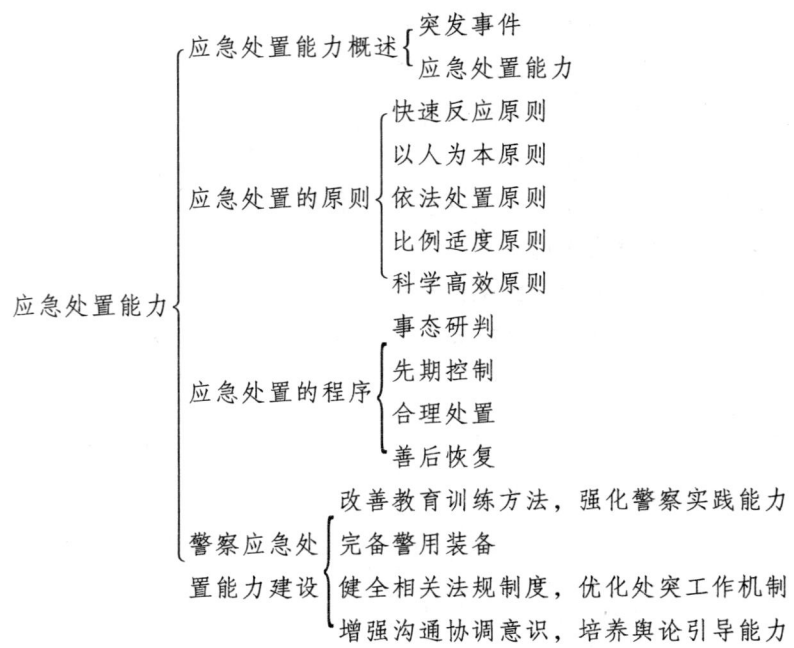

应急处置能力
- 应急处置能力概述
  - 突发事件
  - 应急处置能力
- 应急处置的原则
  - 快速反应原则
  - 以人为本原则
  - 依法处置原则
  - 比例适度原则
  - 科学高效原则
- 应急处置的程序
  - 事态研判
  - 先期控制
  - 合理处置
  - 善后恢复
- 警察应急处置能力建设
  - 改善教育训练方法，强化警察实践能力
  - 完备警用装备
  - 健全相关法规制度，优化处突工作机制
  - 增强沟通协调意识，培养舆论引导能力

案例导入

2015 年 11 月 17 日早上 8 点 40 分，A 市 B 县 C 镇当地近一百名群众受利益驱使，在有心人的煽动下，组织 60 余辆渣土车强行要求参与当地创业园工地施工，严重扰乱了工地的正常施工秩序，影响了工程进度。当地县政府领导要求县公安局迅速组织警力，赶赴现场处置。

县公安局接到命令，立即指挥特警大队，在大队长的带领下，携带防暴装备，迅速赶往开发区。此时当地政府相关人员仍然在施工现场给闹事群众做思想工作，但劝阻没有取得多大成效。特警大队赶到现场，看到劝阻工作久不奏效，极少数人还在怂愚煽动人群，人群躁动不安，初显过激行为。特警队大队长即刻组织警力迅速进入，先用警车开道，车队编组，造成大兵压境态势，使人群产生动摇、畏惧心理。然后继续通过集体喊话、鸣放警报、架设防暴设施等方式，营造"势不可挡"的高压态势，对人群造成强有力的震慑。这个时候，交警部门顺着这股气势陆续对阻拦施工的车辆进行依法强制拖离现场。

但煽动者仍然不放弃，甚至鼓动人群与处置民警发生冲突，使处置工作陷入困境，出现警车被围堵、民警被困的被动局面。此时，特警大队指挥员要求收缩警力形成相互呼应、自我保护的态势，避免被人群分隔包围或个别挟持；然后，叮嘱处置人员收敛锋芒，改变方法，以期缓和矛盾，避免事态恶化。同时，一方面，要求处置人员尽快从闹事人群中找出有影响力的人，争取他的帮助，缓解被动局面。另一方面，重新调整、部署警力，并"抽丝剥茧"寻找这起事件的策划者和煽动人，迅速组织警力将其强行带离现场。在策划者、煽动者被强行带离现场后，闹事人群听取当地一位德高望重的老者的劝说，逐渐离去……工地在13点25分恢复施工。

第一节　应急处置能力概述

知识目标

1. 突发事件的内涵。
2. 突发事件的预警级别。
3. 公安民警应急处置能力的作用。

能力目标

1. 能够快速准确识别突发事件的预警级别和危害程度。
2. 能够正确认识公安民警应急处置能力在不同突发事件中的作用。

基本理论

一、突发事件

何谓突发事件？"突发"一词，顾名思义就是出乎意料地突然发生，让人措手不及；"事件"一词，指的是相对重大，且对特定的人群产生影响的事情，或者说是历史上或社会上发生的大事情。根据我国《突发事件应对法》的规定，突发事件是指突然发生，造成或者可能造成严重社会危害，需要采取应急处置措施予以应对的自然灾害、事故灾难、公共卫生事件和社会安全事件。

突发事件具有如下特征：事件发生的突然性与难以预测性、诱发原因隐蔽性和复杂性、事态发展的扩散性和难预料性、处置防范的紧迫性与危害结果的严重性。

按照突发事件的社会危害程度、影响范围等因素，自然灾害、事故灾难、公共卫生事件分为特别重大、重大、较大和一般四级。可以预警的自然灾害、事故灾难和公共卫生事件的预警级别，按照突发事件发生的紧急程度、发展势态和可能造成的危害程度分为一级、二级、三级和四级，分别用红色、橙色、黄色和蓝色标示，一级为最高级别。

二、应急处置能力

我国社会已经进入重要转型期，其间引发了一系列行为规范和价值观念的变化，社会各种矛盾凸显，社会治安形势日趋严峻，各类突发事件频发。在各种突发事件处置中，公安机关承担着维护社会秩序与稳定，保护公共财产、公民的人身财产安全的基本职责。公安机关在突发事件处置中的独立职责有紧急疏散、秩序维护、控制犯罪、交通疏导、安全保卫、信息发布等；同时，公安机关在党委政府的统一领导下，配合协助其他相关部门共同履行的辅助职责有及时救助伤员、防止事态扩大蔓延、辅助决策、媒体管理等。为有效应对与处置突发事件，履行公安机关的职责，公安机关警察必须具备突发事件的应急处置能力。

（一）公安机关人民警察应急处置能力的定义

应急能力是人的一种能力，属于潜意识的一种反应。它是指当遇到某件事情的时候，人的大脑会立即根据以往的经验和自我思维处理该事情的能力。那么，警察应急处置能力可以理解为，针对严重影响社会安全稳定的突发公共事件，公安机关人民警察能迅速到达现场，在限定时间和有限条件内，依法采取应对、处置、恢复的警务措施，处置和化解危机的能力。这也反映了警察根据以往经验和自我思维，依法采取紧急措施、处置突发事件的能力。应急处置能力是警察机构和干警在应急行动中所体现出的职业本领。"警察应急是国家应急的重要组成部分，是国家应急力量的支撑性要素。"[1]

通过对警察应急处置能力含义的阐释，公安机关警察应急处置能力可以概括出其执法性、紧急性、服务性的基本性质。执法性即警察应急处置能力必须以法律授权为依据，以法定程序为步骤，以履行法定义务为目标。这就要求警察应急处置应当依法作为，而不能不作为或乱作为。紧急性即警察在现场处置突发事件时，应当果断、迅速地采取有效措施制止危害的发生或加剧，是警察应急处置行为效率的体现。服务性是警察应急处置行为所体现出的价值取向，要求警察处置突发事件时，应当坚持"以人为本，减少危害"的标准，从而最大限度地减少突发事件所造成的危害。

---

[1] 刘阳怀："警察临战学视域中的警察应急能力建设——菲律宾马尼拉劫持人质事件的启示"，载《湖北警官学院学报》2011年第1期。

（二）公安机关人民警察应急处置能力的构成要素

警察应急处置能力并非一种单一的能力，而是在现场处置突发事件中，警察所需知识、技能、素质等多种要素的有机融合，是综合运用这些要素以形成警察应急处置行动的能力系统。明确警察应急能力的构成要素，对现场处置突发事件、警察应急处置能力的建设具有长期的指导意义和基础规范性作用。

1. 法律运用能力。法律运用能力指警察能够结合突发事件的危害程度，运用所掌握的相关法律法规，在现场予以科学合理处置的能力。法律运用能力是现场处置突发事件警察应急能力的基础性要素。

2. 形势预判能力。形势预判能力指警察能够根据现场情况，迅速收集突发事件的缘由、性质、特点等情报，并进行分析预测，从而对突发事件的发展态势作出准确判断的能力。

3. 快速反应能力。快速反应能力指在现场处置突发事件中，警察能够针对各种刺激信息，及时调整状态，迅速做出反应，随时准备应对不测状况的能力。

4. 现场控制能力。现场控制能力指根据现场情况，警察能够灵活运用各种方式方法，有效稳定现场局势，控制突发事件朝向有利方向发展的能力。

5. 心理承受能力。心理承受能力指警察在面对突发事件所造成的紧张氛围和巨大压力时，能够有效控制情绪，调整自我心态，保持理智的思考和行动，积极应对现场形势的能力。

6. 战术处置能力。战术处置能力指在现场处置突发事件中，警察能够综合利用警务技能、警械武器对违法犯罪嫌疑人进行警告、控制、盘查、堵截、抓捕等战术行动的能力。

7. 自我防护能力。自我防护能力指在现场处置突发事件时，警察能够综合运用携带装备、技战法等有效降低自身受到伤害的风险，保护自己生命财产安全的能力。

8. 沟通协调能力。沟通协调能力指在现场处置突发事件中，警察能够与执法对象、普通群众、其他部门等实现良好的交流、配合，掌握处置突发事件的主动权；在突发事件处置完毕之后，还要善于与各种媒体打交道，以降低可能造成的消极影响，形成积极的舆论导向。

（三）公安机关人民警察应急处置能力的作用

由于突发事件的性质、类型和特点不同，公安民警的应急处置能力在突发公共事件处置中的作用主要表现在两个方面：一是主导作用；二是配合与协助作用。

1. 主导作用。公安机关始终是应急处置的最主要力量，发挥主导作用。公安应急处理能力在处置由犯罪、恐怖、社会内乱、骚乱等人为因素造成的突发公共事件中处于主导作用。突发公共事件发生后，公安民警应迅速集结，在最短的时间内迅速赶赴现场，运用法律赋予的应急权力，采取各种应急处置措施，控制事态发展，防止事态蔓延，减少危害，维护社会治安秩序。

2. 配合与协助作用。对于自然灾害、灾难事故、传染病疫情等突发公共事件，公安机关是应急处置的职能部门，但不是应急处置的最主要力量，此时公安民警的应急处置能力应在政府和应急指挥机构的统一部署下，发挥配合与协助的作用。

📖 真题链接

1. 受台风影响，甲市遭遇持续强降水，造成城市内涝，大多数沿街商铺被淹。房屋受损严重，有数十户居住在低洼处的群众被水围困。该市境内水库超警戒水位，汛情严峻。面对上述险情，下列措施不应由甲市公安机关采取的是（　　　）。（单选题）

A. 组织公安应急救援队伍营救被困人员

B. 对积水严重路段进行管制

C. 发布有关事态发展和应急处置工作的信息

D. 加强受灾地区的社会面治安巡逻

2. 某省甲市南县与乙市北县毗邻区域的村民，因争夺交界区域的滩涂地耕种权，发生了群体性械斗事件。针对该群体性事件，公安机关采取的应急处置措施正确的是（　　　）。（单选题）

A. 南县与北县公安机关应立即出动警力，对现场所有村民采取强制性措施

B. 在该省公安厅统一领导下，由甲市与乙市公安局共同负责应对

C. 可以封锁有关场所和道路，依法使用强制措施制止械斗

D. 积极救助伤员，不得向单位和个人征用应急所需物资

第二节　应急处置的原则

📖 知识目标

1. 我国预防与处置突发事件的六个工作原则的内容。

2. 人民警察应急处置原则的内涵。

📖 能力目标

能够运用应急处置原则指导应急处置行为。

👆 基本理论

《国家突发公共事件总体应急预案》开篇就提到了我国预防与处置突发事件的六个工作原则："以人为本，减少危害；居安思危，预防为主；统一领导，分级负责；依法规范，加强管理；快速反应，协同应对；依靠科技，提高素质。"据此，公安民警的应急处置活动有以下五个原则：

一、快速反应原则

快速反应原则，是处置突发事件的根本原则。突发事件本身具有不确定性和危害性，一旦发生而没有立即采取有效的应急处置措施，不能及时控制住整个事态的发展，将很可能导致整个突发事件处置失败。在突发事件现场任何环节出现时间上的延误都有可能加大应急处置工作的难度，甚至引发更为严重的后果。因此，快速反应作为应急处置的首要原则，要求公安民警在突发事件发生以后，必须以最短的时间赶赴现场，初步控制事态，尽可能减少损失或伤害，为恢复重建创造有利条件。

二、以人为本原则

突发事件具有危害性和瞬时性，应急处置时将面临不同价值目标的取舍。在公安应急处置活动中，"以人为本"就是把保障公民生命安全作为首要任务，这一价值目标应当优先于其他任何目标，最大限度地减少人员伤亡。此外，还应该最大限度地保护参与救援和处置的应急人员的自身安全。

三、依法处置原则

依法处置是指一切应急活动都应受既存法律的约束，公安应急处置活动不能采取与法律相抵触的应急处置措施。《突发事件应对法》对突发事件的应对作出了明确的规定。一旦超越法律处置事件，不仅违法人员应当承担相应的法律责任，而且会对处置突发事件带来更多的质疑和障碍。

四、比例适度原则

比例原则，又叫"禁止过度"原则，其本质上要求公安应急处置活动不能与所追求的目的之间明显失衡、不成比例。适度就是指公安应急处置活动应在最适当的时机，以最恰当的尺度，采取最恰当的方式和科学可行的方法对事态进行控制和处理。比例适度原则是在依法处置原则的基础上提出更高的要求。

五、科学高效原则

科学是指公安应急处置活动要充分发挥科学技术的作用，采用高科技的处置技术和设备，使突发事件处置依法、科学、有序地进行，减少不必要的损失。高效即利用相对较少的资源实现有效处置的目标。应急处置人员应尽量少而精，并建立专职处突队伍，要求不仅人员精干而且装备现代化，最终实现处置队伍的精英化、专业化、现代化。

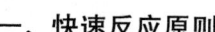 **真题链接**

1. 快速反应原则要求有关部门在发生应急突发事件时，力争在最短时间内到达现

场、控制事态、减少损失，以最高的效率与最快的速度救助受害人，为秩序恢复正常创造条件。下列做法符合这一原则的是（   ）。（单选题）

A. 某市政府门口突发群体性上访事件时，公安民警在现场开展法制宣传，引导群众合法表达诉求

B. 某地春节游园会发生踩踏事件，5 个小时后应急人员赶到现场

C. 某地商厦起火，消防人员 5 分钟内赶到现场，扑救火灾、营救被困人员

D. 某高速路段发生聚众哄抢事件，公安民警立即赶到现场，原地待命

2. 社区民警在走访中获悉：电信部门与社区物业协商要在小区内建立一个基站，小区居民听说后，担心基站建立会影响正常生活，准备到物业办公室聚集，要求物业撤销与电信部门的协定，否则将封堵小区大门，不让电信部门来安装。社区民警的下列做法正确的是（   ）。（单选题）

A. 召集物业、电信部门负责人与居民代表共同协商处理

B. 代表居民与物业、电信部门负责人进行协商

C. 代表物业召开社区居民会议与居民代表进行商谈

D. 代表电信部门与物业和居民代表进行协商

第三节　应急处置的程序

📖 **知识目标**

1. 应急处置程序的内容。

2. 应急处置的措施。

📖 **能力目标**

1. 能够灵活运用应急处置程序安排应急处置行动。

2. 能够准确运用相关应急处置措施处置具体问题。

✍ **基本理论**

不同的突发事件有不同的特点、规模、性质和危害，处置的方法和程序也有所区别，但基本应该包括以下四个程序。当然，这四个程序并不是处置任何突发事件都必须具备的，它们在解决突发事件过程中的地位和作用也不尽相同。

一、事态研判

事态研判，简而言之，就是对突发事件的状况进行研究判断。突发事件本身具有不确定的特点，通过收集现场的各种信息，可以大致判断突发事件的类型；通过现场

情景及人员伤亡、财产损失情况，可以大致估算需要多少应急资源等，都是事态研判的内容。主要步骤有以下几点：

（一）识别突发事件

公安民警要始终保持警觉性和敏感性，当突发事件发生时，要能在第一时间意识到危机已经发生，并初步评估其性质、危害和程度等基本情况。这个环节做得好，就能为迅速及时采取有效措施加以控制打下坚实基础，帮助整个局势转危为安。反之，就会错过应急处置的黄金时机，可能使事件影响蔓延扩大，造成被动局面。

（二）收集相关信息

突发事件的原因和实质一般都隐藏在各种现象之中，很难一眼洞察，只有收集到足够的与事件相关的各种信息，才能从中分析出事件的本质。公安民警应该具备快速准确收集信息，并研判事件的性质、规模、程度的能力。收集的信息要有针对性和全面性，理智地甄别信息的来源，分析信息的真伪；要加强调查研究，听取各方面的意见，做到兼听则明；同时要采取多种方式，利用多种渠道，尽可能掌握第一手资料。

（三）确定事件性质

确定突发事件的性质，是采取科学措施妥善处置事件的基础和依据。突发事件一旦发生，在短时间内往往是通信不畅或信息不准，所以准确及时地判断事件性质，对妥善处置突发事件显得尤为重要。确定突发事件性质一定要立足现实情况，既不夸大也不缩小，这样才能保证采取合理且有针对性的措施，使事件得到正确解决。

（四）信息上报

要增强对重大紧急突发事件的快速反应能力，确保上报信息的时效性尤为重要。报送内容包括突发事件发生时间地点、信息来源、事件性质、影响范围、发展趋势、已采取的措施等。遇有特殊情况，一时不能完全弄清情况的，可先报"事"，待核实情况后，再报"情"，不得以任何理由迟报、漏报和瞒报。在应急处置过程中，亦要及时续报事态进展情况。

二、先期控制

突发事件发生后，能否首先控制住事态，使其不再继续扩大、不升级、不蔓延，是处理整个事件的关键。一旦发生大规模突发事件，如何快速反应，迅速控制局势，稳定人心，避免出现更严重的后果，是公安民警应对突发事件的首要任务。

（一）先期控制的内容

先期控制时，首先要迅速控制事态，因此，讲究的是快速发现、快速报告、快速行动，抓住先机，争取主动，不能强调管辖归属、警种或专业的分工，任何先期到达现场的警力都必须充分运用各种共性措施，对事发现场进行先期控制，迅速隔离险境，力争把损失降到最低程度。同时，根据现场的具体情况辨识危险源，确认其位置及危害程度，并分类处置。最后，在确保不会造成新的损伤后，再进行抢险救援、群众疏散、交通管制、维护秩序，等等。

（二）先期控制的原则

1. 尽早强力干预。突发事件的显著特点就是威胁现存的秩序，导致社会混乱，使人心理恐惧。所以在处置突发事件时，尽早强力干预十分必要，介入干预的时间越早，事件造成的损失就会越小。

2. 果断采取行动。公安应急处置活动有较大的灵活性，特别是在先期控制阶段，强调处置效率而不是决策程序。俗话说"当断则断，不受其乱；当断不断，必受其难"，在应急处置中，"谋"与"断"是瞬间完成的，其间没有明显的界限。

3. 做好信息沟通。面对突发事件，人们对信息的需求比以往任何时候都更为强烈。突发事件发生期间与公众的有效传播沟通十分重要，信息传播失误所造成的真空，会很快被颠倒黑白、胡说八道的流言所占据。因此，突发事件发生后，必须对现场的相关人员、物品和信息进行严格控制，把事发现场改造为封闭系统，阻断封闭现场的物质和信息与外界的对流，并及时通过媒体用清晰的语言将突发事件的真实情况主动地、尽可能准确地公布给公众。这也是争取民心、广泛利用社会资源的重要环节。

4. 稳定社会秩序。在突发事件发生时，社会治安秩序趋于严重瘫痪和混乱，人民群众生命财产安全受到严重威胁，为维护正常的社会治安秩序，恢复被破坏的法治权威，要通过一系列先期控制活动稳定社会，尽可能保证社会公共生活处于正常状态，避免造成更大的公众心理伤害。

5. 维护公众利益。公安民警处置突发事件时，要对突发事件受害者表示慰问和关注，诚恳地对待受害者及其家属，将维护人民群众的根本利益放在第一位。

三、合理处置

合理处置是指针对突发事件，采取适时恰当的处置措施，及时合理地解决问题。科学合理的现场处置不仅能够大大降低重大突发事件造成的人员伤亡和财产损失，也是一个国家和地区的政府部门尤其是公安机关和人民警察应急处置能力的重要体现。

突发事件的应急处置措施需要根据事件的类型、特点与规模等作出紧急安排。尽管不同的突发事件所需的处置内容不同，但大多数现场处置都应包括以下措施：

（一）警戒线的设置

设置警戒线，一方面是为了保证应急处置工作的顺利进行，避免外来的未知因素对现场造成威胁；另一方面也可以防止现场存在的危险源危及周围无关人员的安全。

在实践中，一般要设置两层以上的警戒线。内围警戒线主要圈定突发事件的核心区域，只允许医疗救护人员、警察、消防人员、应急专家或专业人员进入。内围警戒线范围的确定主要考虑两个因素：现场危险源的威胁范围和与危机原因调查相关的证据散落的范围。同时，现场可能会发生二次灾害，通过内围警戒线的设立，尽量减少处于危险范围中的人员数量，以降低事件的二次伤害。

为保证安全，大量的应急救援工作是在两层警戒线之间开展的。外围警戒线的划定以满足救援处置工作的需求为主要考虑因素，为处置工作顺利开展保证必要的空间，无关人员，包括媒体工作人员一般不允许进入此区域。

（二）人员的安全疏散

突发事件发生时，根据以人为本的原则，首先应考虑将现场人员疏散至安全区域，以免造成更大的人员伤亡。人员疏散可分为两种：一种是临时紧急疏散；另一种是长时间远距离疏散。临时紧急疏散引导对于那些人员流动大，人员集中，对环境又不熟悉的场所，如旅馆、剧院、百货商场、综合性大楼等尤其重要。临时紧急疏散允许疏散的最长时间一般只有几分钟，否则人员就会有生命危险。公安民警可用灯光或标志物指引，用"跟着我"喊话或前后拖着衣襟的方法将人员撤至安全地点。远距离疏散常用于有毒物质的大面积泄漏与扩散、放射性物质泄漏事件和自然灾害等情况。

（三）危险源的控制

危险源包括易燃易爆物品、有毒有害物质、电气线路和设备、建筑物局部或整体坍塌等。公安干警首先要对这些危险源进行辨识，确认其具体位置和危害大小，然后对其进行分类处置，如用标明危险区域，封锁危险场所，划定警戒区，搬离危险区域，封堵泄漏点，冷却降温，切断电源，使用防毒面具及防护装置等方式进行控制。

（四）受害人的救助与处理

受害人的救助与处理包括现场搜救、受伤人员的现场救护、死亡人员的法医学处理以及其他受害人的救助等。

1. 现场搜寻与救援。现场搜寻时，公安民警可根据相关记录和幸存者的描述确定被困人员的数量和位置。为确定被困者的准确位置，可通过喊话、敲击及生命探测仪器等方法进行判断。在搜寻过程中，应对支撑物和埋压物进行区分，尽量保持支撑物。在接近被困者时要避免使用利器。对于被困时间较长的，可将水、食物、药品等传递给被困者，并安排专人与之谈话，强化其求生意识，防止出现意识模糊而昏迷的情况。

2. 受伤人员的现场救护。为了更好地对受伤人员进行现场救护，必须对伤员进行验伤并分类，一般按伤情分为轻度、中度、重度和死亡等类别。对伤员分类后，要将分类结果用明显的标志物标出，挂在伤员上衣口袋或手腕等醒目处。标志卡上应标明伤员的基本情况，如编号、姓名、性别、年龄、受伤部位、受伤性质、已用药品等。

3. 死亡人员的法医学处理。发现尸体后应首先进行初步检验，确定是否真实死亡，后观察尸体所处方位，推测死亡时间，以获取对死因、危机性质的大致印象，同时为遇难者的身份认定工作做准备。接着对尸体进行编号和原始状态拍照。最后对尸体和遗物装袋后填写遇难者识别表，准确记录死亡人员的基本情况、尸体状态、性别、衣着、个人财物、身份证件等信息。

4. 帮扶其他现场人员。在突发事件应急处置过程中，需要帮助的除了直接受害人，还包括失去亲人或基本生活条件、亲身经历突发事件的人，以及参与应急救援的所有工作人员。他们的身体虽未受伤但耳闻目睹了各种悲惨的场面，即使做好了充分的思想准备，也避免不了经历痛苦体验。应急处置人员应认真倾听他们的倾诉，就彼此的认知、情绪、生理反应相互交流，解释、承认、理解其所出现的各种反应，必要时对其进行进一步的心理干预。

（五）保证救援渠道畅通

公安民警通过实行交通管制，封闭可能影响现场处置工作的道路，开辟应急救援"绿色通道"，实行应急救援车辆优先通行，划定救援专用线路和停车场，禁止无关车辆进入，疏导现场周围人群，保证现场的交通快速通畅。

（六）维护现场治安秩序

突发事件发生后，公安民警应立即在现场周围设立警戒区、警戒哨和警戒线，布置警戒人员，维护治安秩序，严禁无关人员进入现场，并加强现场周围巡逻，以防止有人借混乱之机，实施抢劫、盗窃等犯罪行为。同时要积极发动和组织社会力量开展自警和自救。

四、善后恢复

在善后恢复方面，公安机关主要是提供有力的治安保障和技术支持。参与善后恢复亦有利于维护公共安全与社会秩序的稳定。现场秩序与安全的维护，交通情况的疏导与控制，社会心理的调查与了解，重要场所和目标的保护，对新闻媒体与信息的管理，以及实施行政强制措施等，都是公安机关善后恢复的工作内容。

 拓展阅读

群体性事件

群体性事件，是指聚众共同实施的违反国家法律、法规，扰乱社会秩序，危害公共安全，侵犯公民人身安全和公私财产安全的行为。其主要表现形式为严重扰乱社会秩序或者危害公共安全的非法集会、游行、示威、罢工、罢课、罢市；非法组织和邪教等组织的大规模聚集活动；聚众围堵、冲击国家要害部位或单位；聚众堵塞公共交通枢纽、交通干线、破坏公共交通秩序或者非法占据公共场所；在大型活动中聚众滋事或者骚乱；聚众哄抢国家仓库、重点工程物资以及其他公私财产；较大规模的聚众械斗等行为。群体性事件的处置步骤主要有以下三方面：

一、初期处置

初期处置是中期处置和后期处置的基础和前提，初期处置是否得当，直接关系事态的扩大或平息，是整个处置工作的关键和重点。初步处置的措施有以下几点：首先，组织力量，迅速到达现场，抢占有利地形。其次，收集信息，掌握情况。再次，管制现场，控制局势。主要手段有：设置警戒线，划定警戒区域，实行区域性交通管制，封闭现场和相关地区，未经检查批准，任何人不得进入；查验现场人员身份；未经批准，不得对现场进行拍照、录音；等等。最后，进行宣传教育，疏散围观群众。通过喊话、警戒等方式，疏散现场围观群众，宣传工作宜缓不宜激。

二、中期处置

中期处置是指在现场局势得到基本控制的条件下，疏散群众，平息事件，恢复正常秩序。中期处置的措施有以下几点：首先，善于发现、寻找策动者，果断将其与其他群众分割开来，让其无法煽动人群，扩大事态。其次，采取强制措施，果断平息事态。主要手段有：责令围观人员立即或在限定时间内离开现场；对超过限定时间仍滞留现场的人员，使用必要的非杀伤性警械，强行驱散、强行带离或者拘留；对非法携带的武器、管制刀具等物品予以收缴，必要时可使用武器。同时，要做好取证工作，固定犯罪事实，可以运用录音、录像、摄像、询问、记录等方法进行。最后，及时清理现场，迅速恢复秩序。

三、后期处置

后期处置指事态平息后，开展进一步的调查，正确引导舆论导向，处理违法犯罪者，消除危害后果。

真题链接

1.2016 年 9 月 19 日 23 时 50 分许，某市 110 报警服务台接到如下警情：在某高速公路甲地往乙地方向 25 公里路段处，一辆装载危化品半挂罐式货车发生侧翻，有人员伤亡，所载危化品部分泄漏。如果你是一名在事故现场的群众，发现追尾车辆的司机伤情严重，周围危化气体浓度正在逐步提升。此时，你决定主动协助民警开展现场处置工作，最恰当的协助处置顺序应是（   ）。（单选题）

①分流疏导交通、疏散围观群众

②救出被困人员

③堵住泄漏气体

④转移危化品到安全场地

⑤进行事故证据收集

A.①②③⑤④   B.①③②④⑤

C.①②③④⑤   D.①③②⑤④

2.2016 年，某区计划新建垃圾焚烧站，附近大多数居民因担心污染问题而强烈反对，陆续有居民到区委上访，部分居民甚至扬言要采取过激行为。该区公安分局没有重视这些苗头信息，未采取积极措施跟踪关注，直至居民大规模聚集、堵塞附近高速公路后，才向上级公安机关汇报。该公安分局在预防处置群体性事件中存在的最大问题是（　　）。（单选题）

A. 群众基础不牢固　　　　　　　B. 善后跟踪不到位

C. 信息掌控不及时　　　　　　　D. 现场应对不妥当

第四节　警察应急处置能力建设

📝 **知识目标**

1. 应急训练的内容。

2. 常用应急处置装备。

📝 **能力目标**

1. 能够不断提高应急现场的组织沟通协调能力。

2. 能够准确运用相关法律规范处置应急具体问题。

基本理论

警察应急能力建设是提高公安队伍战斗力的一项系统工程，是适应社会发展的需求。从软件和硬件两个方面，优化执法环境，提高警察素质，不断加强现场处置突发事件警察应急能力的建设，对于维护社会治安稳定具有重要意义。

一、改善教育训练方法，强化警察实战能力

转变教育训练理念，改善教育训练方法，从心理、技能、战术等方面提高教育训练的针对性、实战性、先进性，锻造高素质的警察队伍，是促进警察应急能力建设和发展的根本措施。

（一）心理训练

"警察心理训练是指运用一定的心理学方法，对警察进行有意识的影响，使其心理状态、个性心理特征等发生变化，以达到警察这一职业所需要的心理品质，提高实战工作绩效，提升身心健康水平。"随着执法环境的日益复杂，警察拥有良好的自我心理调适能力和实战心理技能显得愈发重要。通过观察力训练、注意力训练、记忆力训练、思维能力训练等基础心理品质训练，以及人际沟通训练、团队合作训练、挫折应对训练、适应能力训练等心理技能训练强化警察的综合心理素质，使其能够在面对各种突发情况时，做出准确判断，理性处置，提高执法活动的效益。此外，可通过心理放松

训练、"系统脱敏"[1]训练等心理调适训练方法，让参与处置突发事件的警察逐渐缓释紧张情绪，调节心理机能，避免出现心理不适，以能够积极应对执勤执法活动。

（二）警务技能与战术训练

公安机关人民警察，只有正确地理解和掌握警务技能、战术，才能结合突发事件的实际情况，通过各种技能和战术方法的演变，成功制服犯罪嫌疑人，确保群众和自身安全，展现人民警察的良好风貌。根据实战需要，以"防卫为主、控制为先、择机处置"为原则，强化警察身体素质和战术素养的培训，使其能够在短时间内掌握擒拿格斗、搜身上铐、驾驶、射击等技能，并能够熟练运用驱逐性、制服性、约束性的警械和警用武器；积极开展现场处置突发事件模拟演练和岗位练兵活动，使警察能够根据现场局势的变化，充分利用站位、距离等条件，采取机动灵活的战术，掌握对抗的主动权。

（三）情景模拟训练

通过模拟警察执法环境，设置各种意想不到的应激场景，不断给警察施加各种刺激信息，使其切身体验到现场处置突发事件的巨大压力和高度风险，以适应混乱局面所形成的紧迫感，尽可能缩短"隧道效应"[2]时间，积累实战经验，培养警察及时调整状态、迅速做出反应、合理解决问题的能力。

二、完备警用装备

完备的警用装备是一线警察执勤执法活动的物质基础，公安机关完善装备保障体系，提高管理使用效率，也是有效处置突发事件，维护警察执法权益的有力保障。

基层公安机关应该根据公安部制定的《公安单警装备配备标准》，结合实际情况，对执勤民警所配发的警械装备进行详细、具体的规定，配齐、配全、配强执法民警的警械装备；同时，对各类警械装备的管理、使用进行统一规范。公安机关还应不断改进和完善警用装备，引入先进的科学技术手段和方法，增强警察在处置现场突发事件中的装备"配备＋1"意识，加大防割手套、防刺服等防护性装备，执法记录仪等便携式取证设备，以及非杀伤性警械武器的配备比重。从而凭借强大的装备优势，震慑违法犯罪嫌疑人，增加突发事件处置的成功系数，以最小的代价获取最大的收益。

此外，警务监督检查部门应加强对基层实战单位警察配用警械装备的检查力度，杜绝出现装备佩带不标准、使用不规范的现象。教育警察在文明执法的同时，也要充

---

〔1〕"系统脱敏"（Systematic Desensitization）是由交互抑制发展起来的一种心理治疗法，又称交互抑制法。其本质就是通过一系列训练步骤，按照刺激强度由弱到强、由小到大地逐渐训练心理的承受力、忍耐力，增强适应力，从而达到最后对真实体验不产生"过敏"反应，保持身心的正常或接近正常状态的效果。

〔2〕"隧道效应"（Tunnel Vision），是指在突然遇到危险时，人体的一种自然的本能反应。在突然遇到危险时，人会呼吸加剧，视力水平下降到正常值的70%，近距视力丧失，无法看到1.5米以内的物体，但是能看到远处的一些细小变化。

分运用所配备的警械装备，培育自我保护能力和依法制止暴力伤害的能力。

三、健全相关法规制度，优化处突工作机制

作为执法者，掌握和运用法律，依法处置突发事件，是警察最基本的专业技能。有效保障警察在现场处置突发事件中的执法效益，警察机关及部门应健全现有法律法规，进一步细化操作规程，增强可操作性。在总结国际经验的基础上，对现有的处置突发事件的有关法律法规进行整理修订，制定完善的紧急状态法律法规，把对各种突发事件的管理纳入到统一的程序和制度中。"明确规定紧急状态下的警察权力和义务，更好地用法律来调整紧急状态下的社会关系。"公安机关也应依据法律法规的规定，结合处置突发事件的工作实践，制定更为具体的规章制度和处置预案，明确警察在何种情形下能够采取何种措施。例如，在现场处置突发事件中，面对徒手、持刀械、棍棒或持枪支、爆炸物等犯罪嫌疑人时，警察应采取何种手段；抑或是当身处室内封闭区域、室外开阔地带、人群聚集处，以及交通工具内等空间时，警察又该如何应对。同时，公安机关还应对警察加强法律教育，树立明晰的执法理念，消除执法中的畏难情绪，在现场面对各种突发事件时，能够依据相关规定果断做出妥善处置。

四、增强沟通协调意识，培养舆论引导能力

在现场处置突发事件的过程中，警察应当积极与处置对象、现场群众等进行沟通交流，掌控处置对象的心理和行为，组织群众协助、配合警察执法工作。当执法民警遇到难以处理的问题时，应当及时向上级部门汇报或与其他行政部门协调，发挥合力优势，实现突发事件现场处置力量的最优化。在现场处置突发事件完毕之后，警察机关还应及时与媒体沟通，将处置的依据、过程和结果的真实情况公之于众，以减少虚假信息的传播，满足公众的知情权，增强公众应对突发事件的信心。当突发事件的现场处置出现失误或问题时，警方应迅速作出合理解释，并披露处理结果。同时，力争掌握舆论引导的主动权，进行舆论危机公关。了解媒体相关的传播动态，对有所偏颇或歪曲的信息，第一时间予以澄清，并积极传播正面信息，以改善警民关系，优化警察执法环境，维护公安机关的执法权威和公信力。

📝 **综合练习**

2016年11月15日，派出所民警接病人家属求助赶赴现场，发现一名疑似精神病人在小区车棚顶上大声叫喊，情绪激动并用砖头砸人，已有两名群众受伤，受伤群众与精神病人家属相互埋怨、推搡，引发大量群众围观并造成现场秩序混乱。民警立即疏散围观群众，协调消防部门利用长梯予以救助。街坊杨某开车帮助病人家属将其送至精神病院。杨某在人行道上临时停车，交警以《××市实施〈中华人民共和国道路交通安全法〉办法》规定对杨某予以200元罚款处罚的决定。

1. 如果你是现场处置民警下列应对措施正确的有（　　　）。（多选题）

A. 将围观群众疏散至较远的安全区域

B. 劝说围观居民冷静下来，不要鼓噪挑衅刺激病人

C. 协助消防部门通过长梯救助病人

D. 给予精神病人家属治安处罚

2. 在该警情现场处结的情况下，你作为现场民警，认为下列后续做法错误的是（　　　）。（单选题）

A. 协助家属和精神病院做好该病人治疗工作

B. 将该病人情况转告该社区民警，提醒其加强走访

C. 将处置情况报告所领导

D. 责令病人家属支付伤者人身损害赔偿金

3. 交警对杨某的交通违法行为当场作出处罚决定时，下列做法错误的是（　　　）。（单选题）

A. 告知杨某拟作出行政处罚决定的事实、理由和依据

B. 当场填写了处罚决定书并交付给杨某

C. 将处罚情况第二天报其所属的交警大队备案

D. 对违法车辆进行查扣

4. 交警对杨某交通违法行为处罚的直接依据是地方性法规。根据法的效力原理，法从高到低正确的排序应该是（　　　）。（单选题）

A. 宪法、行政法规、地方性法规、法律

B. 宪法、法律、行政法规、地方性法规

C. 宪法、法律、地方性法规、行政法规

D. 宪法、地方性法规、法律、行政法规

参考文献

1. "中共中央关于审查干部的决定"，载中央档案馆编：《中共中央文件选集第14册（1943～1944）》，中共中央党校出版社1992年版。

2. 《公安学基础教程》编写组编著：《公安学基础教程》，中国人民公安大学出版社2012年版。

3. 周章琪：《公安学基础理论》，中国人民公安大学出版社2013年版。

4. 公安部政治部组编：《公安群众工作》，中国人民公安大学出版社2015年版。

5. 杨瑞清、王淑荣主编：《社区警务》，中国人民公安大学出版社2015年版。

6. 贺电、蔡炎斌主编：《公安学基础理论》，中国人民公安大学出版社2017年版。

7. 董纯朴编著：《中国警察史》，吉林人民出版社2005年版。

8. 张雷、伍先江主编：《公安人口管理》，中国人民公安大学出版社2018年版。

9. 张开贵等主编：《公安学基础理论新编》，中国人民公安大学出版社2004年版。

10. 王明生主编：《公安学基础新论》，中国人民公安大学出版社2014年版。

11. 程琳主编：《公安学通论》，中国人民公安大学出版社2014年版。

12. 叶晓川主编：《法律基础知识和公安基础知识》，中国人民公安大学出版社2016年版。

13. 公安部政治部编：《公安基础知识》，中国人民公安大学出版社2013年版。

14. 李永新主编：《公安专业知识》，人民日报出版社2016年版。

15. 邓九生、张志华："'有求必应'的理性思考与服务型公安的正确解读"，载《江西公安专科学校学报》2009年第5期。

16. 刘阳怀："警察临战学视域中的警察应急能力建设——菲律宾马尼拉劫持人质事件的启示"，载《湖北警官学院学报》2011年第1期。

17. 新华网："《关于全面深化公安改革若干重大问题的框架意见》及相关改革方案已经中央审议通过"，载 http：//www.xinhuanet.com/legal/2015－02/15/c_1114379121.htm. 2018/5/4.

18. 博州公安机关组织开展"关爱儿童、反对拐卖"主题宣传活动，载 http：//www.xjboz.gov.cn/info/1438/1276913.htm.

19. 李季："北京市公安局长：叫响'朝阳群众'等组织品牌"，载中国新闻网，http：∥www. chinanews. com/gn/2016/03 – 20/7804427. shtml.

20. 尹深："新时代警察故事/四川民警余东——小微信里装着大民生"，载人民网，http：∥legal. people. com. cn/n1/2018/0523/c42510 – 30007485. html.